华为公司管理纲要系列

质量为纲

华为公司质量理念与实践

BUILT ON QUALITY
Huawei's Quality Management Philosophy
and Practice

田涛◎主编

彭勇　殷志峰　周智勇　王军◎编委

中信出版集团 | 北京

图书在版编目（CIP）数据

质量为纲：华为公司质量理念与实践/田涛主编
. -- 北京：中信出版社，2024.6
ISBN 978-7-5217-6429-1

Ⅰ.①质… Ⅱ.①田… Ⅲ.①企业管理－质量管理－研究－中国 Ⅳ.① F279.23

中国国家版本馆 CIP 数据核字（2024）第 048363 号

质量为纲——华为公司质量理念与实践
主　编：　田涛
出版发行：中信出版集团股份有限公司
　　　　　（北京市朝阳区东三环北路 27 号嘉铭中心　邮编　100020）
承印者：　嘉业印刷（天津）有限公司

开本：787mm×1092mm 1/16　　印张：15　　字数：185 千字
版次：2024 年 6 月第 1 版　　　　印次：2024 年 6 月第 1 次印刷
书号：ISBN 978-7-5217-6429-1
定价：68.00 元

版权所有·侵权必究
如有印刷、装订问题，本公司负责调换。
服务热线：400-600-8099
投稿邮箱：author@citicpub.com

质量不仅是客户的需求,也是我们的责任。我们要从系统质量的角度来看总质量建设,保障全平台、全网络的安全稳定。

——任正非

目录

前　言 IX

第一部分
从哲学思想到管理机制

1 质量价值观

大质量是一个开放、端到端的质量哲学系统　　　　　　　　　004

质量是华为生存与发展的基石，是客户选择华为的理由　　　　005

质量优先，以质取胜，绝不走低价格、低质量之路　　　　　　007

通过高质量的思想创新，找到未来正确的假设、方向和战略　　009

品牌的核心是诚信，诚信的保障是质量　　　　　　　　　　　010

保障网络安全稳定运行是华为的首要责任　　　　　　　　　　012

管理制度上"萧规曹随"，质量管理上贯彻"七个反对"　　　013

2 质量文化

开放学习各国优秀文化，形成华为的质量文化	016
激发全员质量荣誉感、责任感，倡导工匠精神	017
尊重流程规则，一次性把事情做好	019
小改进、大奖励，持续改进和优化	020
质量就是尊严，质量不好的产品是研发人员的耻辱	022
敢于讲真话、暴露问题，在自我批判中不断进步	024

3 管理机制

建设和实施基于 ISO 9000 的全面质量管理体系	027
各级一把手是质量的最终和第一责任人	028
把质量要求构筑在流程中，提升业务过程质量和结果质量	030
把客户期望传递到华为整个价值链，共同构建高质量	032
建立以客户为中心的质量度量体系，提升客户满意度	033
引入第三方认证，发展质量工程方法，推进质量预防和持续改进	035
通过知识管理提升专业能力，支撑公司面向未来发展	036

第二部分
从客户需求到客户满意

4 市场营销

以宗教般的虔诚服务客户、做市场，不断提升服务质量　　042
认真对待客户的批评和意见，科学、准确地理解客户需求　　044
市场拓展拒绝机会主义，通过战略营销帮助客户"赢"　　045
提升营销内容和展厅展示质量，用体验式营销更好地联接客户　　047
加强客户接待策划，重视过程与细节，保障客户体验　　049

5 产品研发

客户需求和科学技术双轮驱动创新，实现商业价值　　052
将质量管理融入IPD，在开发过程中构筑质量、成本与服务优势　　054
实现产品的极简架构、极低成本、极高质量、极优体验　　056
先进要素受限情况下唯有以质取胜，构筑端到端的质量优势　　057
用系统工程的方法进行立体创新，提升产品竞争力　　059
终端以消费者为中心，用质量和体验捍卫品牌　　060
研究创新要容忍失败，在攀登珠峰的过程中"沿途下蛋"　　062

6 采购供应

将质量要求融入采购业务全流程，与供应商和合作方共建高质量　065

"深淘滩，低作堰"，优质优价，保障优质供应商利益　066

坚持多元化采购策略，同时牵引提升国内产业链质量　068

账实相符，精准供应，打造打不烂、拖不垮的钢铁供应链　070

应用数字化、智能化技术建设主动型供应链，实现 to B 客户 to C 体验　072

7 生产制造

质量第一、交付第二、成本第三，对出厂质量负责　075

推行精益生产，追求零缺陷，持续改善质量　076

持续提升生产工艺水平，打造制造核心竞争力　078

循序渐进应用自动化、智能化技术，孵化精密制造和先进制造能力　079

开放学习各国先进制造技术，打造世界级工匠科学家与专家队伍　081

8 产业生态

构建开放、合作、共赢的产业生态，做智能世界的"黑土地" 084
为国际标准组织积极做贡献，促进产业健康发展 086
开源开放，围绕鸿蒙和欧拉打造基础软件生态 087
华为云建立大生态，鲲鹏、昇腾打造多样性计算生态 089
联合优质伙伴，为消费者打造全场景生态和智慧生活体验 090
发展生态伙伴，共同服务好千行百业数字化转型 092

9 交付服务

优质服务是华为的核心战略控制点之一 095
保障网络高质量运行，提升客户体验 097
提升项目管理能力，保证高质量的工程交付 098
应用人工智能和先进装备，持续积累交付经验 100
终端服务体系要脚踏实地，做好面向消费者的大服务 101

第三部分
从战略到执行，从 CEO 到员工

10 战略质量

聚焦战略，力出一孔，不在非战略机会点上消耗战略竞争力量　108

多路径、多梯次、多场景化研究，厚积薄发，实现战略突破　110

向下扎到根，向上捅破天，保障在 ICT 基础设施领域胜利　112

终端垂直整合，做强核心功能，带动中国电子工业崛起　114

发挥"云—管—端—芯"综合优势，构筑有韧性的产业组合　115

11 经营质量

多产粮食，增加土地肥力，有质量地活下来　119

业务为主导，财务为监督，抓机会的同时稳健经营　121

优质资源向优质客户倾斜，实现高质量的经营循环　123

建立端到端的合同管理及考核机制，从合同源头抓交易质量　124

数据清洁，杜绝作假，账实相符，输出高质量的财报　126

加强风险管理和流程内控，遵纪守法，合规经营　127

12 组织质量

企业管理的目标是流程化组织建设，高质量快速响应客户需求　131

从中央集权到"村自为战"，实现大平台支撑下的精兵作战　132

把能力中心建在战略资源聚集地，辐射支持全球业务　134

持续熵减，打造多基因文化，激发组织活力　135

13 人才质量

炸开人才金字塔顶端，广纳天下英才，优化人才结构　138

高层领导要参与面试考核，严把招聘质量关，宁缺毋滥　139

"猛将必发于卒伍，宰相必起于州郡"，高质量选拔干部　140

岗位适配的人，能尽职尽责的人，就是优秀人才　143

利出一孔，以合理的价值分配撬动更大的价值创造　145

14 平台质量

产品竞争的根本在于基础平台的竞争，把能力建在平台上　148

将质量要求构筑在变革项目中，确保变革质量　150

监管体系构筑"三层防线"，保障公司长治久安和高质量发展　151

构建高质量的 IT 系统，支撑全球高效运作　153

改善员工办公环境，艰苦地区全面提高基础服务保障标准　154

餐饮服务优质优价，让员工吃得好、更健康　155

第四部分
质量管理访谈与案例

开放创新，技术扎根铸就质量基石	159
质量第一，交付第二，成本第三	166
一切工作都以质量为先	174
折叠屏手机转轴材料背后的质量故事	186
做网络稳定运行的"守门人"	192
管好"跑冒滴漏"，实现账实相符	197
精益改善，让产线像河流一样流动生产	201
应用"海纳法"，打造一流的硬件竞争力	207
软件没有银弹，过程决定质量	211

附　录　缩略语表	217
后　记	223

前言

体验过华为车辆接待服务的客人，往往都对司机有着深刻的印象，他们衣着整洁、彬彬有礼、驾驶平稳，接待过程中的每一个细节，都让客人感到舒心。《中国质量报》曾刊发过一篇有关华为司机的报道，文章写道："能把小事情按照大事情标准做，这就是有着独特'细节'情怀的华为。""从小窥大，华为的细节管理，足可放大至所有员工的养成教育和管理训练。就是这样一些公示于天下、毫不起眼的细节，成就了华为。"

司机们良好的服务素养，是华为全面质量管理的一个小小的缩影。华为创始人任正非先生认为："华为公司最重要的基础就是质量。我们要从以产品、工程为中心的质量管理，扩展到涵盖公司各个方面的大质量管理体系。"

经过30多年的质量文化建设和质量管理实践，华为将"质量优先"的战略贯穿到了企业经营管理的方方面面，这是公司持续生存与发展的基石。

华为的实践表明：质量管理是一项系统工程，系统必须是一个开放耗散的结构，结构中的每一要素、每一环节都要追求高质量。这正是本书所要传达的主旨：质量的系统性、系统的开放性、要素的先进性。

质量的系统性

华为的大质量是一套端到端的哲学系统，涵盖了"思想到根、横向到边、纵向到底"的三个端到端，互为支撑，互相融合，形成了一个有机的系统。

第一个端到端是思想到根，从假设到战略。思想创新是技术创新的源头，思想质量决定了行动质量。"没有正确的假设，就没有正确的方向；没有正确的方向，就没有正确的思想；没有正确的思想，就没有正确的理论；没有正确的理论，就没有正确的战略。"假设权是企业最大的管理权，华为鼓励干部专家要"仰望星空"，思辨未来方向；鼓励全体员工开放思想，聚焦本职，持续改进。

第二个端到端是横向到边，从客户需求到客户满意。华为将客户对质量的要求融入主业务流程中，包括市场营销、产品研发、采购供应、生产制造、产业生态、交付服务等环节，并延伸到供应商、合作伙伴等整个价值链。从客户需求端来，到客户满意端去，循环往复，螺旋上升，帮助客户实现商业成功。

第三个端到端是纵向到底，从战略到执行、从CEO[①]到员工。华为建立了滚动战略规划与执行循环，将质量方法和要求，融入战略制定、战略解码、财经、人力资源、行政服务、内控、合规等流程和职能体系中，以保障战略质量、经营质量、组织质量、人才质量等，实现价值创造，驱动公司长期有效增长。

系统的开放性

华为的大质量系统是一个开放的耗散结构。对外开放学习，吸收一切优

---

① CEO，chief executive officer，首席执行官。

势资源为我所用；对内开放反思，通过制度性纠偏实现持续的质量改进。

过去30多年来，华为持续引入全球优势资源和业界优秀实践。学习德国、日本、美国、瑞士等优秀质量文化，在产品质量、稳定性和先进性上向业界最佳看齐；与世界上最优秀的公司合作，与最优秀的人一起奋斗，"一杯咖啡吸收宇宙能量，一桶糨糊黏结世界智慧"；引入西方流程化管理体系，如IPD[①]、ISC[②]、CRM[③]、IFS[④]等，保障对客户端到端的高质量交付；持续引入和发展质量工程能力，采用ISO 9000全面质量管理体系，推进产品与服务质量预防和持续改进。

自我批判是华为的纠偏机制，也是华为质量文化的重要构成部分。公司在内部建立开放的"罗马广场"，营造敢于讲真话、敢于暴露问题的氛围。以谦逊的态度接受客户批评，以开放的心胸正视自己的不足，通过触及灵魂的自我反思，华为将质量意识、客户服务意识渗透到了整个组织中的每一个毛细血管，同时在质量管理实践的循环中新陈代谢，不断激发组织活力。

要素的先进性

华为实施全员、全过程、全价值链的质量管理，在每一个环节、每一个要素上都追求高质量，不断提升质量竞争力。

质量工作的核心是在流程打造的过程中构筑好质量要求和标准，并有效执行。大质量管理贯彻在全流程和每个环节、每项业务活动中，通过遵从流程，一次把事情做对，确保合规、可信、质量、内控、网络安全以及隐私保

---

① IPD，integrated product development，集成产品开发。
② ISC，integrated supply chain，集成供应链。
③ CRM，customer relationship management，客户关系管理。
④ IFS，integrated financial services，集成财经服务。

护、信息安全、业务连续性和可持续发展等要求,把大质量管理融入从战略到执行的各领域业务中,保证结果质量。

公司整体的质量是由每位员工的工作质量构成的。华为长期坚持"小改进、大奖励",促使管理不断改良;各层级设置质量激励机制,增强员工的质量荣誉感,促使团队和个人高效达成质量目标;营造良好的质量生态环境,从而提高公司的整体质量水平,提升客户满意度,支撑华为成为ICT[①]行业高质量的代名词。

过去几年,华为因受制裁致使先进要素的获取受到限制,但公司没有放松对质量管理的要求,而是将"以质取胜"作为突围的基本策略。极端困难倒逼华为在质量管理上有了突破性的发展:一方面,通过系统工程创新,发挥大平台综合优势,弥补单点先进性的不足;另一方面,从原来依靠产业链的高质量构建自己的高质量,到现在开始通过自己的高质量带动产业链的高质量,牵引产业链各要素不断进步并逐步实现领先。

当然,要实现这个过程并不容易,这是一条艰难崎岖的道路。

道阻且长,行则将至;行而不辍,未来可期。

---

① ICT,information and communications technology,信息和通信技术。

# 第一部分
从哲学思想到管理机制

大质量管理体系需要介入公司的思想建设、哲学建设、管理理论建设等方面,形成华为的质量文化。

——任正非

1
质量价值观

质量价值观是企业核心价值观在质量管理领域的映射。华为坚持以客户为中心、以奋斗者为本、长期艰苦奋斗的核心价值观，在大流量时代，构建大质量体系，致力为客户提供高质量的产品、解决方案与服务。

大质量是一个开放、端到端的哲学系统。没有正确的假设，就没有正确的方向。华为通过高质量的思想创新，不断探索未来正确的假设、方向、思想、理论和战略。

华为公司最重要的基础就是质量，质量是华为生存的基石，是客户选择华为的理由。饱和经济时代的特征就是走向高质量，华为所有业务的本质是实现高质量，绝不走低价格、低质量之路，否则会摧毁公司未来的战略竞争力。

一切工作，都以质量为优先，研发、采购、制造、供应、交付……都要瞄准高质量的目标前进，构建结果质量、过程质量和商业环境口碑质量；品牌的核心是诚信，诚信的保障是质量。品牌不是宣传出来的，是打出来的，是经营团队给客户带来的信任，处处、时时都在建立品牌。

保障网络稳定运行是公司的首要责任，网络安全和隐私保护是华为的最高纲领。无论在缺氧的高原、赤日炎炎的沙漠、天寒地冻的北冰洋、布满地雷的危险地区、森林、河流……只要有人的地方，都有华为人在艰苦奋斗，保障通信。

华为强调端到端质量管理，反对完美主义和盲目创新，反对局部优化影响全局优化，在管理体系上坚持"萧规曹随"，不随意变革，制度修改要谋定而后动。

大质量是一个开放、端到端的质量哲学系统

华为公司最重要的基础就是质量。我们要从以产品、工程为中心的质量管理，扩展到涵盖公司各个方面的大质量管理体系。（来源：任正非在公司质量工作汇报会上的讲话，2015）

我们不仅仅要在技术、市场、服务……上取得优势，更要关注质量体系的建设，未来网络容量越来越大，安全稳定越来越困难，质量是我们的生命。我们要高度关注大流量的大质量体系建设，过去我们的质量建设大多是关注产品、工程……的。我说的大质量体系，是个系统工程，要确保我们在未来大流量时代的及时、准确，传送大的数据流量的安全、稳定、可靠，对大质量体系的认识，要有一个大的构架。这涉及文化、哲学……无限的领域，我们要充分利用世界各国的优势，首先形成以中、德、日为基础的大质量能力中心。（来源：《变革的目的就是要多产粮食和增加土地肥力》，任正非在2015年市场工作会议上的讲话）

什么是大质量管理体系？大质量管理体系需要介入公司的思想建设、哲学建设、管理理论建设等方面，形成华为的质量文化。每个人都愿意兢兢业业地做一些小事，这就是德国、日本的质量科学，没有这种文化就不可能有

德国、日本这样的精密制造。我们为什么不能有这种文化？我们要借鉴日本和德国的先进文化，最终形成华为的质量文化。如果公司从上到下没有建立这种大质量体系，你们所提出的严格要求则是不可靠的城墙，最终都会被推翻。（来源：任正非在公司质量工作汇报会上的讲话，2015）

要实现高质量，必须有大质量体系，大质量就是全面质量管理，端到端的质量哲学系统；就是要和世界上最好的公司合作，和世界上最优秀的人在一起。（来源：《我们的目的是实现高质量》，任正非在松山湖工厂考察时的讲话，2017）

质量是华为生存与发展的基石，是客户选择华为的理由

作为高技术产品的程控交换机，同时也是高投入的，厂家只有紧跟世界先进技术水平，在开发上大量投入，才能保证设备具有世界一流的技术水平；只有在市场、培训、服务投入，才能保证设备在交换网运转良好，适应高质量通信网建设。（来源：任正非，《对中国农话网与交换机产业的一点看法》，1994）

公司唯有一条道路能生存下来，就是客户的价值最大化。有的公司是为股东服务，股东利益最大化，这其实是错的，看看美国，很多公司的崩溃说明这条口号未必就是对的；还有人提出员工利益最大化，但现在日本公司已经有好多年没有涨工资了。因此我们要为客户利益最大化奋斗，质量好、服务好、价格最低，那么客户利益就最大化了，客户利益大了，他有再多的钱就会再买公司的设备，我们也就活下来了。我们的组织结构、流程制度、服务方式、工作技巧一定要围绕这个主要的目的，好好地进行转变来适应这个时代的发展。（来源：任正非在技术支援部2002年一季度例会上的讲话）

有效地提高管理效率，是企业的唯一出路。客户的本能就是选择质量好、服务好、价格低的产品。而这个世界又存在众多竞争对手，我们质量不好、服务不好，就不讨论了，必是死亡一条路。如果质量好、服务好，但成本比别人高，我们可以忍受以同样的价格卖一段时间，但不能持久。因为长期消耗会使我们消耗殆尽，"肝硬化了"，如何前进？（来源：任正非，《逐步加深理解"以客户为中心，以奋斗者为本"的企业文化》，在市场部年中大会上的讲话纪要，2008）

我们建设华为公司用了30年，但"炸掉"华为公司只需要一瞬间。公司的发展不能不顾风险，宁可发展慢一点，也要高质量地发展。（来源：董事常委会纪要〔2017〕004号）

困难从来都是更大胜利的前奏，挑战更是坚强队伍的磨刀石，我们要从作战队列中选拔英雄与骨干。我们在极端困难情况下，要英勇奋斗，我们不能像一只病猫，等待着，幻想特赦。敢战方有前途，善战才能胜利，不能为保销售而牺牲研发质量、生产质量、交付服务质量、商务财务质量……（来源：《极端困难的外部条件，会把我们逼向世界第一》，任正非在CNBG[①]誓师大会上的讲话，2019）

打压和封锁会长期存在，这是一种新常态，我们不要把BCM[②]变成在质量上降低标准和要求的借口。随着现在六大产业和新的组织形态（如军团），以及合同在代表处审结的70多个"小华为"的相对独立运作，这些变化会对我们的质量带来挑战。第一个是传统业务战场，我们在ICT产业要重点解决好由于连续性可能引发的相关质量风险，在作战中强化质量管理，不降低我们的质量标准和要求，落实以质取胜。第二个是新业务战场，我们新的产业、新的组织要全面认真地理解集团的质量方针要求，像华为成熟领域业务一样运作新业务。（来源：《落实一个要求，对准两个战场，构建两个能

---

① CNBG，carrier network business group，运营商业务。
② BCM，business continuity management，业务连续性管理。

力》，陶景文在 2022 年公司质量大会上的闭幕讲话）

质量优先，以质取胜，
绝不走低价格、低质量之路

华为在市场上的竞争不靠低价取胜，而是靠优质的服务取胜，这就需要依靠服务职业化来保证。这些年来，我们能够在竞争中生存，也是因为我们有"服务好"这一条。哈佛写的华为案例中，总结华为公司之所以能够在国际竞争中取得胜利，最重要的一点"是通过非常贴近客户需求的、真诚的服务取得了客户的信任"，这就是整个华为公司的职业化精神。（来源：《加强职业化和本地化的建设》，任正非在全球技术服务部 2005 年第一季度例会上的讲话）

现在是产品过剩时代，我们所有工作都要向着提高质量的目标前进。过去 MBA（工商管理硕士）的时代是短缺时代，那时候 MBA 把杠杆一撬，量就放大了，就可以降低成本，取得商业成功。现在这个时代过剩了，产品多了，大家要选了，选的时候选啥？选质量。大趋势人们会趋向质量，而不是趋向数量。如果低价格就能把市场洗牌，为什么还会有爱马仕？爱马仕代表的就是高质量。（来源：任正非在 2015 年 9 月 24 日 EMT[①] 办公会议上的讲话）

我们所有一切工作，要以质量为优先，研发、采购、制造、供应、交付……都要以质量为优先。我们对客户负责，首先是质量；我们与供应商分享，首先也是质量。所以我们所有采购策略中，还是质量是第一位的，不管是技术评分，还是商务权重等，就是以质量为中心。没有质量就没有谈下去

[①] EMT，executive management team，经营管理团队。

的可能性。这些年我们公司总体还是坚持以质量为中心的，包括终端，这些年坚持质量第一的道路，就走正确了，慢慢就追上来了。你们就做最好的产品，卖最好的价格，赚最多的钱，发给大家。（来源：任正非在 2015 年 9 月 24 日 EMT 办公会议上的讲话）

　　最终的竞争是质量的竞争。华为公司的价值观是坚持以客户为中心。要把自己的质量做好，让运营商通过与我们合作得到好处，从而运营商就会坚定不移地选择我们。我们也不卖低价，卖低价发低工资，那样我们的人都跑光了。我们是要真正地提高质量，竞争最本质的问题是提高质量。（来源：任正非在第四季度区域总裁会上的讲话，2015）

　　我们在争夺高端市场的同时，千万不能把低端市场丢了。我们现在是"针尖"战略，聚焦全力往前攻，我很担心一点，"脑袋"钻进去了，"屁股"还露在外面。低端产品要做到标准化、简单化、生命周期内免维修。我们不走低价格、低质量的路，那样会摧毁我们战略进攻的力量。在技术和服务模式上，要做到别人无法与我们竞争，就是大规模流水化。客户想要加功能，就买高端产品去。这就是薇甘菊理论，而且我们现在也具备这个条件。（来源：《坚持为世界创造价值，为价值而创新》，任正非在战略务虚会上的讲话，2014）

　　低价格、低质量、低成本，会摧毁我们未来的战略竞争力。企业必须有合理的盈利，才会去持续投资研发。没有适当的利润积累，把利润打这么低的时候，实际上是在战略上破坏这个产品。（来源：《与任正非的一次花园谈话》，2015）

　　公司从上到下都要高度重视质量。质量不只是产品质量、合同质量、交付质量，网络安全、信息安全、内控、采购等很多方面都是质量要素。我们在努力冲锋的同时，要加强大质量体系的建设。要提升质量部队的地位和作用，把合适的干部配备上去。（来源：董事常委会纪要〔2017〕004 号）

通过高质量的思想创新，找到未来正确的假设、方向和战略

我们现在要仰望星空，要有正确的假设，要用一杯咖啡吸收宇宙能量。未来要碰到石墨烯的革命，要碰到量子革命，要碰到全光架构的系统，未来洞庭湖装不下太平洋。这样假设的情况下，怎么产生正确的思想？有了正确的思想，才有正确的方向；有了正确的方向，才有正确的理论；有了正确的理论，才有正确的战略。（来源：《洞庭湖装不下太平洋的水》，任正非在IT[①]存储产品线业务汇报会上的讲话，2014）

人类社会正处在一个转折时期，未来二三十年内将变成智能社会，智能社会就是信息大爆炸的社会。这个时期充满了巨大的机会，没有方向、没有实力的奋斗是不能产生价值的。没有正确的假设，就没有正确的方向；没有正确的方向，就没有正确的思想；没有正确的思想，就没有正确的理论；没有正确的理论，就不会有正确的战略。现在没有人知道未来的社会结构是什么样的，但是我们可以假设，假设流量会越来越大，就给了我们机会。我们不能像小公司只赌一个方向，而是要多路径、多梯队研究。（来源：任正非与Fellow[②]座谈会上的讲话，2016）

任重而道远，高层干部要多"仰望星空"，看清楚未来才能进行构架式创新，唯有实现战略领先才能让华为公司生存下来。在改革未来的过程中，要看到我们担负的责任，华为公司就是要生存下来。我们一定要在核心的网络上领先世界，领先是在技术、商业模式、质量及服务成本上……我在剑桥研究所的讲话中，专门提到"领先"和"领导"的不同。以前我们很多时候讲"领导"，"领导"是指建立规则和平衡机制，引导同行进入竞争，不能自私自利，也要顾全别人，所以那时候我们帮助别人，帮助竞争对手前进。现

---

① IT，information technology，信息技术。
② Fellow，代表华为公司专业技术人员重大成就的最高称号。

在有人不让我们来"领导",那我们就"领先"呀。"领先"是啥概念?是需要有方法论、方向论、思想论、组织结构改革、激励机制改革的,希望你们新当任干部要锐意改革,全流程拉通。历史赋予我们一个使命,如果不能领先就会死亡,只有领先一条路。虽然我们现在还没有这个能力,但要合力应对风险,生存是第一位的。(来源:《从责任到使命,从担当到奉献》,任正非在干部工作交接仪式上的讲话,2018)

创新不一定是技术创新,它还包括理论创新。从假设创新到方向创新,从方向创新到思想创新,从思想创新到理论创新,从理论创新到技术创新,从技术创新到商业创新。假设、方向、思想、理论、技术、商业六个创新,整个半导体产业发展本身就是从假设到方向到思想到理论到技术到商业创新的突破。(来源:任正非,在剑桥和伊普斯维奇研究所座谈纪要,2018)

我们一定要努力从假设到思想,从思想到理论,从理论到技术,从技术到产品;从产品设计到产品的制造、营销与服务,到部分关键零部件制造,全流程贯通,逐步走向垂直发展。(来源:《励精图治,奋发图强,努力划出旋涡区》,任正非在2022年公司年度工作会议上的讲话)

品牌的核心是诚信,诚信的保障是质量

千古传唱的歌才是好歌。我曾经说过:什么是最好的科研成果,请看看都江堰几千年后还在矗立,还在造福川西大地,而两河文明、古罗马的水渠已荡然无存。因此,伟大的发明并不一定稀奇古怪,故弄韵律的歌总唱不长。(来源:任正非,《创业创新必须以提升企业核心竞争力为中心》,1999)

品牌的核心是诚信,是我们为客户提供的质量、服务与竞争力的提升。要紧紧围绕以客户为中心形成我们的宣传主线……我们讲战略宣传要以客户

为中心，就要真正搞清楚客户的痛点在哪里，我们怎么帮客户解决他们的实际问题。(来源：任正非，《紧紧围绕客户，在战略层面宣传公司》，在华为品牌战略与宣传务虚会上的讲话纪要，2012)

企业网比电信运营商工作难度高，关键是先要把自己做强，保证高质量。我们做电信行业已经二十几年，今年运营商 BG① 能取得这么大成绩，跟我们多少年来的表现有很大关系，外界已认可信任我们，但目前企业网还建立不起这样的品牌。品牌的核心就是诚信，脚踏实地做好每一个点，然后口口相传把品牌建立。真正的品牌是通过员工的行为来实现的，所以企业网要走过一个艰难困苦、张扬自己的年代，努力去让自己变得可信任。(来源：任正非在重装旅集训营座谈会上的讲话，2013)

对品牌的理解不要偏狭，不要认为品牌就是广告，不要理解为要投入很多钱才能建立品牌。广告是必需的，但只是手段之一，处处、时时都是品牌。比如，苹果公司在形象设计和服务设计做了一系列工作，值得我们学习。有人去苹果售后维修摔坏的手机屏幕，经鉴定无法修复，售后直接免费更换了一个手机。其实打碎手机屏的人并不多，提供了这种服务，就是在树立品牌。我在网上看到一段你们终端售后服务的视频，客人一到店，我们的服务人员先递上了一杯水，多温暖，说明消费者业务这五年也在不断改善。无论这个视频是不是宣传片，播给所有员工看看，要形成标准操作，这也是品牌。(来源：任正非在消费者 BG 2017 年中市场大会上的讲话)

品牌不是宣传出来的，品牌是通过先进的解决方案和服务打出来的，是用诚信争取的。品牌是诚信的代名词，没有诚信的宣传就是诈骗。(来源：任正非在几次座谈会上，关于公共关系工作的战略指引，2018)

---

① BG，business group，华为的产业经营单元。

保障网络安全稳定运行是华为的首要责任

　　我们从事的是为社会提供网络，这种覆盖全球的网络，要求任何时候必须稳定运行。我们提供的产品与服务已无处不在、无时不在，无论在缺氧的高原、赤日炎炎的沙漠、天寒地冻的北冰洋、布满地雷的危险地区、森林、河流……只要地球上有人的地方，都会覆盖。（来源：任正非关于珍爱生命与职业责任的讲话，2011）

　　我们的职业操守是维护网络的稳定，这是与其他行业所不同的，豆腐店、油条店……可以随时关掉，我们永远不能。我们在任何地方、任何时候只对网络的基本稳定承担责任，任何地方、任何时候，我们绝不会介入任何国家的政治。（来源：任正非关于珍爱生命与职业责任的讲话，2011）

　　在泛网络业务，网络安全要成为最高纲领；在终端业务，隐私保护要成为最高纲领。我们要向微软、谷歌、苹果这些网络安全和隐私保护的模范学习。我们的电信网络安全要做到世界领先，构建行业竞争力。（来源：任正非在网络安全与隐私保护特战队启动会上的讲话，2018）

　　我们强调用极低的成本迎接未来信息社会，一定要构建非常低的成本，遵循降低每 bit（比特）的成本的摩尔定律，推动我们把质量提到极高，成本降到一定程度，就没有人能够跟我们竞争了。需要强调，不要为了降成本，牺牲网络安全和用户隐私保护。（来源：《在攀登珠峰的路上沿途下蛋》，任正非在上海研究所听取无线业务汇报的讲话，2018）

　　网络安全是担负人类社会联接的网络，不能随意瘫痪，不能随意出现故障，这是一个安全问题。大家知道，65亿人要联接起来，数千万家银行要联接起来，数万万家中小企业、大企业要联接起来。银行转账在65亿人中跳跃，要准确转到每个人身上，而且不能少一分钱。这是网络安全的责任。华为为30亿人提供联接，包括银行、企业、政府……30年来，我们在170个国家运营，没有瘫痪过，证明我们的网络是安全的。（来源：《美国学者与

任正非的咖啡对话》，2019）

当年日本发生地震、核泄漏，我们员工背着设备逆难民的方向行进，如果不抢通基站，怎么帮助抢险救灾？2008年四川汶川地震的时候也一样，我们把基站建起来，通过与天上卫星联接，就给当地部队抢险联接了无线通信，否则部队在山上怎么调动？当时炸两个堰塞湖的时候，天上下着雨，员工打着伞守着设备，很艰苦，每天还要用六小时下山背柴油上山。我们作为通信公司，在全世界范围内抢险救灾都是应该做的，这是义务，这时不叫商业公司，叫"消防队"，不顾一切先把问题解决了再说。（来源：任正非，接受《南华早报》采访纪要，2020）

管理制度上"萧规曹随"，质量管理上贯彻"七个反对"

不要把管理创新作为我们公司任何一个干部的考核标准。我们的考核标准主要是你的工作效率和工作质量。创新只是手段，创新不是目的，一定要搞清楚。胡乱创新，增加自己的困难，也增加了别人的困难。你的创新，大家同意，没什么问题；如果大家没有同意，没有评审通过，你就是破坏。千万不要盲目创新，更不要强调自主。凡自主就会有狭隘之嫌，就会造成我们这个部门、这个产品线不去和别的部门和产品线共享，无疑就多做了一份工作，这工作就是无效的艰苦奋斗。（来源：任正非，《学习〈天道酬勤〉重点在于认清形势、深入反思和改进工作》，在干部部部长会议上的讲话纪要，2006）

我们只允许员工在主航道上发挥主观能动性与创造性，不能盲目创新，发散了公司的投资与力量。非主航道的业务，还是要认真向成功的公司学习，坚持稳定可靠运行，保持合理有效、尽可能简单的管理体系。要防止盲目创新，四面八方都喊响创新，就是我们的葬歌。（来源：《用乌龟精神，追上龙

飞船》，任正非在公司 2013 年度干部工作会议的讲话）

在质量问题上，要永远记得"七个反对"，而且要坚决反对。我们要继续贯彻七个反对，反对完美主义，反对烦琐哲学，反对盲目创新，反对没有全局效益提升的局部优化，反对没有全局观的干部主导变革，反对没有业务实践经验的员工参加变革，反对没有充分论证的流程进入实用。我们讲的是端到端的质量管理，要反对局部优化影响了全局优化。现在每个部门都在讲自己的优化，但如果妨碍了全局优化就不是优化。（来源：任正非在公司质量工作汇报会上的讲话，2015）

在管理制度上，我们应该坚持"萧规曹随"，坚持批评与自我批评，但改革不能有随意性，要谋定而后动。在管理制度上还是要走保守的道路，不要轻易去更改，不鼓励盲目创新。如果管理也总想着创新，一是成本太高，二是容易导致一会左、一会右，这没必要。当然，任何制度流程应该都是可以修改的，但一定要谋定而后动，经过广泛讨论和充分沟通后，觉得过去的标准确实存在问题，可以进行修订，修订要经过层层级级讨论，左左右右征求意见，就是你搞透之前，让你改不动。标准是可以进步的，但我们要走成文法的道路，不要采用案例法，避免太多弹性。（来源：任正非在 2023 年 2 月 3 日 EMT 办公例会上的讲话）

2
质量文化

质量文化的本质是奋斗文化、服务文化,只有每个个体努力奋斗、精益求精,才有整体面向客户的高质量。

资源是会枯竭的,唯有文化才会生生不息。没有质量文化,就不会有好的产品质量。华为开放吸收德国、日本、瑞士等各国优秀质量文化,与实际相结合,建设尊重规则流程、一次把事情做对、持续改进的质量文化。

华为重视精神文明建设,激发全员质量责任感、荣誉感,踏踏实实磨好豆腐、发好豆芽。每个人都聚焦做好本职工作,每件事、每个环节、每一次都做好,追求零缺陷;倡导工匠精神,尊重专业,通过激励机制和氛围建设牵引员工在自己的领域精益求精,敢于承担责任;贯彻"小改进、大奖励"的改良方针,追求持续不断、孜孜不倦、一点一滴地改进。

职业化才有高效率,华为充分发挥全球员工潜能,人人追求工作质量,不制造、不流出、不接受不符合要求的工作输出。"质量不好的产品是研发人员的耻辱",质量是研发、制造人员对市场服务人员的最优支持保障。

质量公式是"100-1=0",一个事故就可能摧毁整个市场的信任体系。华为营造敢于讲真话、敢于暴露问题、勇于担责任的质量文化氛围，坚持开展自我批判，促进管理者、员工质量意识不断提升。

开放学习各国优秀文化，
形成华为的质量文化

资源是会枯竭的，唯有文化才会生生不息。一切工业产品都是人类智慧创造的。华为没有可以依存的自然资源，唯有在人的头脑中挖掘出大油田、大森林、大煤矿……精神是可以转化为物质的，物质文明有利于巩固精神文明。我们坚持以精神文明促进物质文明的方针。这里的文化，不仅包含了知识、技术、管理、情操……也包含了一切促进生产力发展的无形因素。（来源：《华为公司基本法》，1998）

华为文化的特征就是服务文化，谁为谁服务的问题一定要解决。服务的含义是很广的，总的是为用户服务，但具体来讲，下一道工序就是用户，就是您的"上帝"。您必须认真地对待每一道工序和每一个用户。任何时间，任何地点，华为都意味着高品质。（来源：任正非，《致新员工书》，2005）

没有好的质量文化就没有好的产品质量。我们期望华为不仅能推出好的产品，完成客户满意的交付，更有使之可持续的质量文化和系统性的质量体系，创造出永葆产品优秀、服务优秀、工作流程优秀的好"天气"、好"土壤"、好"湿度"……使"华为"成为最受尊重的优秀品牌。（来源：《拥抱变化，担负使命》，郭平在华为质量与变革联合颁奖典礼上的讲话，2014）

20年前我去阿联酋，当飞机降落时，西亚非洲司司长告诉我，下去就是中东的香港。当时我不相信，下去一看，然后就写了一篇文章《资源是会枯竭的，唯有文化才能生生不息》。迪拜是没有一滴油的沙漠，现在比阿联酋还出名，这就是文化造就沙漠上的井喷。华为公司也要加强质量文化的建

设。（来源：任正非在公司质量工作汇报会上的讲话，2015）

大质量管理体系需要介入公司的思想建设、哲学建设、管理理论建设等方面，形成华为的质量文化。你们讲了很多"术"，我想讲讲"道"。你们看，法国波尔多产区只有名质红酒，从种子、土壤、种植……形成了一整套完整的文化，这就是产品文化，没有这种文化就不可能有好产品。瑞士的钟表为什么能做到世界第一？法国大革命时要杀掉那些有钱人和能干人，这些人都跑去了瑞士，所以瑞士的钟表主要是在法语区，其中很多精密机件是德语区的。我再讲一个例子。德国斯图加特工程院院长带我去参观一个德国工学院，大学一年级入学的学生，他们都在车间里面对着图纸做零件，把这些零件装到汽车上去跑，跑完回来再评价多少分。经过这一轮，再开始学习几何、理论力学、结构力学等学科，所以德国制造的汽车永远是无敌于天下。（来源：任正非在公司质量工作汇报会上的讲话，2015）

激发全员质量荣誉感、责任感，
倡导工匠精神

华为公司的员工应该向李冰父子学习，要踏踏实实地做事，不要老是想着做出一个一鸣惊人的东西来。你们能不能经得起时代的考验，是要看在你们退休后你们的产品还会不会在这个世界上存在。（来源：《希望寄托在你们身上》，任正非在中研部"品格的成熟铸就产品的成熟"交流会上的讲话，1998）

我们不仅在经济待遇上要提升能工巧匠的待遇，以逐步达到国际标准。当然我们的工作标准也要国际化，也要在精神上肯定他们，提升他们的地位，培养他们的自豪感与自信心。通过QCC[①]、合理化，他们也卷入了管理，也

---

① QCC，quality control circles，品管圈。

培养了他们的技能。对他们的成绩要给以肯定，他们发明的方法，也可以用他们的名字来命名。（来源：任正非，《能工巧匠是我们企业的宝贵财富》，1999）

　　日本非常重视非物质激励，概括起来就是荣誉、传承和沟通。这是日本制造企业产品高质量的灵魂。在日本，荣誉代表着自身的地位和影响力，日本人将产品的质量视为自己的自尊和荣誉，在生产的全流程中自觉践行高质量文化。除了良好的个人素质与修养外，日本的企业文化和社会环境都非常有利于培育高质量的工匠，日本企业中顶级工匠除了技术过硬，还要有德，德就是他一贯的交付质量和口碑、影响力，他对瑕疵的态度及获得周边认同的程度。（来源：任正非，《科学的量化、简化管理，关注技能与经验的积累，培育工匠文化》，劳动工资科汇报日本制造企业作业类员工管理调研纪要，2017）

　　打造工匠精神，根据工作质量来定职级。干一行，爱一行，没有哪一行注定最适合你。有人说市场岗位好，但是市场人员的淘汰率多高？如果想换一行，就要努力学习，学习的量是非常大的。所以，不鼓励给每个岗位人员都做职业生涯设计，改变自己是一个方向，对自己要有正确定位。（来源：任正非在关于后勤讨论会议上的讲话，2017）

　　人的潜能是无限的，每个人都在追求做得更好，没有一个人会愿意成为最低质量的那一环。要想让员工做得更好，最好的办法就是不断地表扬他，这样就会鼓励他今天做得好，明天会做得更好。绝大多数员工在每天的工作中都有质量做得好的地方，通过适当的方式肯定他，给他一种荣誉感，这种荣誉感会激发他产生追求高质量的动力，并成为一种责任感。（来源：胡厚崑在2017年华为质量奖颁奖典礼上的讲话）

　　我们的生产过程不断地智能化，生产系统中越来越多的是工匠科学家、工匠专家。现在已经不再是做砖瓦砂石的时代，可能3～5年后我们每条线只有5～6个人，这5～6个人主要是维修/维护工程师，生产人员怎么还叫工人呢？你们一定要破除迷信，在制造系统以后没有工人称呼，大小都是专家。（来源：任正非，《从系统工程角度出发规划华为大生产体系架构，建设世界一流的先进生产系统》，在松山湖工厂沟通纪要，2018）

我一直强调精品战略，就是要实现用户体验的超越。不要做花里胡哨的功能，敢于做减法，砍掉没用的功能。要有极客精神和工匠精神，对准全场景智能生活的刚需、痛点和高频应用场景进行体验创新和快速优化，对功能进行实用化的精细打磨。（来源：余承东，《以消费者为中心，用质量和体验捍卫品牌》，2018）

人力资源任职资格要导向踏踏实实在一个岗位上做出贡献，导向把每一块"豆腐"都磨好。一块"砖"、一块"砖"扎扎实实做好，组合起来，就是伟大的华为。（来源：任正非在2023年2月3日《20分钟》的讲话）

尊重流程规则，一次性把事情做好

每一个能工巧匠要模范地遵守流程，严格按规范来操作。任何改进必须经过周密策划，只有经过策划的尝试，失败不应受到指责。那种盲目将助焊剂任意不经实验就大规模采用，随意将烘烤温度从100摄氏度提升到200摄氏度，不是一种认真负责的行为。（来源：任正非，《能工巧匠是我们企业的宝贵财富》，1999）

我们对仓库管理进行改革，就是为了让流程贯通。供应模式简单化，就是强调一次把事情做好，一次把站点计划做好。将来供应中心也要虚化，我们会逐步减少供应中心的数量与规模。如果连发货到最终站点的计划都不去做准确，发货到代表处仓库的计划就能做准确？所以，小国基站数量少，应该在做模型设计时就多动脑筋，一次把数据做准确。（来源：任正非在小国综合管理变革汇报会上的讲话，2014）

全球运营商 BG 的项目，流程必须得到执行。各级行政主管应尊重流程，不可绕过或干扰流程执行，旁路支撑部门。基于正常销售决策流程，公司领导可以对任何项目发表意见，但明确仅作为项目决策的重要输入，不能代替 SDT[①] 决策。（来源：董事常委会纪要〔2015〕010 号）

质量和流程管理不能做成"两张皮"，所有业务都要追求质量。IPD 就是把所有质量要求和流程结合在一起，严格按照流程走，通过流程的有效运行，来确保高质量。（来源：EMT 纪要〔2017〕007 号）

我们一定要确保公司经营质量健康，积极进攻是可以的，过程中也可以有损失，对待损失要宽容。但是，要看是在新领域积极进攻中产生的失败，还是在成熟领域不遵守规则而失败，这有区别。（来源：《鼓足干劲，力争上游，不畏一切艰难困苦》，任正非在 2018 年四季度工作会议上的讲话）

公司作为一个商业机构最终要面对客户，客户不关心我们内部是怎么分工的，客户感知到的是我们端到端的质量结果呈现。一线在直接面对客户时经常反馈我们内部条块分割、流程非常长、效率非常低。因此在优化流程、提升运作效率、改善一线体验中，我们不能仅满足于不触碰红线，要以更高的目标来牵引。要转变思维模式，调整大家的视角，强调自外向内、以终为始、以客户的视角来看我们到底需要什么样的流程、什么样的系统。（来源：胡厚崑在 2017 年华为质量奖颁奖典礼上的讲话）

小改进、大奖励，持续改进和优化

思想不经磨炼，就容易钝化。那种善于动脑筋的人，就越来越聪明。他们也许以身尝试，惹些小毛病，各级领导要区分他们是为了改进工作而惹的

---

① SDT，sales decision-making team，销售决策团队。

毛病呢，还是责任心不强而犯下的错误。是前者，您们要手下留情。我们要鼓励员工去改进工作。在一个科学家的眼里，他的成果永远是不完善的，需要不断地优化。我们产品办、中研部、中试部的员工有这种感觉时，您就进入了科学家的境界。我们生产的工艺、产品的加工质量，您每天都充满去改进的欲望时，难道您还看不见爱迪生的身影吗？（来源：《反骄破满，在思想上艰苦奋斗》，任正非在十大杰出员工表彰大会上的发言，1996）

公司实行"小改进、大奖励，大建议、只鼓励"的制度。能提大建议的人已不是一般的员工了，也不用奖励，一般员工提大建议，我们不提倡，因为每个员工要做好本职工作。大的经营决策要有阶段的稳定性，不能每个阶段大家都不停地提意见。我们鼓励员工做小改进，将每个缺憾都弥补起来，公司也就有了进步。所以我们提出小改进、大奖励的制度，就是提倡大家做实。（来源：任正非，《华为的红旗到底能打多久》，1998）

如果我们不提出以核心竞争力的提升为总目标，那么我们的"小改进"就会误入歧途。比如说，我们现在要到北京去，我们可以从成都过去，也可以从上海过去，但是最短的行程应该是从武汉过去。如果我们不强调提升公司核心竞争力是永恒发展方向，我们的"小改进"改来改去，只顾自己改，就可能对周边没有产生积极的作用，改了半天，公司的整个核心竞争力并没有提升。那就是说，我们的"小改进"实际上是陷入了一场无明确大目标的游戏，而不是一个真正增创客户价值的活动。因此，在小改进过程中要不断瞄准提高企业核心竞争力这个大方向。当然，现在你们的每个QCC活动都是在为了提高公司核心竞争力的，围绕着这一总目标的。（来源：《在实践中培养和选拔干部》，任正非在第二期品管圈活动汇报暨颁奖大会上的讲话，1999）

研发的艰苦奋斗，不是说非要去艰苦地区才算"上甘岭"，而是踏踏实实做好本职工作，强调思想上的艰苦奋斗。我希望你们不断地提升工作质量，更多地从全局出发，去考虑产品的可销售性、可安装性、可维护性等，我们在很多方面有很大的进步，但我们在系统性和管理上还需要再提高，我们要不断思考，能改进吗，还能再改进吗？这就是艰苦奋斗。（来源：《以客户为中心，加大平台投入，开放合作，实现共赢》，任正非在 2010 年 PSST[①] 体系干部大会上的讲话）

质量就是尊严，质量不好的产品是研发人员的耻辱

我们的目标是以优异的产品、可靠的质量、优越的终生效能费用比和有效的服务，满足顾客日益增长的需要。质量是我们的自尊心。（来源：《华为公司基本法》，1998）

为了使我们的研发人员能够铭心牢记"从对科研成果负责转变为对产品负责"这句话，我们年终将把库房里的呆滞物料打成一个包，发给研发人员做"奖金"，每人一包，你可拿到市场去卖。请你回答，我们这历史累积上亿元的呆滞物料是怎么产生的？就是你们一笔下去不认真产生的。这么多的呆滞物料，经过这么大努力的处理还有数千万元是不能利用的，几千万元啊！我们有多少失学儿童，就是因为少几毛钱、少几块钱不能上学，这要让我们每一个研发人员铭记在心。（来源：《把生命注入产品中去》，任正非在欢送博士去做工人酒会上的讲话，1998）

对研发人员讲，（他们）就是要有一种板凳能坐十年冷的精神，对产品精益求精，踏踏实实把产品做好。做产品，一次错误都不犯是不可能的，不过，犯了错误要赶快去纠正。一个产品、一个系统，99.9% 的工作都干完了，干得很出色，但如果千分之一、万分之一的问题没有找到，这个系统还是个废的系统。一个问题一个问题地找，一个一个问题地解决，就是在构建我们

---

① PSST，products and solutions staff team，产品和解决方案实体组织办公会议。

公司的生命。（来源：任正非，《把握机遇，脚踏实地，迎接大发展》，与南研所干部、员工座谈会议纪要，2000）

我们要从最基础的编码质量做起，视高质量代码为尊严和个人声誉。代码就像是高楼大厦的一砖一瓦，没有高质量的代码，可信的产品就是空中楼阁。我们要优化并遵循公司各种编程规范，遵从架构与设计原则，熟练使用各种编程库和API[①]，编写出简洁、规范、可读性强、健壮安全的代码。（来源：任正非，《全面提升软件工程能力与实践，打造可信的高质量产品》，致全体员工的一封信，2019）

质量是研发人员的自尊心！我们要维护好这个品牌，这是我们的声誉。我们每年坚持质量问责，问责的对象都是主管，主管是产品质量的第一责任人。主管要充分发挥每一位工程师的创造力，激发组织活力、鞭策落后、表扬先进，只要大家齐心协力，很多问题都可以解决，方法总比困难多。在新的形势下，质量的挑战更大。过去几十年，我们摸索出很多质量管理方法，这些方法都是我们各团队在开发实践中创造和总结出来的。我们不仅要用这套方法继续保证产品质量，还要加强产业链合作，把质量管控前移到供应商，不断完善质量运营体系，持续打造高质量产品。（来源：汪涛，《坚持架构创新，加强跨界学习，激发第一公里，产品竞争力持续领先》，与武汉研究所ICT领域骨干员工座谈纪要，2021）

"质量不好的产品是研发人员的耻辱"，这句话应该贴到研发办公区的墙上。现在全世界网络故障频率越来越高，一个事故就可能摧毁整个市场的信任体系，"100-1=0"。对我们研发来说，单板的研发、单个器件的研发、系统的研发，一定要把质量作为首要追求。（来源：《整个公司的经营方针要从追求规模转向追求利润和现金流》，任正非在2022年7月EMT办公例会上的讲话）

[①] API，application programming interface，应用程序编程接口。

质量是研发制造人员对市场服务人员的最优支持保障。如果产品质量不好，就相当于让弟兄们冒着枪林弹雨、冰天雪地、炎热酷暑、新冠病毒在前线冲锋。所以，我们要建立反向考核机制，一线反向考核不仅要考核机关服务组织，也要延伸到产品线。坐在办公室还做不好质量，那就要收缩战线，提高竞争力。（来源：《整个公司的经营方针要从追求规模转向追求利润和现金流》，任正非在 2022 年 7 月 EMT 办公例会上的讲话）

敢于讲真话、暴露问题，在自我批判中
不断进步

我主张在《华为人》报头版头条要有承诺服务制，公司内部开设投诉邮箱，全国任何地方、任何人都可向此投诉，要开放给公司所有人员，而不能隐瞒，这对公司提供优质服务产生了压力，但内部先要准备好，不要一上来就手忙脚乱。（来源：《文档系统的一体化建设》，任正非在文档系统工作汇报会上的讲话，1996）

要加强在观念上的引导，要引导员工建立问题意识，产生建议意识、改进意识，最后再产生品质意识。（来源：《为了跨世纪的发展，必须推行合理化活动》，任正非在合理化活动工作汇报会的讲话，1997）

什么叫进步，就是改正昨天的不正确。当我们在 NGN[①] 上重获成功的时候，我们 G9 又在泰国 AIS[②] 再次摔了大跟斗，被退网。HLR[③] 在泰国、我国云南的瘫局，又一次警钟敲起。没有我们已形成的自我批判的习惯，就不

---

① NGN，next generation network，下一代通信网络。
② AIS，Advanced Info Service，泰国的电信运营商。
③ HLR，home location register，归属位置寄存器，是移动网络中存储永久用户信息的主数据库。

会有我们在中国移动的 T 局交付上获得的成功。对沙特阿拉伯 Hajj①的保障，使自我批判的成果获得辉煌，改变了世界技术发展的历史，也改变了我们核心网的发展方向。（来源：《从泥坑里爬起来的人就是圣人》，任正非在核心网产品线表彰大会上的讲话，2008）

财务最重要的就是揭示问题，讲真话，哪里货物积压，哪里有坏账核销，要通过监控报告揭示内部运作的问题。主管看到了就会着急，加强管理和协调，以提高内部运作效率，这就是财务对他们做出的贡献。（来源：任正非，与毛里求斯员工座谈会议纪要，2012）

我们要鼓励员工及各级干部讲真话，真话有正确的、不正确的，各级组织采纳不采纳，并没什么问题，而是风气要改变。真话有利于改进管理，假话只会使管理变得复杂、成本更高。（来源：《要坚持真实，华为才能更充实》，总裁办电邮〔2017〕087 号）

（我们）丢掉了幻想，全力以赴地补"洞"，几千块单板的优化切换磨合、使用检验，这是很痛苦的，几千块单板需要实践检验是否成功，工作量巨大。前线一切将士要敢于批评、发现问题、暴露问题，只有产品优秀了，服务优秀了，才能获得客户信任。（来源：任正非，《大时代的儿女，历史赋予了我们力挽狂澜的重任》，在 2020 年公司年度工作会议上的讲话纪要）

---

① Hajj 是伊斯兰教的一种宗教朝拜活动，也是一种重要的宗教仪式，每年都会吸引成千上万的穆斯林前往沙特阿拉伯麦加进行朝拜。——编者注

3
管理机制

为保障大质量架构落地，华为实施基于 ISO 9000 的全面质量管理。对准客户需求，以战略为牵引，实施全员、全过程、全价值链的质量管理，踏踏实实为客户创造价值，不贪图短期利益，保证经营安全和防范风险，最终体现到实现商业成功。

各级管理者、各级一把手是质量的最终和第一责任人，要在所管辖团队内建立正确的质量导向，面对质量问题时态度坚决、要求明确、不妥协；所有业务从上到下都要高度重视质量和追求质量，将质量要求构筑在流程中，一次把事情做对；坚持质量优先、优质优价，将质量要求和质量管理延伸到供应商和分包方，与价值链共建高质量。

为客户服务是华为存在的唯一理由，客户满意度是衡量一切工作的准绳。华为坚持开展第三方调查获取真实声音和反馈，建立客户满意度管理的良性循环和长效闭环机制。

为了驱动持续改进，华为引入第三方机构，对各领域 ISO 9000 全面质量管理进行审核、认证和验收，并通过了一系列管理体系的独立第三方评估/认证；持续引入和发展质量工程能力，运用六西格玛、海纳、TRIZ[①]、FMEA[②] 等方法解决业务问题，推进产品与服务质量预防和持续改进；加强知识管理，通过战场复盘更快速地把经验总结为知识，把知识转化为行动能力。

建设和实施基于 ISO 9000 的全面质量管理体系

要坚定不移地贯彻 ISO 9000，规范生产行为。现代化的生产组织绝不能停留在师傅带徒弟上，一定要推行"一切按文件办事，一切按程序办事"的 ISO 9000 的管理和相应的国际化大生产的行为。新上任的干部要自己编写所属文件，交 ISO 9000 办公室审核批准，而且奋力去实行。要在半年时间内，准确描述到每一个岗位，让每一位干部、工人都明确职责，合格上岗。在生产系统中，凡不推行 ISO 9000 的干部一律免职，推行不力的干部要调动岗位，离开重要岗位。公司管理要进步，一定要搬掉绊脚石。（来源：《不前进就免职》，任正非在生产系统干部就职仪式上的讲话，1995）

要坚决地在财务系统推行 ISO 9000 及 MRP[③] II。建设符合华为特点的流程控制及管理框架。聘请顾问公司，加快国际接轨的步伐。（来源：《自强不息，荣辱与共，促进管理的进步》，任正非在机关干部下基层，走与生产实践相结合道路欢送会上的讲话，1997）

明确大质量就是基于 ISO 9000 的全面质量管理。对准客户需求，以战

---

① TRIZ，theory of inventive problem solving，是苏联发明家根里奇·阿奇舒勒创造的一种适用于技术创造领域的方法论。
② FMEA，failure mode and effect analysis，失效模式和影响分析，是一种用来确定潜在失效模式及其原因的分析方法。
③ MRP，manufacturing resources planning，制造资源计划，是对制造业企业的生产资源进行有效计划的一整套生产经营管理计划体系。

略为牵引，实施全员、全过程、全价值链的质量管理。落实"质量优先"战略，支撑公司实现"以质取胜"，不断提升质量竞争力，防范重大质量风险。将质量要求构筑在流程中，全面提升工作质量，支撑公司"从机会点到商业变现"，持续为客户创造价值。（来源：EMT 决议〔2017〕010 号）

　　公司自上而下要高度重视全面质量管理，按照 ISO 9000 全面质量管理体系标准部署业务。全面质量管理不仅指产品质量、合同质量，还应将网络安全、信息安全、内控、合规运营、经营管理等质量要素纳入全面质量管理。质量工作的核心就是在流程打造的过程中构筑好质量要求和标准，并有效执行。成熟领域由相关领域继续夯实，公司层面重点关注合同管理、Marketing[①]/行销、职能平台的工作质量。（来源：EMT 纪要〔2017〕007 号）

　　质量管理最终要体现到实现商业成功。全面质量管理要覆盖两个端到端，一个是客户驱动的"从客户需求到客户满意"，包含从机会到商业变现，另一个是战略驱动的"从战略到执行"。全面质量管理要有"质量溢价"的追求，做出正向激励规划，建立 ISO 9000 全面质量管理的持久机制。（来源：EMT 纪要〔2017〕007 号）

各级一把手是质量的最终和第一责任人

　　质量是业务一把手和委员会的责任，公司质量部负责质量管理体系、质量度量、质量审核和质量文化专业支撑。（来源：任正非，在流程与 IT 战略务虚会上的讲话及主要讨论发言，2012）

　　我们要再次强调和明确各级管理者、各级一把手是质量的最终和第一责任人。强调一把手是质量的第一责任人，并不是要一把手去替代一线团

---

① 　Marketing，市场营销。

队做很多质量方面的具体工作，最关键的是要在所管辖团队内建立正确的质量导向。管理者要建立的质量导向，首先体现在我们的各级一把手在选拔、提拔干部以及激励团队和个人的时候，是不是提拔和激励那些结果质量好、一次把事情做对的干部与团队。我们各级一把手的态度和决心就决定了团队对质量的重视程度。各级一把手在干部的选拔、任用上，是不是以结果质量为导向？是提拔一次就把事情做对、默默无闻就把事情做好的人，还是去提拔和选拔那些救火英雄？（来源：《质量是客户最最基本的必备需求，是公司生存和发展的堤坝》，徐直军在华为公司质量奖颁奖大会上的讲话，2013）

　　进一步完善质量回溯和问责机制。公司在研发体系内已经建立了很好的质量回溯和问责机制，对产品上网规模商用以后体现出的质量好坏直接影响到干部的任用和问责以及激励。运营商网络产品领域切切实实地执行了对产品网上质量的回溯，并基于回溯的结果对质量较差产品所在的整个团队主管进行问责。在质量回溯和问责的基础上，我们推动了各级主管对产品质量的关注，也让大家看到这几年运营商网络BG推出的产品的质量越来越好，网上暴露的问题不断减少。因此，我们要把基于结果的质量回溯和问责机制推广落实到各BG，并进一步推动建立合同质量、交付质量的回溯和问责机制，通过对结果的有效回溯，最终在对干部的任用及干部的问责上发挥作用，才能推动全公司真正从各个环节关注质量，关注客户最基本的需求和要求。（来源：《质量是客户最最基本的必备需求，是公司生存和发展的堤坝》，徐直军在华为公司质量奖颁奖大会上的讲话，2013）

　　各领域总裁负责全面建设和实施ISO 9000全面质量管理，每一个管理者都要学习、掌握ISO 9000全面质量管理。各个一层组织质量与运营部负责支撑本领域ISO 9000全面质量管理落地。加强质量岗位建设，提升质量队伍的地位和作用，把合适的干部配备上去。（来源：EMT决议〔2017〕010号）

把质量要求构筑在流程中，提升业务过程质量和结果质量

我们在短短几年时间从几个人的小作坊、小生产，演变成年产百亿（元）的大生产流程。虽然有了巨大的进步，无论从计划管理、品质控制、流程操作……都开始使产品质量具有国际竞争性，但是稚气还荡漾在管理者的脸上。很快我们将搬进龙岗生产基地，每天将出厂 5000 万元以上的产品，我们的组织建设是否适应了，管理流程是否适应了，人的责任心是否提高了……先进的武器，并不一定代表战斗力，战斗力还是来自管理。我们是否推行了质量否决制；是否全体职工极端认真负责；是否效率与质量同步前进；是否使管理流程得到优化，并不断在优化；每个员工的基本功是否在不断地演练，是否真正熟能生巧。（来源：任正非，《狭路相逢勇者生》，1998）

要认真执行 IPD，构筑长远进步的基础，这是坚定不移的。规范化的管理让大家不舒服，但是还是要走规范化管理的道路。如果不搞规范化，公司一定死亡，可以肯定一个不规范的公司不可能长久维持优势。规范的最后目的是要提高质量与速度，当前为了实现 IPD，推行规范化，会牺牲一些速度，但规范以后速度是可以加快的。质量与时间的统一要统一到为时间服务，时间就是金钱。（来源：任正非，研发管理委员会会议纪要，2001）

从 1998 年起，华为系统地引入世界级管理咨询公司的管理经验，在集成产品开发（IPD）、集成供应链、人力资源管理、财务管理、质量控制等诸多方面，华为与 IBM、HayGroup[①]、PwC[②]、FhG[③] 等公司展开了深入合作，

---

① HayGroup（简称为 Hay），合益集团，是一家全球性管理咨询公司。——编者注
② PwC，普华永道，即普华永道会计师事务所，是国际四大会计师事务所之一。——编者注
③ FhG，弗劳恩霍夫协会，也被译为德国国家应用研究院，该协会以德国科学家、发明家和企业家约瑟夫·冯·弗劳恩霍夫（Joseph von Fraunhofer）的名字命名，是面向应用程序研究的世界领先组织。——编者注

全面构筑客户需求驱动的流程和管理体系。华为与 IBM、Hay、KPMG[①]、PwC、FhG、Mercer[②]、盖洛普等公司合作，引入先进的管理理念和方法论，从业务流程、组织、品质控制、人力资源、财务客户满意度等六个方面进行了系统变革，把公司业务管理体系聚焦到创造客户价值这个核心上。经过不断改进，华为的管理已与国际接轨，不仅承受了公司业务持续高速增长的考验，而且赢得了海内外客户及全球合作伙伴的普遍认可，有效支撑了公司全球化战略。（来源：《华为公司的核心价值观》，任正非在"广东学习论坛"第十六期报告会上的讲话，2005）

我们一定要实现端到端的全流程和 IT 的贯通。一定要实现高质量的海量及时交付。要实行质量一票否决制，要一手抓销售额，一手抓销售质量、服务质量、合同质量。（来源：任正非，《认清形势，加快组织建设和后备干部培养，迎接公司新发展》，2005）

IPD 是聚焦解决产品开发的工作效率、工作质量、运作成本问题，LTC[③] 是聚焦解决售前行销、销售、售后交付服务的工作质量、工作效率、运作成本问题。（来源：EMT 决议〔2008〕030 号）

公司从上到下都要高度重视质量，所有业务都要追求质量，业务要以流程承载质量要求，将质量要求构筑在流程中。（来源：EMT 决议〔2017〕010 号）

坚决贯彻全流程优质交付。刚才有人提到交付，他理解的"交付"是 GTS[④]，而我理解的"交付"是从客户端到客户端的全流程优质交付，包括 Marketing、研发、制造、GTS、生命后周期管理……各个环节。（来源：任

---

① KPMG，毕马威，是国际四大会计师事务所之一。——编者注
② Mercer，美世咨询公司，是世界最大的人力资源管理咨询机构，也是世界最大的机构金融投资顾问。——编者注
③ LTC，lead to cash，从线索到回款，是华为的主业务流程之一。
④ GTS，global technical service，全球技术服务部。

正非在项目管理资源池第一期学员座谈会上的讲话，2014）

把客户期望传递到华为整个价值链，共同构建高质量

公司面向未来确定了"让 HUAWEI 成为 ICT 行业高质量的代名词"的质量目标和"以质取胜"的质量方针，因此持续高质量和可持续发展能力表现优秀的供应商将会获得更多与华为合作的商业机会，同时华为会付出合理溢价来购买持续高质量的器件和服务。用高质量的器件来制造我们的产品，用高质量的服务来交付我们的产品及改进我们的管理。通过整个产业链提高质量的共同努力，从而使华为能更好地向客户提供高质量的产品和服务。（来源：EMT 决议〔2015〕011 号）

未来公司间的竞争是产业链间的竞争，因此在保障华为商业利益的前提下，合理分配产业链利润，保证供应商合理的利润，维护健康产业环境，打造华为与供应商合作共赢的可持续发展的有竞争力的产业链，从而保障华为获得相对竞争优势。（来源：EMT 决议〔2015〕011 号）

我们要想确保面向客户的高质量交付，所有价值链上的供应商、合作方都应该是我们质量要管辖的范围，只是管理的方式、方法有所不同。我们要像英国电信和沃达丰帮助华为那样去帮助我们的供应商和分包商，帮助它们把质量意识、质量能力、质量管理体系建设和提升起来，这样才能够确保持续向华为高质量交付，我们也才能持续向客户高质量交付。只有整个产业链条的质量以及质量能力提升起来，才能支撑华为的成长和持续发展。（来源：《基于 ISO 9000 的全面质量管理体系做实质量工作，全面提升华为的工作质量和结果质量》，徐直军 2016 年 11 月 4 日在 EMT 重点工作质量专题研讨会上的讲话）

华为将来的价值循环平台还是全产业链的价值创造与分享，包含对外价值链和对内价值链。这个平台是应该有方向和业务目标的，要捆绑内、外最优秀的资源。对内价值链，是激发组织与员工的活力，提高每个组织与员工在价值创造中的机会及输出；对外价值链，是捆绑组合一切优秀的资源能力，形成优质资源的集合，提高我们的整体竞争能力。（来源：任正非在人力资源管理纲要2.0沟通会上的讲话，2017）

今年起，产品质量将面临重大考验，我们需要转换思维，建立端到端的拦截机制，从传统的采购件管理方式前移到供应商的质量管理，从华为器件的设计和质量管理工作，延展到供应商层面的质量机制（包括供应商生产、封装、测试、来料筛选等环节），加强来料质量五层防护网建设，逐步构建并持续夯实华为的来料质量管理机制。同时需要加大投入强度，保障投入的人力能足以支撑多元化器件从白盒设计到 Fab① 加工再到封测等各个关键环节的质量活动开展，帮扶和提升重点供应商质量。只有大家齐心协力地努力，才能一步步达成目标。（来源：《COO② 发挥主观能动性和创造力，做好 SPDT③ 总裁的副手，助力产业商业成功》，汪涛在首届 ICT COO 角色认知研讨大会上的讲话，2021）

建立以客户为中心的质量度量体系，提升客户满意度

我们必须以客户的价值观为导向，以客户满意度为标准，公司的一切行为都是以客户的满意程度作为评价依据。客户的价值观是通过统计、归纳、

---

① Fab，特指 Fab 厂，fabrication（制造，生产）的简称，通常指的是半导体芯片制造工厂。
② COO，chief operating officer，首席运营官。
③ SPDT，super product development team，超级产品开发团队。

分析得出的，并通过与客户交流，最后得出确认结果，成为公司努力的方向。沿着这个方向我们就不会有大的错误，不会栽大的跟头。（来源：任正非，《华为的红旗到底能打多久》，1998）

客户的利益所在，就是我们生存与发展最根本的利益所在。我们要以服务来定队伍建设的宗旨，以客户满意度作为衡量一切工作的准绳。（来源：《华为公司基本法》，1998）

客户满意度是从总裁到各级干部的重要考核指标之一（外部客户满意度是委托盖洛普公司帮助调查的）。客户需求导向和为客户服务蕴含在干部、员工招聘、选拔、培训教育和考核评价之中，强化对客户服务贡献的关注，固化干部、员工选拔培养的素质模型，固化到招聘面试的模板中。（来源：《华为公司的核心价值观》，任正非在"广东学习论坛"第十六期报告会上的讲话，2005）

Marketing 做的客户满意度调查，结果要全面公开，我们花了这么多钱，客户有批评，为什么不公开呢？不公开就不会促进我们的改进，那有什么用呢？竞争对手知道有什么关系呢？他们攻击我们怕什么呢？主要是我们自己改了就好了。什么叫无理要求？除了客户说你这个设备给我，一分钱都不付，别的都不是无理要求，而是我们自己骄傲自大。（来源：任正非在地区部向 EMT 进行 2008 年年中述职会议上的讲话）

马电（马来西亚电信）客户遇到的困境和问题不是个例，我们在全球的很多客户和项目都正在面临同类的问题。走遍全球到处都是质量事件、质量问题，我们是不是越来越不把客户当回事了？是不是有些干部富裕起来就惰怠了？问题不可怕，关键是我们面对问题的态度。我们必须要有正确的面对问题的态度，必须找到解决问题的正确方法，问题才会越来越少，才能挽回客户对我们的信任。（来源：EMT 纪要〔2010〕029 号）

我们还要进一步地让贴近客户的团队更有权力，只有这种灵活机动的战略战术，才有利于提高客户满意度，有利于成功，有利于干部成长，有利于效

益的增加。(来源:任正非,《要培养一支能打仗、打胜仗的队伍》,2013)

引入第三方认证,发展质量工程方法,推进质量预防和持续改进

公司建立起了完整的生产管理和质量保证体系,获得了国际权威机构DNV[①]和SQCC[②]两家的ISO 9001认证。ISO 9001涵盖了设计、开发、生产、安装和服务的质量保证模式,保证了公司从设计到进行质量管理这一方针的实施,它也是我们与其他国家和伙伴建立合作机构的质量保证基础。(来源:《坚持顾客导向,同步世界潮流》,任正非在北京市电信管理局和华为公司C&C08交换机设备鉴定仪式上的讲话,1996)

我认为QCC活动滚动的范围会越来越大,也会越来越宽。但是,不要完全自己去发明创造QCC的活动,要多阅读一些国际书籍,多阅读一些参考书籍,你们在活动之前多看看书,不要光使用无穷逼近法去消灭故障。干活要会使巧劲。在这个问题上要向国际规范化的管理多学习。(来源:《实践中培养和选拔干部》,任正非在第二期品管圈活动汇报暨颁奖大会上的讲话,1999)

各级ST[③]要牵引员工立足于本职岗位的效率和业务绩效改进,自动自发地参与到QCC活动中,积极提交改进建议。ST应定期对QCC、改进建议运作情况进行审视,促进改进活动的有效性,并对QCC成果和改进建议进行评选,根据其成果和价值进行激励,以形成全员参与持续改进的良性氛围。(来

[①] DNV,挪威船级社,DET NORSKE VERITAS,是一家全球领先的专业风险管理服务机构。——编者注
[②] SQCC,深圳质量认证中心。
[③] ST,staff team,华为各部门的办公会议。

源:《关于对客户满意和持续改进管理的要求》,公司文件〔2010〕018号)

公司质量与运营部负责引入第三方机构,组织对各领域ISO 9000全面质量管理进行审核、认证、验收。审核、认证的目的是驱动改进,不是拿证。(来源:EMT决议〔2017〕010号)

学习TRIZ方法(苏联阿奇舒勒为首的专家,从250万个专利中提炼出来的共性方法),要从世界的理论突破和技术创新中识别可以解决实际问题的技术,并把它工程化,在这一过程中积累的创新要进行专利保护,同时也要学习其他公司和研究机构的技术创新。(来源:《励精图治,奋发图强,努力划出旋涡区》,任正非在2022年公司年度工作会议上的讲话)

我们要把以质量取胜作为重要的目标,在解决卡脖子问题的时候,防范重大和批量性质量风险。我们不能把卡脖子当成一个借口,而应该把它当成一个机会,通过田口、TRIZ、FMEA、六西格玛等系统的持续改进方法组合以及新方法的引入,在业务作战中解决问题。要营造公司持续改进氛围"场",让星星之火可以燎原,要坚持"小改进、大奖励",加大对持续改进优秀项目和人员的奖励。(来源:《构建服务用户、服务作战的质量工具数字化平台,营造星星之火可以燎原的公司持续改进氛围"场"》,陶景文在公司持续改进协会工作汇报会上的讲话,2021)

通过知识管理提升专业能力,支撑公司面向未来发展

对于知识管理和专家系统,西安用服的知识和专家求助系统做得很好,可以来几个人,跟你们一起参战,从你们这里学习先进方法和先进思想,然后他们也把思想和实践回馈给你们。几千里、几万里之外的一个机器坏了,在前方的人也不一定都是会修的,全靠专家支持系统。这个时候就需要西安

来指导，它可以把一层层的网络打开来修，这一点你们可以学习。然后我们可以在知识和专家系统之上建立起大数据应用，对专家进行扫描，识别出来为什么有些专家多年没有涨职级、涨工资，这样逐渐就能找到一个正确考核专家的方法。（来源：《构建先进装备，沉淀核心能力，在更高维度打赢下一场战争》，任正非在运营商BG"三朵云"业务体验和阶段验收汇报会上的讲话，2015）

GTS要坚持总结案例，挑选出有价值的案例，也可以给案例付费。内部管理的经验库，不仅有利于培养新员工，善于总结经验其实对自身进步也有好处。友商思科的学习材料大多数放在网上，其实就是收集了很多案例，这种做法值得华为学习。我们的经验积累是在实践中产生的，没有一个公司有这么综合全面的实践条件。产品的经验案例积累多了，就是不可替代的优势。我们把脚本综合归纳起来，循环深化，就跟华为大学的教案一样，逐渐成为不可替代的脚本。（来源：《方向要大致正确，组织要充满活力》，任正非在公司战略务虚会上的讲话，2017）

公司面向未来发展，越来越依赖专业能力的提升来实现面向客户的竞争力提升。知识管理是提升专业能力、打造专家队伍的关键手段，是支撑公司面向未来长远发展的关键要素。（来源：EMT决议〔2023〕003号）

公司最大的浪费是知识和经验的浪费，要通过推行知识管理，把我们散落在全球的各个领域的优秀实践不断转化成为知识和经验，用这些知识和经验来不断提升我们的专业能力。（来源：EMT决议〔2023〕003号）

持续审视和优化公司相关政策，为知识管理在全公司推行创造良好的氛围和土壤。比如个人绩效管理，在坚持责任结果导向基础上，要进一步强调"我对团队、商业、客户成功的关键个人贡献""我对他人成功的贡献""我借助哪些别人的帮助让我的结果更好"的导向牵引。（来源：EMT决议〔2023〕003号）

第二部分
从客户需求到客户满意

我们一定要正确认识客户 3～5 年的需求，在正态分布曲线的"甜点"上，加大"回马枪"的投入，改进我们的产品，优化"极简的架构、极低的成本、极高的质量、极优的体验"，将其做到具有世界竞争力。

——任正非

4
市场营销

为客户服务是华为存在的唯一理由，认真倾听和准确理解客户需求，是高质量服务的基础。

以宗教般的虔诚对待客户，用真诚换取真心，建立起普遍客户关系。华为一直主张阳光销售、正派销售，改善客户关系的关键在于做好本职工作，提高服务质量，降低服务成本。

以谦虚的态度倾听客户声音，尤其认真对待客户的批评与意见，持续改进客户关切的问题，提升客户满意度；以科学的精神准确理解客户需求，去粗取精、弃伪存真、由此及彼、由表及里，真正搞清楚客户的痛点。华为是一家能力有限的公司，聚焦满足正态分布的主流需求，实现客户和华为的商业成功。

市场拓展要抓机会，但要拒绝机会主义。华为构建贴近客户的全球营、销、服网络，通过"营销四要素"（客户关系、解决方案、融资和回款条件以及交付）综合能力提升，建设长远的市场竞争力。

充分运用先进装备与互联网技术手段，建立全球化的展示和体验式营销平台，将客户的业务体验前移到代表处，实现全球远程方案推送；展会展厅要直接切入，深层次地揭示客户的痛点，讲清楚解决方案以及如何盈利，展示多场景化的应用，与客户形成更深刻的互动，生动才能感动客户。

以宗教般的虔诚服务客户、做市场，不断提升服务质量

销售过程中，我们注重宣传产品、公司，不搞个人宣传，市场资源不能掌握在个人手里，着重宣传商标，全力维护产品声誉。华为是以宗教般虔诚的精神做市场。（来源：任正非，《集体奋斗，发展高新技术产业》，863 专家访问华为座谈会，1995）

在残酷的市场竞争中，我们始终坚持创品牌的正派销售，我们为此忍痛放弃了多少大合同。我们在东北伊春的一单合同，推广人员、市场人员为此做了不下十次的技术推广和工程建议，风餐露宿，长途往返跋涉，前后长达半年。最后因一些原因，市场部决定放弃。（来源：《目前形势与我们的任务》，任正非在市场部整训工作会议上的发言，1995）

我们一再告诫大家，要重视普遍客户关系，这也是我们的一个竞争优势。普遍客户关系这个问题，是对所有部门的要求。坚持普遍客户原则就是见谁都好，不要认为对方仅是局方的一个运维工程师就不做客户关系维护、不介绍产品，这也是一票呀。（来源：《认识驾驭客观规律，发挥核心团队作用，不断提高人均效益，共同努力度过困难》，任正非在研委会议、市场三季度例会上的讲话，2002）

大家看到，非洲非常偏僻小镇的教堂里，那些来自欧洲的传教士，300 年前来非洲传教时，也许一离开家，就永远回不去了。那时还没有电灯、马路，甚至没有邮递员来传信，比我们现在差多了，他们为了一个信仰，抛弃了一切，来到这些不毛之地，想想他们又有多难。为什么我们说市场人员要有宗教般的虔诚，我们现在不是像当年传教士一样，在推广我们的服务吗？

（来源：《上甘岭是不会自然产生将军的，但将军都曾经是英雄》，任正非在刚果、贝宁等代表处员工座谈会上的讲话，2006）

是我们始终如一对待客户的虔诚和忘我精神，终于感动了"上帝"，感动了我们的客户！无论国内还是海外，客户让我们有了今天的一些市场，我们永远不要忘本，永远要以宗教般的虔诚对待我们的客户，这正是我们奋斗文化中的重要组成部分。（来源：任正非，《天道酬勤》，2006）

我们要在商言商，不要去搞那些歪门邪道。咱们就是卖机器，卖机器就专心卖机器，不要去谈别的东西（不要去谈合资、持股等东西）。你们整天如果想这些歪门邪道，不用正派方法去做，怎么能真正正确建立客户关系呢？（来源：任正非，《将军如果不知道自己错在哪里，就永远不会成为将军》，在独联体片区的讲话纪要，2007）

各级干部精力要聚焦在价值创造上，要把精力集中在业务进步上，不断提高业务水平，改善服务质量，降低运作成本，简化流程，优化组织，合理精减人员，以此来增强竞争力和改善普遍客户关系；对客户关系不要曲解，我认为改善客户关系，主要是以做好本职工作、提高服务质量、降低服务成本来实现。（来源：任正非，在新盛大厦对彭中阳的谈话纪要，2012）

我们在创业初期已经感觉到，要生存下来，唯有尊重客户，尊重客户的价值观，尊重客户的利益。钱在客户的口袋里面，只有质量好、服务好，客户才会给你。那时我们对客户的态度有宗教般的虔诚，贯彻一种观念——"宁可自己吃苦，都要让客户的需求、客户的价值观得到实现"，这样我们在客户心目中的形象越来越好，东西越卖越多。（来源：任正非，接受欧洲新闻台采访纪要，2019）

认真对待客户的批评和意见，科学、准确地理解客户需求

去年年底的客户大团拜是由公司高层领导组成的，今年春节我希望中研、中试、华为电气研发人员去拜访客户，每个小组发一个录音机，以便让你们全体人员听听客户是怎么骂你们的，哪里的客户对你们有意见，你们就到哪里去，只有敢于自我批评，你才会有希望。（来源：《把生命注入产品中去》，任正非在欢送博士去做工人酒会上的讲话，1998）

以客户需求为导向是一种理念，不是一种形式。如果认为出差就（能）找到客户需求，在家就不知道客户需求，这个逻辑好像有问题。客户需求不是一个或者几个客户说的话。真的客户需求是去粗取精、弃伪存真、由此及彼、由表及里，然后归纳出来客户的真正需求是什么，绝对不是一个简单地听了客户几句话（的事情）。（来源：任正非在PSST体系干部大会上的讲话，2008）

Marketing要降低重心，更加贴近客户，贴近销售，支持销售，Marketing要通过深入理解客户需求、理解竞争对手和行业技术发展，牵引公司产品和解决方案满足客户需求并有竞争力。产品与解决方案能满足客户需求且有竞争力，才是对销售最大的支持。（来源：EMT决议〔2008〕031号）

我们有8000多Marketing与行销人员在听客户的声音、现实的需求、未来的需求、战略的机会……只有在客户需求真实产生的机会窗出现时，科学家的发明转换成产品才产生商业价值。投入过早也会洗了商业的盐碱地，损耗本应聚焦突破的能量。（来源：任正非，与英国研究所、北京研究所、伦敦财经风险管控中心座谈的纪要，2015）

我们要充分理解世界的真正需求，西方公司在消费品销售中已经有几十年、几百年的经验，其中很多经验是值得我们学习的。这个时代人们已转向对质量的需求，所以大家不要总认为爱马仕会灭亡，其实会灭亡的是地沟油。（来源：《"脚踏实地，做挑战自我的长跑者"》，任正非在消费者BG 2015年

中沟通大会上的讲话）

我们一定要多听使用者的意见和批评。你们在看网上文章时，不知道有多少人会看跟帖？大家认为这是水军行为，我不认为。我看文章时，就会去读成百上千个跟帖，看别人怎么骂华为的，看完后就知道哪些方面需要改进。（来源：《"脚踏实地，做挑战自我的长跑者"》，任正非在消费者BG 2015年中沟通大会上的讲话）

我们要重视听取客户、合作伙伴、开发者对我们的批评，确保真正了解消费者与生态，加强客户（含生态）声音的满意度闭环管理。听取别人的声音，关注别人的利益才有未来。（来源：任正非，《软件重在建格局，要敢于扎到根、捅破天》，与部分科学家、软件专家座谈会纪要，2021）

我们要科学理解客户需求，客户的技术需求不是线性的无限增长，它一段时间是有一个饱和需求值，像一个正态分布曲线一样，在一定时间段有一定的需求峰值的。过去我们之所以干出许多傻事，就是以为客户需求是线性的，无限追求高的技术成长，高的带宽、低的时延，结果"猴子掰苞谷"，掰一个、丢一个，把量大的合乎客户需求的低端产品让给了竞争对手，自己辛辛苦苦，最后只剩下小苞谷。（来源：任正非在研发结构务虚讨论会上的讲话，2022）

市场拓展拒绝机会主义，通过战略营销帮助客户"赢"

在跨过这个世纪的时候，我们要超大规模地跨出国门，市场部从现在开始要转变销售思想，树立战略营销思想，贯彻全面顾客服务意识，要实现从观念到组织的五个转变：公关到策划的转变，推销到营销的转变，小团队作战到营销兵团作战的转变，局部市场到大市场的转变，产品营销到战略营销

的转变。（来源：《目前形势与我们的任务》，任正非在市场部整训工作会议上的发言，1995）

通信行业是一个投资类市场，仅靠短期的机会主义行为是不可能被客户接纳的。因此，我们拒绝机会主义，坚持面向目标市场，持之以恒地开拓市场，自始至终地加强我们的营销网络、服务网络及队伍建设，经过九年的艰苦拓展，屡战屡败，屡败屡战，终于赢来了今天海外市场的全面进步。（来源：《华为公司的核心价值观》，任正非在"广东学习论坛"第十六期报告会上的讲话，2005）

一线的作战，要从客户经理的单兵作战转变为小团队作战，而且客户经理要加强营销四要素（客户关系、解决方案、融资和回款条件以及交付）的综合能力，要提高做生意的能力。（来源：《谁来呼唤炮火，如何及时提供炮火支援》，任正非在销服体系奋斗颁奖大会上的讲话，2009）

我们攻进去了，运营商用了我们的武器最后没挣钱，最后又做垮了，那我们也垮了，不能算进去了。（这）说明过去我们是做销售为主，而不是在做营销，没有"营"的概念，"营"就是要帮助客户"赢"。（来源：任正非在2014年12月26日EMT/董事会办公例会上的讲话）

我们在中国要构建技术与产品竞争力，用创新提升客户价值，牵引产业新标准，不做低水平的重复标准，让我们的产品、技术相关合作伙伴共同受益于产业发展。To Business（面向商业客户）、To Customer（面向消费客户）、To Developer（面向开发者）都是我们产品生态的空间。产业生态建设能力，要有战略耐心，以时间换能力，以市场换空间，积小胜为大胜。但不要挂上爱国主义的帽子，不要消耗爱国主义，不要过度营销，要广交朋友、多分享利益。（来源：任正非，《大时代的儿女，历史赋予了我们力挽狂澜的重任》，在2020年公司年度工作会议上的讲话纪要）

意大利米兰美学研究所在营销心理学上很有造诣，你们要把营销心理学的内容融进来。意大利人为什么能把品牌服装高价卖到全世界？很重要的一个因素，就是意大利人非常懂营销心理学。为什么叫威尼斯商人？就是这个道理。（来源：任正非与培训部部分主管和员工座谈会上的讲话，2021）

提升营销内容和展厅展示质量，用体验式营销更好地联接客户

营销资料的好坏直接决定各类营销活动的质量，Marketing和产品行销要建立一支有客户交流经验、符合任职要求的稳定的专业队伍，负责营销资料策划、创造、撰写。营销资料策划、创造、撰写岗位是一线岗位。只有让经验丰富的营销人员从事营销资料的策划、创造、撰写，才可能输出高质量的营销资料。（来源：EMT决议〔2006〕042号）

我们现在的展厅展览像接待小学生一样，让每个人都从头到尾看一遍，对每个人都从A、B、C讲起……我们整个展览系统不是以咨询专家的身份出现，我们是以讲解员的身份出现（的）。我们就要直接切入，深层次地揭示客户的痛点是什么，然后讲我们的解决方案是什么。（来源：任正非，《紧紧围绕客户，在战略层面宣传公司》，在华为品牌战略与宣传务虚会上的讲话纪要，2012）

F1展厅展示模式要改变，展示方式和定位要从面向现在转变到面向未来。我们要解决客户面向未来的问题，让客户看完之后认为未来战略合作伙伴就是华为，华为有能力帮助他解决面向未来的问题。要全流程地展示公司的现实能力与远景目标，例如：服务、制造、交付、财务……不仅仅是技术，并把展厅展示的内容、宣讲内容以基于云的技术方式面向全球展示。（来源：任正非，《面向未来，以客户痛点为切入点，全球化展示》，在F1展厅整改工作交流座谈会上的讲话纪要，2012）

你们知道世界上对男人的最佳表达是什么吗？电影《泰坦尼克号》告诉

我们，在生死存亡的时候让女人先走，自己死掉，这就是对男人的最佳表达。我们公司的最佳表达是什么？我们的展示应该从哪个地方切入？我认为应该是从客户的痛点去切入。我们要搞清楚客户的痛点在哪里，我们怎么帮助客户解决他的痛点。抓住客户的痛点进行表达，才能打动客户，让客户认可我们。我们要让客户认识到华为才是他真正的盟友。当然除了技术，未来的商业模式等也是我们要表达的内容。（来源：任正非，《面向未来，以客户痛点为切入点，全球化展示》，在F1展厅整改工作交流座谈会上的讲话纪要，2012）

"客户方案云"要能看清客户的网络，提升投资的有效性，助力战略伙伴实现价值，做厚高价值区域。对于"客户方案云"，第一点是要能支持看清客户的网络；第二点，我们要通过客户网络的数据分析，然后推出一个合理的细分级网络建设的建议，也要包括前瞻性的。这个网络给客户提出来，就是可用、可推荐的。我们这样做，就使客户投资有效性大大增长，客户接纳了，就会买你的产品。（来源：《打造运营商BG"三朵云"，将一线武装到牙齿》，任正非在运营商BG营销装备建设思路汇报会上的讲话，2015）

我们不是拓展接待客户的数量，而是要减少接待客户的数量，提高与客户交流的质量。宁肯我们的展台不是黑压压地站满人，而是少量的人，但炮弹真正打中才是有意义的。（来源：任正非在2016年3月31日EMT办公会议上的讲话）

在展厅及展会的规划与建设上，我们要敢于战略投入，该战略投入的必须投入，确定性工作该省的一分一毫都要省，我们要分得清价值。采用高标准、场景化，生动才能感动客户。展厅是作战平台，是先进解决方案与客户接触的地方，不要畏首畏尾。（来源：任正非在听取展厅工作汇报时，关于咨询师的讲话，2017）

加强客户接待策划，重视过程与细节，保障客户体验

在行政与外事工作上，我们将继续推行规范化管理，建立人力资源成本观念，努力地建立精干、有效的服务系统。坚决压缩非生产性编制，提高服务质量与技能。在接待服务工作上要率先与国际接轨。（来源：《自强不息，荣辱与共，促进管理的进步》，任正非在机关干部下基层，走与生产实践相结合道路欢送会上的讲话，1997）

对礼宾司机主要是看服务质量，最大的体现就是客户满意度，而不是公里数、油耗，油耗只追求一个合理性。如果为了油耗下降，拉客人时把空调关了，为了得节油奖，核心竞争力就下降了。如果礼宾车少，可以再买几十辆车进来，改善服务。（来源：任正非在车辆服务管理座谈会上的讲话，2000）

客户接待经理的问题需要系统性地解决。胡总说巴塞之夜要好好总结，使之传承下去。从策划、规划、协调……都好好总结，一批优秀的接待经理，要表彰。不要把客户接待经理看得简单了，接待重在过程，要加强对过程的激励。他们的待遇体系的改革，系统研究好后，再汇报。礼宾司机、协调调度科都是为过程服务的，它有别于生产、供应体系的考核，应有一套规范的办法与考核机制。（来源：任正非在慧通董事会工作汇报会上的讲话，2015）

法国美学所主导2016年巴塞展、巴塞之夜的色彩，包括从客户航班落地到客户离开环节中，所有展示华为品牌形象的细节，比如展会接待资料、礼品、礼品包装、服务员服装、展台等，公司要建立和谐美。（来源：任正非在2015年4月1日EMT办公例会上的讲话）

鼓励公司各咖啡厅等服务机构，参与中、低端客户接待，收取合理费用。希望它们提高水平，优质优价。（来源：任正非，关于慧通的讲话纪要，2019）

国际会议中心直接面向客户服务，首先要确保服务质量，可以慢动作、优雅，精神面貌保持积极、正派、热情。资深服务专家、高级服务专家、中

级服务专家不设比例，只按服务水平、服务态度、工作责任、工作结果来评定。服务专家没有年龄限制，年轻的也可以高职级，年纪大的仍然可以在岗，我们要外观美与内涵美并重，50~60岁的服务专家由内涵穿透的外观美是真正的美。（来源：任正非，关于慧通的讲话纪要，2019）

5
产品研发

产品研发过程的质量直接决定了产品与解决方案的市场竞争力，研发组织要对产品的质量和性能负责，并承诺：质量不好的产品是研发人员的耻辱。

华为产品研发以客户需求和科学技术双轮驱动，来自客户的现实主义与来自技术趋势的理想主义相结合，牵引实现开发目标和商业价值。IPD 流程将客户要求转化为产品的质量要求及目标，在产品开发过程中构筑客户关注的质量、成本和服务优势。

在受到制裁、先进要素受限的情况下，华为要求各领域更要坚定贯彻公司"以质取胜"战略，坚定不移守住质量，通过融合构架思维和系统工程方法立体创新，提升产品竞争力，基于产业特点端到端构筑质量优势，做到产品与业务的极简架构、极低成本、极高质量、极优体验。同时，把可信作为第一优先级，放在功能、特性和进度之上，打造可信的高质量产品。

华为终端产品以消费者为中心，贯彻精品战略，对准消费者生活的刚需、痛点和高频应用场景进行体验创新和快速优化，对功能进行实用化的精细打磨，围绕用户体验构筑高质量。

研究是将钱变成知识，开发是将知识变成钱。研究创新是探索类工作，要容忍失败。但在追求理想主义的路上，不断孵化现实主义的产品与解决方案，攀登珠峰的征途中"沿途下蛋"。

客户需求和科学技术双轮驱动创新，实现商业价值

创新的目的在于所创造的产品的高技术、高质量、高效率、高效益。从事新产品研发未必就是创新，从事老产品的优化未必不能创新，关键在于我们一定要从对科研成果负责转变为对产品负责，要以全心全意对产品负责实现我们全心全意为顾客服务的华为企业宗旨。（来源：《把生命注入产品中去》，任正非在欢送博士去做工人酒会上的讲话，1998）

在产品技术创新上，华为要保持技术领先，但只能是领先竞争对手半步，领先三步就会成为"先烈"，明确将技术导向战略转为客户需求导向战略。通过对客户需求的分析，提出解决方案，以这些解决方案引导开发出低成本、高增值的产品。盲目地在技术上引导创新世界新潮流，是要成为"先烈"的。（来源：《华为公司的核心价值观》，任正非在"广东学习论坛"第十六期报告会上的讲话，2005）

为客户服务是华为存在的唯一理由，客户需求是华为发展的原动力。我们坚持以客户为中心，快速响应客户需求，持续为客户创造长期价值进而成就客户。为客户提供有效服务，是我们工作的方向和价值评价的标尺，成就客户就是成就我们自己。（来源：EMT 纪要〔2008〕041 号）

未来的价值创造来源"以客户需求和技术创新双轮驱动"，我是同意的。商业模式创新是一个工具，目标还是满足客户需求。（来源：任正非在人力资源管理纲要 2.0 沟通会上的讲话，2017）

我们以前是小公司，很穷，骑着个"破自行车"，我们不可能在技术上

牵引客户，我们将客户需求作为前轮，技术驱动作为后轮，前轮牵引着后轮。（20世纪）90年代全球开始走向数字化，我们无意识地坐上了数字化这趟火车，紧追慢赶赶上"数字化、智能化"这场技术革命，追上了美国。现在我们有了一定实力，骑上了"摩托"，这样科学技术成了前轮，客户需求成了后轮，要敢于技术突破牵引需求、创造市场。我们不要听了个别客户需求就给研发施加压力，这样只是简单满足了个性化需求的开发，实际上是延缓了我们前进的步伐。我们要听进去并理解客户真正的需求是什么，讲清楚有哪些是自己可以覆盖的、哪些是我们覆盖不了的，我们开放什么接口让伙伴来做。我们只有在技术上坚持真理，在前进的道路上保持合理的步伐，才能赢得胜利。（来源：任正非，《用三年时间锻造一支软件的甲级队伍》，与三丫坡会战部分主管、专家第三次喝咖啡的纪要，2022）

我们的产品开发成功的标志是商业成功，局部技术指标的先进，超越了客户的需求，是一种高级内卷。客户的需求是一个正态分布曲线，一段时间是有一个抛物线峰顶的，绝不是与技术指标的需求呈线性增长的关系。（来源：《坚定不移为客户创造价值，同时实现自己的价值》，任正非在企业BG组织优化思路和方向汇报会上的讲话，2022）

产品的优秀与质量，是研发工程师的自尊心。研发不是老大，在市场面前，你们是一个小卒子。我们不要片面地理解客户需求，客户需求导向不是低价导向，而是牵引我们研发前进的一个方式。你们要坚持这种正向的议价模式，不要只追求销售额，盲目扩张、比拼降价，忘了利润和现金流；不要总和公司讨价还价，要求搞特价模式。未来我们一定要把提高产品质量和客户体验作为公司的最高目标。在前三年中，公司克服了重重困难，改善了供给，我们应该能活下来了。但我们的产品在架构上、在能耗上是否已经达到很高水平了？如果达不到很高水平，怎么能进入国际竞争？你有什么方法做到让别人对你的商品很满意？对我们来说，在研发方法、产品质量和服务能力上，我们要加强。（来源：任正非在ICT突击队誓师大会上的讲话，2023）

将质量管理融入 IPD，在开发过程中构筑质量、成本与服务优势

在设计中构建技术、质量、成本和服务优势，是我们竞争力的基础。建立产品线管理制度，贯彻产品线经理对产品负责，而不是对研究成果负责的制度。我们建立的是产品线管理制度，贯彻产品经理是对产品负责而不是对研究成果负责。（来源：任正非，《华为的红旗到底能打多久》，1998）

为什么我要认真推 IPD、ISC？就是在摆脱企业对个人的依赖，使要做的事，从输入到输出，直接端到端，简洁并控制有效地连通，尽可能地减少层级，使成本最低、效率最高。（来源：《在理性与平实中存活》，任正非在干部管理培训班上的讲话，2003）

我刚进公司做研发的时候，华为既没有严格的产品工程概念，也没有科学的流程和制度，一个项目能否取得成功，主要靠项目经理和运气。我负责的第一个项目是 HJD48[①]，运气不错，为公司挣了些钱。但随后的局用机就没那么幸运了，亏了。再后来的 C&C08 交换机和 EAST8000[②]，又重复了和前两个项目同样的故事：C&C08 非常成功，同期的 EAST8000 却被归罪于名字取得不好，成了"易死的 8000"。这就是 1999 年之前华为产品研发的真实状况，产品获得成功具有一定的偶然性。可以说，那个时代华为研发依靠的是"个人英雄"。正是看到了这种偶然的成功和个人英雄主义有可能给公司带来的不确定性，华为在 1999 年引入 IBM，开始了管理体系的变革和建设。任总当时提出了"先僵化、后优化、再固化"的变革指导思想。在这个思想的指导下，我们经历了削足适履、"穿美国鞋"的痛苦，实现了从依赖个人、偶然地推出成功产品，到可以制度化、可持续地推出满足客户需求的、有市场竞争力的成功产品的转变。（来源：《继往开来，推动公司管理持

---

① HJD48，华为在 20 世纪 90 年代初期开发的用户交换机产品。
② EAST8000，华为开发的数字用户交换机。

续进步》，郭平在"蓝血十杰"颁奖大会上的致辞，2014）

研究是将金钱变成知识的过程，开发则是将知识转换成金钱的过程（美籍华人科学家李凯语）。成功的标志是优质的客户体验，以及产品的竞争力。因此，技术只是手段，要对准客户需求，紧紧追随支持体验与服务，实现商业变现。（来源：《IPD 的本质是从机会到商业变现》，任正非在华为公司 IPD 建设"蓝血十杰"暨优秀 XDT 颁奖大会的讲话，2016）

在 IPD 流程中很少看到"质量"两个字，但只要认真履行了 IPD 流程，就能够交付高质量的产品，因为在 IPD 流程中已经把质量要求和质量标准融入了流程的各环节中，只要有效遵从，就能确保高质量的交付。我们终端领域在产品开发流程上是走了弯路的，最初他们认为 IPD 流程是系统设备的开发流程，不适合终端产品，所以还特地成立了一个变革项目，找咨询公司论证了一年多，最后发现顾问提出的方案和我们的 IPD 流程没有什么不同，这才回到坚定执行 IPD 流程的道路上来。事实证明，只要真正执行好 IPD 流程，我们的产品质量就是有保证的。（来源：《基于 ISO 9000 的全面质量管理体系做实质量工作，全面提升华为的工作质量和结果质量》，徐直军在 EMT 重点工作质量专题研讨会上的讲话，2016）

随着全面云化、数字化、软件定义一切的进程加快，各种网络攻击和威胁日益成为常态。产品的可信及网络的韧性将变得越来越重要，相比新的功能和特性，可信的产品将成为客户的首要选择。软件工程能力是打造可信的高质量产品的基石。董事会成员一致认识到，需要立即启动公司级变革，提升软件工程能力，打造可信的高质量产品。软件工程能力是可信的高质量产品的基石，可信是 IPD 2.0 变革的关键成功要素之一。IPD 2.0 变革要以开放的态度建设华为公司级可信框架和工程原则，并持续牵引软件工程能力的提升。（来源：董事会通知〔2018〕001 号）

实现产品的极简架构、极低成本、
极高质量、极优体验

在 5G SA[①] 上我们坚决实现网络架构重构，目标是网络架构极简、站点极简、交易模式极简、交付运维极简、系统对内对外极安全、具备最佳网络韧性、实现 GDPR[②] 的要求，做新一代最强的高质量产品，持续引领 5G 产业的技术发展。运用人工智能，逐步使电信网络实现自动"驾驶"，并引领网络运维服务，走向在线的模式。（来源：《我们要和时间赛跑》，任正非在无线大会上的讲话，2019）

数通产业这趟火车已经出站，有了很好的起点，要坚持追求"极简架构，极低成本，极高质量，极优体验"，实现数通产业的引领。数通是 ICT 唯一具备端到端组网属性的产业，IPv6+[③] 要实现网络端到端的地址统一、格式统一和协议统一，未来要进一步延伸到鸿蒙和欧拉，减少地址、格式和协议的转换。要持续关注整网解决方案的创新，聚焦为客户创造更大的价值，从而实现数通产业更大的商业成功。（来源：任正非，《大胆突破，立体创新，打造极简的数据通信网络》，与数据通信产品线座谈会纪要，2022）

围绕中国东数西算大带宽、低时延、高可靠、敏捷拆建的四大网络诉求，要和中国区一起落地枢纽间、枢纽内、抵近用户 300 米算力光锚点的三层全光算力网络，打造极简架构、极低成本、极高质量、极优体验的全光网。（来源：任正非在"东数西算"全光网规划及算力调度方案汇报会上的讲话，2022）

公司多年来重视技术导向，不够重视商业价值导向，现在我们希望

---

① 5G SA，独立接入，是一种 5G 网络模式，另一种模式是 NSA（非独立接入）。

② GDPR，general data protection regulation，通用数据保护条例，是欧盟颁布的个人数据方面的法规。

③ IPv6+，internet protocol version 6+，互联网协议第 6 版的升级。

研发要对已经成功的产品组织队伍"杀回马枪",发挥华为的优势,把产品架构做到极简、成本极低、质量极高、体验极优,解决方案要有商业价值的竞争力与存在感。(来源:任正非在研发结构务虚讨论会上的讲话,2022)

科学家、首席专家要从理论到实践、从产品到商品,像长江一样一路打通,不要"握手"交接。不论鸿蒙、欧拉,不论数据库、存储……都要力争格式的统一、代码的一致,不要不断地转换,就是高质量。(来源:任正非,《大胆突破,立体创新,打造极简的数据通信网络》,与数据通信产品线座谈会纪要,2022)

云要定义硬件,硬件部门要把这些定义好的硬件标准化,按照要求做到"极简架构、极低成本、极高质量、极优体验",便宜又好用,这样云就会促进硬件优化,然后硬件再去卖给其他客户。华为云能成为成功的实践案例,有利于促进这些标准硬件的销售。(来源:任正非,《"主机上云"工作思路汇报》会议纪要,2022)

先进要素受限情况下唯有以质取胜,构筑端到端的质量优势

为努力实现端到端的优质可信的联接、智能联接,我们要与时间赛跑。赛跑的基础是始终坚持高质量。(来源:《我们要和时间赛跑》,任正非在无线大会上的讲话,2019)

商业的本质是满足客户需求,为客户创造价值,任何不符合时代需求的过高精度,实质上也是内卷化。所以,我们要在系统工程上真正理解客户的需求。这两年我们受美国的制裁,不再追求用最好的零部件造最好的产品,在科学合理的系统流量平衡的方法下,用合理的部件也造出了高质量的产品,

大大地改善了盈利能力。（来源：《江山代有才人出》，任正非在中央研究院创新先锋座谈会上与部分科学家、专家、实习生的讲话，2021）

CBG[①]在未来改革中，研发费用投入坚决不能减少，一定要继续往前走。质量和服务还是第一位，积极抓好质量、供应、财经保障系统。你们要把质量当成整个终端的生命线，没有质量，就没有未来。（来源：《战场是最好的阅兵场》，任正非在消费者BG"军团作战"誓师大会上的讲话，2019）

未来部分先进要素受限的情况下，我们的创新怎么做，怎么保持竞争力领先？我们在光器件上，已经实现了扎到根。我们仍要持续创新，一方面，在光交叉、光频谱、光器件上，持续创新锻造长板，并敢于探索新路径、开辟新赛道，比如新型光放大器。另一方面，通过架构和算法创新降低对工艺的依赖，以光补电，充分发挥光的优势，保持系统竞争力领先，比如光传送下一代800G、光接入新一代架构。（来源：任正非，在光产品线业务汇报会上与专家沟通的纪要，2021）

质量已经成为华为公司生死攸关的问题，不仅数字能源公司要重视，集团各个产业、各个产品都要重视。在业务连续性问题逐步解决后，产品的质量首先要得到保证，我们才有足够的竞争力，否则凭什么在市场上立足，如何能赢得竞争？质量是产品线的生命线，更是数字能源公司以及能源产业的生命线。在当前这个阶段，对于质量管理，我们怎么强调都不过分。（来源：胡厚崑在数字能源公司2023年年度工作会议上的讲话）

ICT产业所有主管和员工都应该深刻认识并必须做到：第一，坚持以客户为中心不动摇，通过扎到根、捅破天，持续追求技术的先进性，构建产品竞争力；同时我们要发自内心倾听客户声音，做到产品和解决方案问题清零，保障客户网络平安运行，最终实现客户满意。第二，坚持质量优先、以质取胜的华为质量战略和方针不动摇，要让质量成为供得上的坚实基础。第三，

---

① CBG，consumer business group，终端业务。

坚持主管当责与质量问责机制不动摇，强化主管的质量责任意识，为质量竞争力担责，确保长板恒长。第四，坚持零缺陷的质量管理理念不动摇，低质量的产品是我们研发团队的耻辱。每个员工都要以"零缺陷"作为IPD各作业环节的工作标准，通过保障过程质量来获得优异的结果质量。第五，我们要坚持打造安全可靠、高质量的国产产业链不动摇，通过对产业链的帮扶，全面提升供应商端到端的质量管理能力，实现国产器件的规格、性能、质量逐步达到世界水平，打造安全可靠的产业链。（来源：汪涛，《坚持以质取胜，打造可持续供应的可信高质量产品，为客户创造价值》，2023）

用系统工程的方法进行立体创新，提升产品竞争力

将来的竞争，不单单是产品比赛，而是管理竞争。商场就是战场，是一个大的系统工程，最后是综合实力的较量。（来源：任正非在地区部向EMT进行2008年年中述职会议上的讲话）

系统工程学也可运用到产品设计上，我们有可能无法持续获得先进的零部件，即使我们用二、三流器件，也要利用系统设计能力达到一流产品的能力。（来源：任正非，《克服万难，奋勇向前，担负起公司最后一道防线》，与消费者BG座谈纪要，2020）

我们还要用系统工程的方法进行立体创新，通过系统创新、架构创新、材料和部件创新、算法突破，提升产品竞争力，通过非摩尔补摩尔、模拟补数字保持硬件竞争力领先；通过软件架构的优化和创新弥补硬件领域可能的不领先。要坚持软硬件解耦，坚持硬件归一化、软件平台化。努力做强软件，不弱化硬件。（来源：《零落成泥碾作尘，只有香如故》，任正非在2021年公司年度工作会议上的讲话）

用系统工程的思维，保持竞争力持续领先。最好的系统工程实践就是美国的航天飞机，航天飞机连影子都没有的时候，就要规划许多发明及关键技术方向，没有系统工程学，就不可能有航天飞机。通过分析材料、部件之间的相关性给我们很大启发，热存储、温存储和冷存储之间的有效搭配可以构建满足业务要求的最优存储系统。（来源：《敢于大步向前，在世界范围内取得领先》，任正非在与太平洋会战部分专家座谈会上的讲话，2021）

要用系统工程的方法来规划我们的能力，我们在软件上没有那么多限制，要敢于去争夺高地。抓住软件平台化、分布式、并行化发展的历史机遇，抓住应用场景和硬件架构变革，努力实现基础软件的结构性突破与改变。（来源：任正非，《拥抱吸纳全世界人才，敢于在软件上力争上游》，与三丫坡会战部分主管、专家喝咖啡纪要，2022）

我们要坚持通过系统工程方法立体创新，从系统架构、软件、算法、芯片、工程、制造等端到端持续创新。无背板正交架构的银河框式平台、低功耗集中式的北斗盒式平台、创造性利用Cable（电缆）的板级互连方案等，都是很好的系统工程创新。制造也是我们的核心竞争力，高密高复杂单板不仅仅要能（被）设计出来，更要能高质量地（被）生产出来，精密制造在高复杂单板制造中发挥了很大的价值。数通产业的技术领域很宽，公司各个平台的能力域也很宽，要与2012实验室、海思、制造等部门继续坚持立体创新，不断提升产品竞争力。（来源：任正非，《大胆突破，立体创新，打造极简的数据通信网络》，与数据通信产品线座谈会纪要，2022）

终端以消费者为中心，用质量和体验捍卫品牌

消费者BG以最终消费者需求为起点和终点，贯彻"端云协同"战略，

聚焦构筑华为在消费者业务的终端、云服务、芯片的端到端整体竞争力，构筑华为终端的全生命周期盈利能力，同时对消费者BG的关键干部进行管理，实现华为公司在消费者业务的力出一孔。（来源：EMT决议〔2012〕010号）

"质服"终端，做金字招牌，要全球市场。消费电子千变万化，但用户对高质量、优质服务的追求是永恒不变的。今天，我们已经告别了短缺经济，正处在过剩经济的市场环境中，在过剩经济时代，只有优质才能取胜。高标准铸就高品质，高质量可以获得更多的市场。同时我们要抓住机会，加大对服务的投入，加快服务体系建设，打造多层次服务队伍，快速建立服务好、服务快、效率高的核心服务能力，支撑市场的快速发展。（来源：郭平，《打金字招牌，交世界朋友，做全球市场》，轮值CEO 2015年年报致辞）

低端机要做到质量好、成本低、生命周期内免维护。要打磨成熟、高品质的海量发货产品，这种产品经过数千万台的洗练和磨合，没有故障，质量提升，无技术风险，再通过批量采购，降低采购成本，这就是低端机的做法。低端机满足于普通消费者的需要，这个世界95%还是普通消费者。（来源：任正非在消费者BG业务汇报及骨干座谈会上的讲话，2017）

我们做消费者云服务不完全是为了盈利，最终目的是帮助手机提升用户体验，促进手机销售。所以在内容选择上，我们要有自己的价值观，找准差异化的努力方向，选择好内容。我们主推高品质内容，因为这些是有价值的，孩子们只有从真正的哲学、历史中，才能学习如何成为真正的人才。我们不要做毒害社会的事情，应该有选择地加载，而不是为点击率服务。（来源：任正非在消费者BG业务汇报及骨干座谈会上的讲话，2017）

手机聚焦到六个核心功能：颜值（工业设计）、拍照和显示、通信体验、流畅性能低功耗、音视频、高品质高可靠，组织"特战队"会战解决这六方面关键问题。（来源：《聚焦主要性能需求，减少或关闭次要功能的投资，集中精力打"歼灭战"》，任正非在手机产品管理团队誓师会、拍照及通信特战队思路汇报会上的讲话，2022）

终端 BG 在当前转型阶段虽然面临较大困难，但是希望大家能够继续坚持质量优先、体验制胜的态度。Mate 50 系列在没有 5G、麒麟芯片的情况下仍获得广大消费者青睐，体现了满足消费者极致体验的需求就能获得商业成功，也再次证明了终端团队强大的斗志和追求卓越的战斗力。希望终端 BG 各级团队继续保持这种顽强斗志、创新力、战斗力，聚焦核心能力，打造卓越的产品质量、极致的用户体验，以"大质量"的理念做好全流程体验改进，用质量和体验守护好品牌，支撑消费者业务将来重返王者地位。（来源：余承东，《以消费者为中心，用质量和体验守护品牌》，2023）

研究创新要容忍失败，在攀登珠峰的过程中"沿途下蛋"

在科学研究和未来网络探索过程中，不仅没有 KPI[①]，也没有失败两个字。我们都不知道路怎么走，怎么去 KPI 呢？所以我们在科学研究未来的考核中，我们要更多一些宽容。（来源：任正非，《一杯咖啡吸收宇宙能量，一桶糨糊黏结世界智慧》，访问加拿大四所高校校长座谈会，以及在公司员工座谈会上的讲话，2017）

对真正有奇思妙想又可能在主航道上有科学合理成分的人，让这些新苗不断成长。我们对未来的探索，要宽容。我们还是要宽容创新、宽容失败。但是，华为要求方向要大致对准主航道。科学研究，没有浪费就不可能有成功。华为公司走到今天，我们在产品研究的成功率（上）应该还没有超过 50%，相当于我们每年有几十亿美元被浪费了，但是培养了一大批高级将领成长起来。（来源：《励精图治，十年振兴》，任正非在 Fellow 及部分欧研所

---

① KPI，key performance indicator，关键绩效指标。

座谈会上的讲话，2018）

我们将持续加强研究基础理论和基础技术创新的投资，引领产业发展方向，为人类社会及产业界做贡献。可以进一步完善研究创新的投资决策流程，但要考虑研究创新的特点，给予研究团队试错的空间，不能管得太死。（来源：《不懂战略退却的人，就不会战略进攻》，任正非在ICT产业投资组合管理工作汇报时的讲话，2019）

在产品、技术开发的路上，我们要有两个部队：一个部队往"上甘岭"冲，垂直打击，争夺最高端的领先权；另一个部队在山脚下种庄稼，要量产，摊薄成本，提高质量，护住"喜马拉雅山"北坡。光产业要保持一个队伍持续前进，突破世界难题；另外一个队伍要技术"沿途下蛋"，把高标准的东西用到低端产品上，面向多商业场景横向撕开，扩大作战空间。除长距离通信外，要考虑大容量、短距离为数据中心用的竞争力。（来源：《万里长江水　奔腾向海洋》，任正非在武汉研究所光产业汇报上的讲话，2020）

公司允许试错，在评价成功和失败的过程中，对从事未来工作的人主要是对过程进行评价，不完全是看结果，因为失败的项目中也会有优秀的人产生。有人如果登不上珠峰，在喜马拉雅山脚就不能放羊吗？放牧也是一种成功，这就是"沿途下蛋"。成功与失败是相对的，特别是将来的人工智能等领域，可能只有世界第一名才算成功，第二都不行。你在上一个项目不成功，不要紧，可以加入别的成功团队去，带去了经验和教训，就会给成功团队一种支持。我们不要对成功过于渴望，然后使自己挫败感特强，只要尽到自己最大努力，就是成功了。（来源：《你们今天桃李芬芳，明天是社会的栋梁》，任正非在与战略预备队学员和新员工座谈会上的讲话，2020）

6
采购供应

任何公司都不可能孤立存在，企业的竞争是产业链之间的竞争。华为深刻意识到要提升自己的产品和服务质量，不能独善其身，必须和客户、供应商以至于整个价值链共同合作，团结一切可以团结的力量，共同构筑高质量。

华为秉持"深淘滩，低作堰"的利益分享理念。深淘滩，就是不断地挖掘内部潜力，降低运作成本，为客户提供更有价值的服务；低作堰，就是节制自己的贪欲，自己留存的利润低一些，多一些让利给客户，以及善待上游供应商。

没有质量，就没有订单。华为采购坚持"质量优先、优质优价"，建立"科学选择、系统预防、有效拦截、快速处理"的质量策略，并将质量管理政策及战略融入采购管理的全流程。采购不只是简单的商业行为，也是深入的技术行为。华为从战略高度出发，深入帮助供应商发展和进步，与价值链伙伴共建高质量，实现健康、有韧性、稳健的供应保障。华为始终坚持多元化采购战略，持续拥抱全球优秀供应商，同时积极发展中国供应商，全力帮助中国供应商提升产品质量。

应用数字化、智能化技术改造供应系统，华为打造数字化主动型、自适应供应链，提升与客户、供应商、合作伙伴做生意的效率，把供应链建设成企业的核心竞争力。

将质量要求融入采购业务全流程，与供应商和合作方共建高质量

坚决推行直接采购，不要一味加强赊期，重要的是保证质量和价格，缩短的赊期可转为供货保证与成本节约。财务要取消对采购赊期的过高要求，建立准确付款制度。（来源：任正非，采购工作汇报会会议纪要，2003）

今天，我们已经告别了短缺经济时代，正处在过剩经济的市场环境中。在过剩经济中，只有质量才是我们生存的基础。华为一直坚持绝不牺牲质量为前提，同样，对于我们的供应商，只有优质的质量才是与华为长期合作的基础。在过剩经济下，成本和价格不是商业成功的单一维度，甚至不是最重要的维度。受到国人追捧的日本马桶，虽然也是中国制造，但是因为中国马桶制造厂对于供应日本市场的产品采用了更高的质量标准，国人宁愿远赴日本购买。这说明，今天的消费者对质量的要求远远超过了对成本和价格的要求。对于华为来说，我们不关注供应商来自哪个国家，高质量是我们的第一关注。高标准铸就高品质，高质量可以获得更多份额，多快好省很重要，但是"好"才是根本。华为要成为ICT业界高质量的代名词，需要和供应商一起扛起这杆大旗。（来源：《告别短缺经济，共筑产业新标杆》，郭平在2015年华为核心供应商大会上的讲话）

IRB[①]要牵引产业链端到端全流程的竞争力，对产业链端到端各领域能力进行研究。我们公司谁懂铝？苹果的采购纵深，从铝的期货交易来控制产业链成本。还有几千个人做驻厂代表，深入与供应商一同研发改进零部件的质量与成本。苹果从设计概念就开始介入产业链的管理。我觉得人家这种做法是值得借鉴的。（来源：《聚焦主航道，围绕商业竞争力构建和全流程系统竞争力提升进行投资管理》，任正非在IRB改进方向汇报会议上的讲话，2017）

---

① IRB，investment review board，华为投资评审委员会。

采购要与世界最优秀的供应商建立战略合作伙伴关系。未来的竞争是产业链和产业链的竞争，我们要持续加强产业链管理，掌控关键控制点，支撑产品相对竞争优势。竞争中有合作，合作中有竞争，科学地做好竞合管理。有效管理好产业链上的合作伙伴，维护良好的产业生态。我们要与产业链上下游协同，利用供应商优势资源，共建高质量，不搞低价同质竞争；也要与研发及相关业务部门紧密协同，端到端保障质量。（来源：任正非在与采购干部座谈会上的讲话，2017）

采购不是简单的商业行为，而是很深入的技术行为。采购人员要对技术、行业有深刻的理解和研究，多向标杆学习对供应商的技术和质量管理，建立供应决策思维。第一，采购不是纯粹的价格买卖，采购人员对技术、行业要有深刻的研究、理解和预判，不断提升采购的准确性。第二，采购要真正深入，在供应商的技术与质量管理上，向标杆学习优秀经验。苹果如何深入供应链，你们要向苹果好好学习供应管理和采购管理，苹果将参数都列出来了，比供应商还专业。（来源：任正非在与"南下"工作组座谈会上的讲话，2021）

"深淘滩，低作堰"，优质优价，保障优质供应商利益

李冰留下"深淘滩，低作堰"的治堰准则，是都江堰长盛不衰的主要"诀窍"。其中蕴含的智慧和道理，远远超出了治水本身。华为公司若想长存，这些准则也是适用于我们的。深淘滩，就是不断地挖掘内部潜力，降低运作成本，为客户提供更有价值的服务。客户绝不肯为你的光鲜以及高额的福利，多付出一分钱的。我们的任何渴望，除了用努力工作获得外，别指望天上掉馅饼。公司短期的不理智的福利政策，就是饮鸩止渴。低作堰，就是节制自己的贪欲，自己留存的利润低一些，多一些让利给客户，以及善待上游供应

商。将来的竞争就是一条产业链与一条产业链的竞争。从上游到下游的产业链的整体强健，就是华为生存之本。物竞天择，适者生存。（来源：《深淘滩，低作堰》，任正非在运作与交付体系奋斗表彰大会上的讲话，2009）

构建从供应商到客户的高质量价值链。采购策略要从"成本优先"向"质量优先、优质优价"转变，对质量表现优秀的供应商建立长期合作关系和实施质量溢价激励措施。在供应商质量管理方法上，采购认证管理部要向英国电信学习，深入供应商现场发现问题并帮助其闭环改进。在华为成品出厂质量管理上，要有从原材料到成品统一的质量标准，达不到质量标准要有决策机制。（来源：徐直军，关于供应体系 812 战略规划 M3 评审的纪要，2015）

质量管理已经发展到了第五个阶段。全面质量管理，后端处理的质量成本至少是前端处理的 2~3 倍，前端加大投入可以降低全流程综合成本。同时，质量好，交期也短，对供货及时性有帮助，可以更好地获取市场和客户的认可。质量前移，不是一个简单动作，应该综合性考虑。质量前移对我们的技能提出了更高要求。"质量前移、优质优价"八个字，对采购理念、采购行为、采购方法会带来很多变化，希望大家在每个环节主动思考、发挥作用。（来源：《落实质量前移，保障供应安全及连续性，支撑公司业务的发展》，梁华在 2017 年采购年度工作会议上的讲话）

采购永远把质量放在第一位，要有科学的采购定价，不要不断地压低价。因为我们加强了供应连续性管理，很多工作都前置到供应商侧，对工艺、流程、成本等各方面都有一定掌握，增加了采购的科学性。我们要确定一个利益分享原则，连续性工作有大量的供应商参与和投入，应该给供应商多少利益，确定出科学的采购价格。（来源：任正非在与"采购合同与付款管理改进"工作组座谈会上的讲话，2022）

滴水之恩，必将涌泉相报，曾经在困难时期帮助过我们的合作伙伴，我们会确保采购，确保伙伴有利益。华为愿意与中国半导体产业同人一道，共同托起整个中国电子工业。我向你们郑重承诺，华为不会形成垄断性经营，即使我们和你们在做同一个东西，哪怕我们自己减产或停产，也要确保对合作伙伴一定量的采购，确保你们有利益，请伙伴们放心发展、大胆扩产。曾经在困难时期帮助过我们的合作伙伴，滴水之恩，涌泉相报！我们结构调整时也会顾及这一点，我们在这一点上不会动摇！否则天下就没有朋友了。这已经成为我们的管理原则。（来源：《滴水之恩，必将涌泉相报，携手共进，共同托起中国电子工业的未来》，任正非在突出贡献供应商座谈会上的讲话，2022）

坚持多元化采购策略，同时牵引提升国内产业链质量

坚持多元化的采购策略，困难最终是要克服的。采购要坚持全球化的路线，虽然暂时受限，但也要持续与欧、美、日、韩、中国台湾等地区业界 TOP 级供应商良好地互动和交流，保持良好的组织关系。国产化是全球化的一部分，但主要还是靠供应商自身的努力与意愿，我们不能代替供应商"生孩子"。厂家本身跑得很快，我们就在后面推一把。采购不要狭隘地以国产化为目标，（要）放眼世界寻找朋友。（来源：任正非在与"南下"工作组座谈会上的讲话，2021）

我们要坚持"1+N"的全球化供应策略，继续拥抱全球化。我们有些关键产品或关键部件将转入国内制造，国内知识产权保护还不够好，有些部件我们要自我制造，以保护我们的技术秘密。我们可逐渐将整机调测外包，加强关键零部件的制造。（来源：《励精图治，奋发图强，努力划出旋涡区》，任正非在 2022 年公司年度工作会议上的讲话）

友好对待合作厂家，增强与合作厂家的关系。他们是我们的"兄弟同盟"，我们的目的是整机的成功，有人给我们造"炮弹"，我们是欢迎的。只要能达到标准，谁生产都可以，都会使我们的武器更先进，更何况我们还是

一个新兵。（来源：《你们是早上八九点钟的太阳》，任正非看望在工厂实习的部分实习生，2022）

华为公司是开放的，不会本位主义，不会只用中国的零部件。西方企业愿意供应给我们，我们还是会购买，但是将来大部分应该是购买国产器件。西方厂家在困难时期也给我们供应了部件，只是它们有一定的条件限制。我们对待西方厂家也一样。当然，所有愿意向我们供货的供应商，都是我们的朋友，我们一定也会关心它们的利益的。（来源：《滴水之恩，必将涌泉相报，携手共进，共同托起中国电子工业的未来》，任正非在突出贡献供应商座谈会上的讲话，2022）

我们追求最先进、追求最优秀，但是我们也要实事求是，期盼国产产品做到最优秀。现阶段，中国产品还做不到最优秀、最先进，产能也上不来。我们也会提供一些支持帮助。比如，我们会全心全意地对待国产厂家，产品有什么问题，我们知道了就告诉合作伙伴，你们改进以后，可以改善给我们的供货；再比如，通过关键器件联合会战，华为开放技术，人也扑进去，可以缩短需求满足的时间。前面你们自己在"挖土"，后来我们的"长工"进来帮你"挖土"，你们的"土壤"就松多了。救你们就是救我们自己。当然，你们自己的力量成长起来，我们是不会长期"驻军"的。（来源：《滴水之恩，必将涌泉相报，携手共进，共同托起中国电子工业的未来》，任正非在突出贡献供应商座谈会上的讲话，2022）

坚持质量优先，坚持把质量管理延伸到我们的供应商，通过打造整个供应链的高质量来支撑华为以质取胜。面向未来，这项工作变得越来越重要，因为华为公司比任何时候都需要以质取胜，同时这几年我们基于"1+N"战略重构了供应链，很多正在培养中的"1"需要我们去帮助它们不断进步、不断提升质量。这种情况下，就要求采购体系更加重视质量管理，更要坚持质量优先，更要强化把质量管理延伸到供应商，持续去推动和帮助供应商达到华为的质量要求，以确保华为面向客户的高质量和竞争力，支撑公司可持续发展。（来源：《优化采购理念，转变工作作风，建设坚如磐石、能支撑华为持续发展的"1+N"供应格局》，徐直军在 2023 年全球采购认证管理部年度工作会议上的讲话）

账实相符，精准供应，打造打不烂、拖不垮的钢铁供应链

我们公司不要去炒作互联网精神，应踏踏实实地去夯实基础平台，让端到端的实施过程透明化。比如，从供应链到代表处仓库的端到端，可能短时期内能实现全流程贯通，但从代表处仓库到站点这个端到端，现在还存在问题，那就努力去改变。三年在全世界做到账实相符，五年做到"五个一"，打通全流程，让公司管理在 3~5 年改变模样。（来源：任正非在关于重装旅组织汇报会议上的讲话，2014）

供应变革要端到端实现，各个环节都要做到最好。一定要有正确的发货。我们要正确做好合同、正确提供交付，包括供应链环节及合同获取的整个过程。供应链的责任是要按计划流程把货物送达。（来源：《第一次就把事情做对》，任正非在全球仓库大会上的讲话，2014）

供应链这些年的持续改进，方向是正确的。供应链要更加开放和主动，打造一条打不烂、拖不垮的钢铁供应链。我们公司供应链只有一条，不能垮掉，垮了公司就无法连续运行。过去几年供应链建立了贴近客户的快速供应网络，账实相符、"五个一"、存货 ITO[①] 都有明显改进，精益制造、采购产业链管理的能力也有很大的提升。（来源：《前进的路上不会铺满了鲜花》，任正非在 2016 年市场年中会议上的讲话）

---

① ITO，inventory turn over，库存周转率或库存周转天数。

要思考我们全球供应架构、全球能力中心如何配置是合理的。统一规划，科学设计供应网络（包括物料供应布局、工厂布局、供应节点、供应路径……）。同时，要考虑上下游一致的管理流程，与其适应的流程架构模式。（来源：《步调一致才能得胜利》，任正非在供应链管理部业务汇报会上的讲话，2018）

坚持主航道清晰的基础上，供应链可以细分支流的战略，以灵活机动地做好上下游的供应保障。供应链的流程从原材料到产品派送站点有一个清晰的总的流程架构，不同的产品可以有不同的流程，走多条路，该汇合的地方才汇合，不该汇合的地方就不要汇合了。多条小路，就有了多个指挥中心。多个指挥中心，就有了多个自我协调的机制，要灵活机动。面向一线，面向需求，面向供给，供应链要和客户一起去制订供应方案，快速感知需求，与研发、市场合作，简化供应对象，简是快和通的前提。（来源：《步调一致才能得胜利》，任正非在供应链管理部业务汇报会上的讲话，2018）

终端供应链业务要加强结构性的组织建设，降低风险，确保高质量交付。终端在设计、品牌营销、渠道等方面自己能把握好，比较难把握的就是供应链，因此我们要根据自己的弱点去加强结构性的组织建设，并且成立高层的"风险管理小组"，像特种兵一样随时盯着风险，能快速扑上去解决问题。物流和信息流可以分离。信息流是从华为到分销商/国包商再到零售商，而实物发货有可能做到从华为直接到零售商门店。分离后就可以减少物流的时间。发货至门店，对物流配送效率的要求会很高，供应链要思考如何提升物流网络能力。（来源：任正非在消费者BG业务汇报及骨干座谈会上的讲话，2018）

未来的竞争力，供应保障会成为一个核心能力，这给整个供应体系尤其是采购提出了巨大的挑战，要求我们去洞察产业的变化，洞察整个供应形势、所有合作伙伴、创新企业的变化，为华为未来2000亿美元规模的供应，构筑一个稳定的基础和平台。（来源：《面向未来2000亿美元的供应安全做好准备》，徐直军在2018年采购年度工作会议上的讲话）

应用数字化、智能化技术建设主动型供应链，实现 to B 客户 to C 体验

要把互联网的思想引入供应链变革中，用互联网来改造我们的供应链系统，提升我们与客户、供应商、合作伙伴做生意的效率。订单可视要以中国电商平台作为标杆，做到方便、实时、精确，而且要做到订单和货物的状态可视但价格等商务策略不可视。（来源：《把供应链建设成为华为的核心竞争力》，徐直军在 2014 年 12 月 5 日供应链 811 业务战略沟通会上的讲话）

供应链要率先实现人工智能化管理。比如，通过智慧物流与数字化仓储，把货物、物流等通过卫星系统联接，在货物上贴上通信芯片，通过货物与运输工具的关联，实时跟踪物流信息。（来源：任正非在存货账实相符项目汇报会上的讲话，2016）

供应链是华为最早开始的变革领域之一，我们在 1999 年就开展了 ISC 的变革，我是这个项目主管，当时目标是重点打通内部供应链。2015 年公司批准了 ISC+ 变革项目立项，ISC+ 变革不同于以往的"从现在往未来"的一步步推进，它是华为第一次采用"愿景驱动变革"的规划方法，这是一个巨大的变化和挑战。我们期望 ISC+ 变革能够聚焦客户体验，不拘泥于当前"一城一池"的具体现状，用数字化技术打造主动型供应链，在保障供应的基础上强化竞争要素。（来源：《主动拥抱变化，提升效率和效益，支撑一线实现精兵作战》，郭平在 2016 年全球供应链大会上的讲话）

第一阶段借助机器学习和人工智能提升内部效率，将重复性劳动变成智能劳动、自动化。财务、供应链、制造……也是一样，都要使用先进工具提升内部效率，确定性业务自动化。（来源：《方向要大致正确，组织要充满活力》，任正非在公司战略务虚会上的讲话，2017）

我们要率先实现物流自动化管理，用三年时间落地。华为要逐步实现物流自动化管理。公司内部招标采用虚拟货币结算，可以提高项目单价，将

鼓励各个部门积极服务好内部需求。用三年时间实现华为物流自动化管理。（来源：任正非在ISC+及CIF[①]项目进展汇报会上的讲话，2017）

数字化主动型供应链建设的目标围绕"为to B客户提供to C体验"，在供应保障和供应连续性的基础上，通过产销研协同、自动化物流网络、数字化供应链的建设，达成开源（支撑市场多打粮食）、节流（供应保障支撑经营、客户服务水平，降成本提效率）、可信（供应可信控风险）的价值目标。公司层面需要加强交易流数字化、产品数字化和供应数字化三大变革的协同，形成合力来实现"为to B客户提供to C体验"的目标。（来源：《关于ISC+运营及数字化主动型供应链建设工作规划汇报的纪要》，华为ESC[②]纪要〔2019〕004号）

[①] CIF，cost，insurance & freight，成本、保险费加运费。

[②] ESC，executive steering committee，变革指导委员会。

7
生产制造

制造是产品的总出口,要对产品出厂质量负责。华为制造一直坚持"质量第一、交付第二、成本第三,以有综合竞争力的成本实现高质量及时生产"的管理原则,一把手重视,全员参与,始终把产品质量保障放在工作首位。

面向工业 4.0 和智能制造,华为从系统工程角度出发规划大生产体系架构,围绕"三个流"打通和融合,即从产品设计到投入生产的产品工程数据流、从客户需求到生产指令的生产信息流、从来料到成品出货的生产工艺流。

学习引进日本、德国的质量管理与工艺体系,华为形成了可持续改进的数字化、标准化的精益生产体系;成立智能自动化研究实验室,孵化未来先进制造和精密制造能力。

质量以预防为主,华为积极引入数字化技术手段和应用数学建模及人工智能算法,实现制造过程质量全要素可追溯、过程可视、结果可视、异常可感知、质量可预测、质量问题智能辅助决策。

融合世界先进制造模式、技术、软件,让优秀人才合理组合,创造最大价值。华为制造人才的战略目标是打造世界级的技工 / 技师、工程师 / 专家 / 工匠科学家、干部三支人才队伍,坚持发扬

"刻苦钻研、心无旁骛、精益求精、追求卓越"的工匠精神，建立起一支铁的队伍。

质量第一、交付第二、成本第三，对出厂质量负责

制造系统在公司质量第一、1995年底以前实现产品出厂平均无故障2000天的要求下，在ISO 9000运动的推动下，逐步走向按文件办事、按程序办事的规范化作业。各种文件的制订、审核、批准有了科学合理的规定。1993年生产70万线产品，合格率大幅提升，其中JK1000①产品已基本达到平均无故障500天。随着管理系统的逐步完善，物流系统得到良好的控制，材料消耗进一步在降低。（来源：任正非在1993年年终总结动员会上的讲话）

建立独立的品质体系，逐步实现全面质量管理。华为的品质工作曾经走过很大弯路，最早非常重视品管，给了品管很高的地位。但是，由于没有建立完善的流程管理和规章制度，各方面工作都没有规范化，造成生产部与品管部一直协调不好，关系没有理清、理顺，越理越乱，以致行动不了了之，所以又合并成了一个机构。到了今天，在围绕实现一个总的质量目标的共同努力下，对ISO 9000已初步进行了贯彻和执行，因此，品质部门作为支持制造系统的支柱，独立出来的可能性已经客观存在。（来源：《做好基础工作，逐步实现全面质量管理》，任正非在品质系统工作会上的讲话，1996）

GTS、制造作为流程的下游环节，要加强与研发的互动，推动研发改进产品的可安装性、可维护性和可制造性。在兼顾快速响应客户需求的同时，产品体系要制定版本管理的相关规定，要提升能力，逐步减少版本的数量，

---

① JK1000，1992年华为开发的局用交换机产品。

从根本上降低后期版本维护的难度和成本，减少潜在的质量问题。考虑在产品线设立专职副总裁，关注产品的可安装性、可维护性和可制造性。（来源：EMT 纪要〔2008〕013 号）

华为机器，就是一个门到门的模块，对出厂门负责，对质量负责任，还应该有一个交付模块，对及时、准确负责任。不要把制造和交付混在一起，不然质量没做好，及时、准确也没做好。我觉得作为两个模块就开始运行起来，怎么个叫法我认为是次要的，因为我们的制造已经足够大了，作为一个独立模块应该没有问题。（来源：任正非在 2011 年 5 月 31 日 EMT 办公例会上的讲话）

坚决支持华为机器对产品出厂质量把关，质量问题没有灰度，一定要走向高质量。消费者 BG 制定和完善质量标准（包括新技术引入），华为机器按修正后的质量标准严格执行。如果需要更改标准，也要经过正规程序。（来源：任正非在消费者 BG 2017 年中市场大会上的讲话）

"质量与交付发生冲突，质量优先；交付与成本发生冲突，交付优先。"制造部总裁李建国介绍，质量第一、交付第二、成本第三的华为制造质量管理理念，是华为产品高品质的保证。（来源：《我们向制造部学习什么》，公共及政府事务部参观松山湖制造基地体会，总裁办电邮〔2017〕049 号）

各层级的产品生产质量问题采用"组长负责制"的决策机制，组长对于风险发货有一票否决权，小组成员与组长意见不同，可升级到对应的层级进行决策。（来源：EMT 纪要〔2019〕017 号）

推行精益生产，追求零缺陷，
持续改善质量

公司要坚定不移地贯彻做实精神，号召一切员工都要向用服中心学习。

土夯实了一层，再撒一层，再夯。只有这样我们才能不断地造就资源，实现可持续发展。要把精益生产落到每一个员工、每一个环节、（每一个）流程，落实到我们每一个思维、每一个动作。（来源：《资源是会枯竭的，唯有文化才能生生不息》，任正非在春节慰问团及用服中心工作汇报会上的讲话，1997）

制造要进一步开放，继续用好日本精益生产顾问和德国顾问，或直接引进日本、德国等发达国家的先进企业制造管理人员、工艺工程师及技师，将华为制造工艺及制造管理快速提升到世界级水平。（来源：任正非，巡视松山湖制造现场的讲话纪要，2014）

精益生产是工艺规划的基础，要基于精益生产方式进行工艺创新和规划，高度自动化，部分智能化。团泊洼精益生产要达到丰田水平，数字化要达到西门子水平，自动化、智能化要达到博世水平，成为世界级的智能制造标杆工厂。（来源：任正非，《三个工业自动化实验室协同和联动起来，为筹建世界一流的先进生产系统做好准备》，就团泊洼规划与松山湖实验室的座谈纪要，2017）

华为制造进步大，原因是纵向我们引入了德国的管理和流程，横向我们引入了日本的质量体系和精益生产，并且在德国和日本都建立了能力战略后备队培训基地，这就是系统性战略思想的体现。（来源：任正非在公司咨询委员会建设筹备思路汇报上的讲话，2018）

生产工艺流要实现精益一个流、有综合成本竞争力的高度自动化生产，关键资源尽可能100%互联，（实现）生产设备智能诊断和预防性维护，资源动态调配。这样，原材料都是自动分拣、自动配送，然后自动检测、自动组装、自动测试和自动包装，一个流自动化不间断生产。人的工作就是设计机器、管理机器、维护机器，键盘敲一下就可以集中调用机器人、控制机械手工作，保证机器生产都是六西格玛的高质量水平，甚至零缺陷。（来源：任正非，《从系统工程角度出发规划华为大生产体系架构，建设世界一流的先进生产系统》，在松山湖工厂沟通纪要，2018）

持续提升生产工艺水平，打造制造核心竞争力

我们将引进先进的生产设备，并自制多种配套关键设备，紧紧瞄准当代先进的测试水平及适合我们工艺的加工设备，建成具有国际水平的一流生产线，这是硬件、骨架。（来源：《目前形势与我们的任务》，任正非在市场部整训工作会议上的发言，1995）

电源产品与软件产业不一样，无论发展到哪天都是传统产品，要从重技术、轻工艺、轻管理，转变为重管理、重工艺、重技术。电源不是一个创新非常快的产品，要重视工艺。懂技术的也要研究工艺，要对工艺反复验证，要知道技术进步和工艺进步在某些地方是同步的。以提高工艺质量和降成本为中心，肯定是很有前途的。未来的竞争无非就是质量与成本的竞争。日本产品的确是低成本高质量，（20世纪）70、80年代日本的发展，应给安圣[①]以启示。（来源：任正非，与安圣电气座谈纪要，2001）

在质量控制和生产管理方面，我们与德国国家应用研究院（FhG）合作，在它的帮助下，我们对整个生产工艺体系进行了设计，包括立体仓库、自动仓库和整个生产线的布局，从而减少了物料移动，缩短了生产周期，提高了生产效率和生产质量。（来源：《华为公司的核心价值观》，任正非在"广东学习论坛"第十六期报告会上的讲话，2005）

制造要坚持自制与外包相结合，自制要在核心制造、产品试制、新品生产、高精尖制造以及多品种、小批量生产等上下功夫，控制好产品的质量。（来源：任正非，巡视松山湖制造现场的讲话纪要，2014）

目前公司手机设计水平有了较大的提升，我们制造工艺、制造管理、可制造性设计也要同步改进。日本在制造工艺上精益求精，工艺能力还是很强的。

---

① 安圣，深圳市安圣电气有限公司，原华为下属公司，是电信网络能源解决方案供应商。2001年，华为将其出售给艾默生公司。

日本还有大量的制造业人才，我们要放开胸怀，继续用好日本精益生产顾问，引进日本制造管理及技术人才，引进日本车间主管、制造工程师及技师到松山湖生产基地工作。（来源：任正非，巡视松山湖制造现场的讲话纪要，2014）

当信息产业走向水平化发展时，技术容易趋同，产品同质化严重是无法阻挡的事情，不仅要通过功能改进和优质服务来吸引客户，更要通过工艺和美学上的改进来争夺大众客户。（来源：任正非在消费者 BG 业务汇报及骨干座谈会上的讲话，2017）

现代技术进步的核心是工艺，就是想得到但做不出来。美国的火箭为什么有时发射失败？美国人是一批老科学家带了一批博士发射火箭，火箭往往出问题就在哪个螺丝没有扳够，或者是哪个线头没焊好而出了问题。因此工艺是非常重要的，是实现我们理想最主要的一个桥梁。工艺技术的挑战往往来自无处不在的微应力导致的极微小形变，工艺设计需要用到大量的力学和材料方面的理论。要重视基础理论，推动应用上的进步，构建长期竞争力。（来源：《梅花香自苦寒来》，任正非在松研所与中央硬件工程院专业实验室座谈讲话，2020）

制造也是我们的核心竞争力，高密高复杂单板不仅仅要能（被）设计出来，更要能高质量地（被）生产出来，精密制造在高复杂单板制造中发挥了很大的价值。（来源：任正非，《大胆突破，立体创新，打造极简的数据通信网络》，与数据通信产品线座谈会纪要，2022）

循序渐进应用自动化、智能化技术，孵化精密制造和先进制造能力

我主张在生产系统中走改良的道路。智能化这个路标，如果提得太高太快，可能就慢慢地做虚了、做空掉了，最后做死了。智能化在生产系统中，

是个使能器,别太夸大了,别潮流化。我相信你们有进步,但不要把成长的目标拉得太快太紧,要用逐步改良的方法。(来源:《我们的目的是实现高质量》,任正非在松山湖工厂考察时的讲话,2017)

建立制造实验室,我们是要掌握精密制造的能力,这个能力要为我所有,促进我们自己发展高精生产。别人的制造能力也能达到我们的水平,可以允许外包给这些先进公司。迫不得已时,我们才自己制造。但是,不是所有公司都能赶上我们的进步的。我们要有准备自己智能制造的规划,但不要偏离了主航道。(来源:《开放创新,吸纳全球人才,构建"为我所知、为我所用、为我所有"的全球能力布局》,任正非在全球能力布局汇报会上的讲话,2017)

面向工业4.0和智能制造,我们要从系统工程角度出发,从未来的商业模式规划和设计供应模式、制造模式和生产方式。先要把大生产体系的架构规划清楚,架构不清楚未来就会走弯路。我希望未来五年以后的大生产体系架构,以精益生产为基础,以德国的工艺流程和工业软件为主体,把日本的质量管理嵌进去。(来源:任正非,《从系统工程角度出发规划华为大生产体系架构,建设世界一流的先进生产系统》,在松山湖工厂沟通纪要,2018)

生产能流起来的前提是质量稳定,直通率达到95%,生产线可以动起来,达到98%时就可以顺畅流动。流动可以减少等待、减少沟通协调、减少浪费,也能避免出现批量质量问题,保证制造过程的高质量、高效率,这就是我们要学习的日本经验。结合德国"高质量、高性能、高度自动化"和日本"小型、低成本、一个流自动化"之长,把这些都融入我们的大生产体系架构中,以有综合竞争力的成本实现高质量、高度自动化和部分智能化生产。(来源:任正非,《从系统工程角度出发规划华为大生产体系架构,建设世界一流的先进生产系统》,在松山湖工厂沟通纪要,2018)

智能制造还是要坚持继承和发展,迭代推行,边规划、边实施。要优先保证高质量,也不能片面地追求全自动、无人化,人在未来智能制造系统中还是会起核心和决策作用(的),但工厂人员结构将会改变,都是工匠科学家和工匠专家。（来源：任正非，《从系统工程角度出发规划华为大生产体系架构，建设世界一流的先进生产系统》，在松山湖工厂沟通纪要，2018）

开放学习各国先进制造技术，打造世界级工匠科学家与专家队伍

终端制造不仅要引入日本的智能机器、高精尖的设备，同时还要把日本人善于把产品做得短、薄、精、小的能力与人才引进来。中方员工可以和他们对标，达到他们的水平，可以拿他们一样的工资。目前公司手机设计水平有了较大的提升，我们制造工艺、制造管理、可制造性设计也要同步改进。日本在制造工艺上精益求精，工艺能力还是很强的。日本还有大量的制造业人才，我们要放开胸怀，继续用好日本精益生产顾问，引进日本制造管理及技术人才，引进日本车间主管、制造工程师及技师到松山湖生产基地工作。引进会带动我们员工的成长。日本人、德国人等都可以（被）引进过来直接上线，与中方员工同台进步，一样的水平，一样的收入。（来源：任正非，巡视松山湖制造现场的讲话纪要，2014）

我们要提高大专生、中专生的起薪，很多事情是手艺功夫，我们的理论再好，工匠做歪了一点点就不可靠了。我们生产系统吸引（了）几百个能工巧匠进来，他们文化不高，但是有手艺，是各方面尖子型的工匠。生产系统要以技师为中心生产，第二要招高端技师进来，就是特定这个地方的尖子……不过我们要倡导，用高精密自动生产模式，将工匠的不确定性确定下来。（来源：任正非，《多路径，多梯次，跨越"上甘岭"，攻进无人区》，在巴展和乌克兰谈话要点，2016）

制造是华为公司最重要的模块之一，要以工匠、技师为中心，建立一支铁的队伍。我们向别人学习，要把培养人作为最重要的环节，用更多优秀的

专家培养更多的优秀人才。和顾问合作，不能把大师请来当成打工仔，把事情做好了就走了，没有培养人。我们对变革项目多投一些人，优秀的苗子，跟着顾问干一段就开窍了。（来源：《我们的目的是实现高质量》，任正非在松山湖工厂考察时的讲话，2017）

我们不仅要吸纳中国的博士、硕士进来，还要引入德国、日本等发达国家的优秀博士、硕士，学习大工业的概念，学习世界的先进制造。你们可以引进些统计学、系统工程学、控制学……的大学生来做工匠科学家，还可以进来一些搞系统工程的、搞统计学的博士加强研究，他们有建模的能力。有时不一定完全看简历，受过这么高的训练，只要踏踏实实，有耐心好好干活，干几年他慢慢就能悟出道理来，这种改进对整个公司的价值创造是有很大帮助的。（来源：任正非，《从系统工程角度出发规划华为大生产体系架构，建设世界一流的先进生产系统》，在松山湖工厂沟通纪要，2018）

制造的人才策略是开放的，新形势下外部开放和内部开放都不能少。原来我们学日本，学德国，学丰田、西门子、博世、三星、杜邦；现在也向国内一切优秀企业学习，参与能力外溢和产业链帮扶，吸收国内先进企业、供应商和合作伙伴的优秀实践；还要深化与海思、2012实验室、各产品线等的内部合作和学习。（来源：《什么是优秀的人才？——合适的人，在合适的岗位，步调一致得胜利》，总裁办电邮〔2022〕157号）

"打造世界级的技工／技师、工程师／专家／工匠科学家、干部三支人才队伍"是制造人才（的）战略目标。制造是综合工学和系统工程，需要长期积累，需要不同专业、不同学历、不同年龄的人才；我们的岗位有高有低，即使同类岗位也要搭配不同的人，有博士、硕士、本科、大专、中专……在复杂精密的生产系统里，一个人优秀不行，一个岗位优秀不行，都优秀但配合不好也不行。合适的人在合适的岗位，所有人一盘棋，步调一致得胜利。（来源：《什么是优秀的人才？——合适的人，在合适的岗位，步调一致得胜利》，总裁办电邮〔2022〕157号）

8 产业生态

未来是一个万物感知、万物互联、万物智能的世界，华为的战略定位是聚焦 ICT 基础设施和智能终端，提供一块信息化、自动化、智能化的"黑土地"，让伙伴的内容与应用生长，构建开放合作共赢的产业生态。

标准是牵引产业健康、高质量发展的驱动力。华为一方面积极参与国际标准制定和推动产业合作，另一方面也致力在前沿领域新创标准或建立事实标准，通过在标准领域的开放合作与有序竞争，牵引行业前进。

软件生态关系到产业安全和行业竞争力。华为围绕鸿蒙和欧拉两大操作系统，团结中国和全球软件开发力量，通过开源开放等生态模式赋能合作伙伴，共同打造数字世界的生态基础，希望在3~5年内打造中国软件根技术，为世界构建第二选择；同时构建一个好的华为云平台、云生态，抓好应用生态建设；与生态开发者合作，向前探索，繁荣生态；向后沉淀，做肥"黑土地"。

华为致力构建"以利益为纽带，以诚信为基础，以规则为保障"的健康共赢的生态伙伴体系，赋能和牵引伙伴不断提升能力水平，共同面向客户交付高质量。

构建开放、合作、共赢的产业生态，做智能世界的"黑土地"

我们要向 ITU①、3GPP②、IETF③ 学习，建立开放的架构，促使数万公司一同服务信息社会，以公正的秩序引领世界前进。没有开放合作，我们担负不起为人类信息社会服务的责任，所以，我们要像 3GPP 一样地开放，像爱立信、诺基亚在 GSM④ 上的低门槛，像苹果、谷歌……一样地链接数十万合作伙伴，持续建设和谐的商业生态环境。以自己为中心迟早是要灭亡的。（来源：《决胜取决于坚如磐石的信念，信念来自专注》，任正非在 2016 年 1 月 13 日市场工作大会上的讲话）

坚持开放合作，选择优秀的伙伴形成产业联盟，提高系统竞争能力。华为要做行业领袖，就一定要开放合作，和产业价值链上的最佳供应商以及行业玩家广泛合作、共享利益。我们不是要寻找竞争对手，把自己做到更优秀就行。我们要逐渐化解世界矛盾，不能陷入孤立主义。普天之下，都是我们的朋友，而不是敌人。（来源：《方向要大致正确，组织要充满活力》，任正非在公司战略务虚会上的讲话，2017）

以数字世界面向客户，用数字技术使能数字世界进入人们的生活和工作。我们通过数字技术的突破，带给客户更好的产品和服务，从而把数字世界带入人们的生活和工作中。我们实质是通过聚焦 ICT 基础设施和智能终端，提供一块信息化、自动化、智能化的"黑土地"，这块"黑土地"上可以种"玉米""大豆""高粱""花生""土豆"……是让各个伙伴的内容、应用、云在上面生长，形成共同的力量面向客户。数字世界更有想象空间，可

---

① ITU，international telecommunication union，国际电信联盟。
② 3GPP，3rd generation partnership project，第三代合作伙伴计划。
③ IETF，internet engineering task force，国际互联网工程任务组。
④ GSM，global system for mobile communications，全球移动通信系统。

以有技术、内容和服务，可以是我们直接提供的，也可以是我们使能的。更多的技术、内容和服务，可以围绕客户的需求和体验全面地展开。也许我们会种一棵"高粱"，但万物的生长是千万个伙伴形成的。（来源：任正非在公司愿景与使命研讨会上的讲话，2017）

　　坚定不移与生态开发者合作，向前探索，繁荣生态；向后沉淀，做肥"黑土地"。对开发者来说，他们向前探索，为繁荣生态做出了贡献，获得应有的报酬。对华为来说，我们向后沉淀，把开发者的软件沉淀到我们的公共平台上，做厚平台，有能力支持开发者用更先进的方法向前进攻，循环往复。外部开发者成为一个战斗队，华为成为一个大平台，我们就做肥"黑土地"了。他们分大钱，我们分点小钱，我们（的）"黑土地"不谋求挣大钱，只要稳定，能担负起基本开支即可。我们不能做"黑寡妇"，把优秀的外部开发者或开发公司吃掉。对平台的建设与开放我们要慎重，一旦开放要坚定不移地坚持下去，否则就出卖了平台上的百万开发者和合作伙伴。（来源：任正非，《软件重在建格局，要敢于扎到根、捅破天》，与部分科学家、软件专家座谈会纪要，2021）

　　我们要高度重视生态型产业的推进，积极推进生态型产业竞争力的构建。基于鸿蒙打造繁荣的端侧生态，基于欧拉构建强大竞争力的计算和AI[①]生态，基于华为云和消费者云构建云的生态。同时基于中国、面向全球吸引更多的伙伴参与产业生态的构建，最后不仅解决了软件连续性的挑战，更进一步构建了独特竞争力。（来源：任正非，《拥抱吸纳全世界人才，敢于在软件上力争上游》，与三丫坡会战部分主管、专家喝咖啡纪要，2022）

---

① AI, artificial intelligence，人工智能。

为国际标准组织积极做贡献，促进产业健康发展

我们要坚持以 3GPP 为大标准的路线不动摇，搭大船、过大海。坚持在大平台上持久地大规模投入，拒绝机会主义，拒绝短视。（来源：任正非，《让青春的火花，点燃无愧无悔的人生》，在无线产品线奋斗大会上的讲话纪要，2008）

开放与竞争是市场经济制度的基石，发源于欧洲的 GSM 和华为本身都是其推动发展的典范。移动通信是近几十年来世界最大的成就之一，20 年前，在模拟转向数字的关键时期，发源于欧洲的 GSM 在当时几种主要无线制式中起步稍晚，条件稍差。但其坚持对全球开放、竞争、合作的策略，设立了低门槛，吸引全球所有电信设备供应商前仆后继地在这个领域巨额投资、持续创新，最终构筑了全球共同参与的 GSM、UMTS[①] 产业，成为全球最主要的移动通信系统。（来源：《开放、竞争、合作》，任正非在第一届欧洲竞争论坛上的发言，2012）

我们希望大幅度增加对大学相关教授和世界标准组织的资助。全世界几百个标准组织和平台组织，我们可以多出一些会费，使世界组织得到更好的支持。华为公司赚钱的一个目的是希望造福人类社会，支持标准组织及平台组织也是造福人类社会。（来源：《励精图治，十年振兴》，任正非在 Fellow 及部分欧研所座谈会上的讲话，2018）

5G 标准中，高通的长码标准是 20 世纪 60 年代美国一位数学家的论文形成的，我们 5G 的短码标准是土耳其教授十多年前一篇数学论文演变过来的。所以，人类社会要多少代才能在理论上为社会贡献。我们只是希望中国将来给人类社会多做一些贡献，这个贡献就是理论突破。（来源：任正非，

---

① UMTS，universal mobile telecommunications system，通用移动通信系统。

接受《南华早报》采访纪要，2020）

坚定不移往前跑，敢于使用私有标准，构建事实标准。往前走到有人需要的时候，再考虑开放，这时事实标准就引领成为国际标准。（来源：《敢于大步向前，在世界范围内取得领先》，任正非在与太平洋会战部分专家座谈会上的讲话，2021）

我们要加强标准组织的建设，我们要在积极参与制定、充分理解业界的众多标准的基础上，与世界适配，或牵引行业前进。我们更要拥有一大批敢于捅破天的人，捅破天也包括建立新创标准，新创标准的系统工程是大战略。我们的产品不是等大家适配后才推入市场，而是要引领创新，引领市场发展趋势。（来源：《励精图治，奋发图强，努力划出旋涡区》，任正非在2022年公司年度工作会议上的讲话）

数据从喜马拉雅山流下来，到长江口，进入东海，数据每减少一跳都有伟大的时代意义。无论鸿蒙、欧拉、数据库、存储、硬件底座，通过端到端立体创新，力争格式的统一、代码的一致，减少格式转换次数。年轻人要抓住历史机遇，率先在数据中心网络等局域网络大胆突破，构筑事实标准取得领先。（来源：任正非，《大胆突破，立体创新，打造极简的数据通信网络》，与数据通信产品线座谈会纪要，2022）

开源开放，围绕鸿蒙和欧拉
打造基础软件生态

以后华为对外有两个软件生态体系，一个是端侧的鸿蒙，一个是数字基础设施侧的欧拉。鸿蒙的策略基本清楚了，我们要基于鸿蒙打造面向跨多终端环境下的生态系统，支持构建一个万物互联的智能世界。欧拉过去主要是面向企业服务器和数据中心的操作系统，通过开源生态支持鲲鹏产业发展。

未来我们要围绕操作系统、编程语言与编译器、数据库、AI 框架等，构建数字世界基础设施的软件生态，打造中国基础软件的根。（来源：任正非，《围绕欧拉打造数字基础设施的软件生态，立足中国、面向全球，为世界构建第二选择》，与欧拉会战部分软件专家座谈纪要，2021）

构建软件生态仅靠华为的几万软件开发人员是不够的，要通过开源、开放聚集整个中国的软件开发力量一起来做。现在国内有很多优秀的创新公司，要把它们团结起来共同建设中国的软件生态。我们不要想垄断，不追求一家独大，华为不能走这条路，要聚集大家的力量才能成功，力出一孔，利益分散。让越来越多的伙伴在中国自己的生态体系中发展壮大，中国的生态体系繁荣了，国家安全了，产业兴旺了，华为也就实现了自身的安全。（来源：任正非，《围绕欧拉打造数字基础设施的软件生态，立足中国、面向全球，为世界构建第二选择》，与欧拉会战部分软件专家座谈纪要，2021）

团结中国和全球软件开发力量，共同建设基础软件生态，通过开源开放等生态模式赋能合作伙伴，使能伙伴加速进入国家关键信息基础设施行业，实现国家基础软件的战略安全。（来源：任正非，《软件将吞噬一切》，与欧拉会战部分主管、专家第一次喝咖啡的纪要，2021）

经过这两年发展，以欧拉为基础的生态链基本建立起来，社区成员从 60 家增加到 300 家，包括 Intel[①]、SUSE[②]、风河、百度都加入了开源社区。我们将 openEuler[③] 捐赠给了开放原子开源基金会，同时正式对外宣布，华为不做商业发行版，给了合作伙伴坚定走欧拉路线的信心和决心，这就是弯道超车。我们要坚定不移地打造欧拉生态，完成"三年成为中国首选，为世界提供第二选择"的历史使命。（来源：任正非，《用三年时间锻造一支软件的

---

① Intel，英特尔公司。——编者注
② SUSE，是全球范围内企业级开源解决方案提供商。——编者注
③ openEuler，是一个开源、免费的 Linux 发行版平台，将通过开放的社区形式与全球的开发者共同构建一个开放、多元和架构包容的软件生态体系。——编者注

甲级队伍》，与三丫坡会战部分主管、专家第三次喝咖啡的纪要，2022）

美国标准是"百衲衣"，从20世纪70年代到今天，不停打补丁。它的性能是由多个公司打造的，硬件和软件是分离的，软件也是由不同公司做的，装在一个体系里，就像一件补丁衣服。当终端BG销售量达到1亿~2亿台的时候，就会有很多中国小公司愿意把它们的业务接进来，我们就能打造"新生态"，做一件新衣服，这就是"爱马仕"。坚持走自己的标准和道路，如果大幅提高了竞争力，国际标准就可能会接入中国标准。（来源：《坚持战略聚焦，为战略突围整编一支能征善战的正规军》，任正非在终端小特性"砍鸡头"对标会上的讲话，2023）

华为云建立大生态，鲲鹏、昇腾打造多样性计算生态

华为云不通过数据变现，协同端、边、管、云，走差异化创新之路。云的发展思路要反过来，因为互联网公司没有变现的方式，它必须通过数据来实现变现，而我们的变现可以有鲲鹏、昇腾、联接、存储、终端等，通过端、边、管、云的深度协同，打造一个开放的"黑土地"，走出一条差异化的创新之路。同时，要围绕用户体验持续优化账号管理和用户身份认证方案。（来源：任正非，与产品线总裁座谈会上的讲话纪要，2020）

我们要下大力气，推进HMS[①]生态和鲲鹏、昇腾计算生态的发展，团结产业链合作伙伴和广大开发者，为产业繁荣做出一个行业领导者应有的贡献。（来源：任正非，《大时代的儿女，历史赋予了我们力挽狂澜的重任》，在2020年公司年度工作会议上的讲话纪要）

---

① HMS，Huawei mobile services，华为移动服务。

将来所有应用都会长在云土地上，但现在还不是，如何建成"黑土地"是我们努力的任务，应一步一步来。经过多年的努力，华为云已上线了200多个服务，发展了150多万开发者和近2万个合作伙伴，已初具规模，具备了更大方向发展的基础。（来源：任正非在企业业务及云业务汇报会上的发言，2020）

研发工具已经实现了"归一"和供应连续。接下来，要基于开源+开放的路线，围绕鲲鹏和昇腾，构建完整的通用计算和AI计算的产业生态，为世界提供多样性的算力选择。（来源：《零落成泥碾作尘，只有香如故》，任正非在2021年公司年度工作会议上的讲话）

各个高校都可以编昇腾、鲲鹏的教材，不要搞统一教材，也不要限定哪几所高校。它们各自有认知切面，各自培养弟子，不同高校的弟子一打通，又创造一个新的思想井喷。如果天津港作为港口军团的基地，我们可以去当地交通大学或财经大学建一个联合培训中心。我们也可以提供一些算力给高校，资助了学校，也有利于生态建设。（来源：任正非，与算力科学家、专家的座谈纪要，2021）

华为云要采取多元化算力策略，建设好基础软硬件生态，并通过云化软件屏蔽计算架构差异，打破芯片封锁，支撑公司业务发展。华为云未来的生存基础是把算力构筑在鲲鹏、昇腾上，并要发展好鲲鹏、昇腾的生态。（来源：任正非，《望得见的地方是战略转折的拐弯点》，关于华为云战略的讲话纪要，2022）

联合优质伙伴，为消费者打造全场景生态和智慧生活体验

消费者BG要加强开放，与优质伙伴合作，改善产品质量。我们有几个能

力：第一个能力是联接能力，这应该是世界最强的；第二个能力是图像能力，目前苹果是最好的，我们有差距，但是我们有可能突破；第三个能力是操作系统，我们应该没有的，别人多少年积累才到现在这种程度，我们要去超越他们重做，我认为没必要，所以我们和软件厂家合作。这三个能力合起来，华为手机肯定是强大的。要像苹果一样，华为手机一定要链接世界上最好的内容，通过优胜劣汰，全是优质合作伙伴，那才是未来。（来源：《"脚踏实地，做挑战自我的长跑者"》，任正非在消费者 BG 2015 年中沟通大会上的讲话）

关注最佳用户体验，组合世界最优质的供应商，结成战略合作伙伴。消费者业务的应用（有）数百万个，其实我们根本就开发不了，那就向社会买最好的。如果最好的被苹果垄断了，我们向第二好的买。我们不能组合一些烂应用来拼烂网，如何与苹果竞争呢？我们要关注的是最佳用户体验，组合世界最优质的供应商，结成战略合作伙伴，才有可能去竞争。（来源：任正非在消费者 BG 年度大会上的讲话，2017）

为消费者提供安全、便捷、丰富的场景化云体验。第一，持续夯实系统、业务的安全防御能力，基于 GDPR 支撑云服务业务的快速发展、合规运营。第二，抓紧用户声音反馈，快速改进使用体验，把复杂留给自己，方便留给用户，持续为用户提供便捷服务。第三，持续激励质量和体验优秀的数字化服务提供商，深化合作，共同为用户提供多样的、丰富的应用和内容。（来源：张平安在 2018 年消费者 BG 质量大会的讲话）

面向未来，CBG 继续坚定不移地打造"1+8+N"智慧全场景生态，在"1"的供应受限时，尽可能地多卖"+8"的产品，开展运动战让"+8"的产品成为 CBG 的"南泥湾"，帮助与鼓励生态伙伴把"+N"的产品也做好，一起做大做强生态的体验。CBG 同时要想办法解决"1"的供应问题，华为高端手机业务一定要持续下去，生态合作伙伴的中低端手机也能够卖起来。CBG 要继续坚决打造面向未来的各项核心技术与业务能力，极端困难时期，也是磨炼队伍、苦练内功、构筑更强核心能力的好时机。不气馁，不放弃，

寻求突围。(来源:《零落成泥碾作尘,只有香如故》,任正非在 2021 年公司年度工作会议上的讲话)

我们要突出"大质量"的理念,除了产品设计、生产制造、供应商管理质量,还要扩展到全流程,包括场景化使用体验、生态产品使用体验、产品销售体验、售后服务体验等,具备给客户提供全流程最佳体验的能力。终端 BG 正在积极打造全场景业务,构建了智慧出行、影音娱乐、运动健康、智慧办公、智能家居"五大场景",每一个场景都要打造极致体验,每一个场景都要做到好用,场景 NPS[①] 要高。只有这样才能持续让消费者业务取得更大的商业成功。(来源:余承东,《以消费者为中心,用质量和体验守护品牌》,2023)

发展生态伙伴,共同服务好千行百业数字化转型

企业业务的渠道战略是卖盒子的时候产生的,渠道战略是卖盒子,现在我们要卖生态,将来的战略是生态战略。不仅仅是渠道战略,我们的工作方法、合作方式以及名字都会发生很大的改变。做生态,关键是华为的定位,要有利他思维,改变"黑寡妇"的文化。我们要大力发展能力型和主流合作伙伴,做到"你中有我,我中有你",形成华为强有力的"千军万马"。(来源:任正非在与 EBG[②] 管理团队座谈会上的讲话,2020)

我们坚持做平台,然后开放给伙伴去做,这就是生态。人工智能进入行业,除了算法、算力,更重要的是 Know-How[③],而 Know-How 在行业里,

---

① NPS,net promoter score,净推荐值。
② EBG,enterprise business group,企业业务。
③ Know-How,专长。

我们要紧紧依靠行业。人工智能对行业的变革是巨大的，不同的传统行业接收人工智能的能力差别也很大，有的行业伙伴能力强，我们就支持伙伴多做一些，有的行业伙伴能力有较大差距，我们的平台就多做一些，围绕客户最急迫解决并具有商业价值的需求，采取灵活机动的伙伴合作策略，聚焦解决客户问题，提供智能解决方案，满足客户需求。（来源：任正非在与华为云EI[①]创新孵化Lab座谈会上的讲话，2020）

军团是精干的集团组织，只是由少数精兵组成，而市场和服务是全球化的。我们要构建出共生共赢的伙伴体系，卷入众多合作伙伴的千军万马，服务好千行百业。要组织好、合作好，信守合作承诺是成功的关键。（来源：任正非，《军团要注意各自商业模式的建立》，2022）

面向商业市场客户则是"伙伴主导，华为支持"，我们从"研、营、销、服、供"进行端到端的变革，通过构筑优质的数字化工具和敏捷高效的能力使能伙伴，让伙伴帮助华为覆盖更大的市场。（来源：任正非，《沿着公司变革方向，深化企业业务作战阵型改革》，2022年企业BG变革总结汇报会议纪要）

伙伴体系的成功是华为企业业务真正成功的基础。要构建并完善"以利益为纽带，以诚信为基础，以规则为保障"的健康共赢的伙伴体系。基于统一架构、统一语言，明确定义伙伴体系整体架构，持续优化资源配置、拓展阵型和管理规则，以利益为牵引，激励伙伴积极性和能力提升。（来源：任正非，《沿着公司变革方向，深化企业业务作战阵型改革》，2022年企业BG变革总结汇报会议纪要）

---

① EI，enterprise intelligence，企业智能。

9
交付服务

　　服务的竞争是市场竞争的关键要素，决定着企业的命运。优质服务是华为的核心战略控制点之一，华为持续建设和完善全球交付与服务体系，提高客户满意度。

　　未来客户的网络会越来越复杂，服务也会越来越复杂，"极简架构，极低成本，极高质量，极优体验"也是华为服务的终极奋斗目标。要站在客户的角度抓好网络质量，"没有比较就没有伤害"，有比较后世界会更加信任华为。

　　没有先进工具就没有高效率。华为装备最现代化的平台工具上战场去解决业务问题，建立实时的、可预测的网络优化、规划、部署及维护新模式，在网络质量及体验上领先。利用人工智能实现高质量和高效率的交付与服务，支撑存量网络的服务以及故障处理、预防的自动化……持续为客户创造价值并提升客户满意度。

　　持续积累交付经验，把经验数字化、电子化，积累下来的能力可以转化成新生产力。每一个服务工程师、每一次实践，依托知识社区向业界、海外开放，联接全球服务工程师和伙伴，支撑服务体验好、效率高。

　　终端服务体系致力为用户提供更好的体验数字生活服务，包括产品本身带给消费者的体验、购买体验、使用体验，覆盖在线升级服务、云服务、售后维修服务、线上服务……通过服务模式不断创新，持续提升消费者智慧生活体验。

优质服务是华为的核心战略控制点之一

服务是一种文化，决定着企业的命运。服务意识的建设，不光是用户服务中心，在全公司范围内都要加强。市场竞争越来越激烈、越来越残酷，谁能取得最终的胜利，并不取决于谁的价格低，而是取决于谁的服务好。资源是会枯竭的，只有文化才会生生不息。背景的力量也会逐渐淡化，最后所剩的，是生生不息的顽强意志和持之以恒的服务精神。我们要毫不动摇地坚定推行优质服务。如果服务搞不好，我们就会走向死亡。（来源：《加强售后服务组织建设迎接公司大发展》，任正非在海外工程部集训大会上的讲话，1996）

我们要改善你们的条件，改善你们的装备，提供优质服务，但优质服务是需要优价的。我们自己要有个方法。我们在提供优质服务的基础上，一定要合理地向厂方阐明，我们必须是有偿服务。为什么呢？因为没有有偿服务我们是不能长期支撑的，以后就没人替你服务了。（来源：《居安思危　奋发图强》，任正非在技术支援部工作会议上的讲话，1999）

如何构建 GTS 质量文化、质量意识和质量责任体系？首先，主管要转变思想意识。目前重进度轻质量的现象还是非常明显的，甚至在很多人的骨子里，就是抢进度。交付体系把质量放在什么位置，怎么把质量优先落实到现场管理、项目管理、交付管理中？各级主管要深刻理解质量就是经营，质量搞不好，经营怎么可能长期搞得好；要在团队里建立质量优先的文化、意识和责任体系，在工程交付、管理服务、网络维护、系统集成等各领域，面对不同客户，要对准客户需求，明确质量标准，并把标准落入管理体系和流程中，基于标准进行度量，根据度量结果持续改进，逐步加大质量考核在绩效评价中的比重。在转变意识的基础上，重点抓好三个方面：现场作业质量，数据质量，工作质量。（来源：《一次做对，扎扎实实提升交付质量》，梁华在2015年全球交付质量大会上的讲话）

服务是我们进攻中的重要防线，网络容量越来越大、越来越复杂，维护越来越困难，任何新公司、"黑天鹅"要全球化，都不可逾越此障碍。没有多年的积累是不可能建立起来活的"万里长城""马其诺防线"，我们这道历时28年建立的服务体系，不是容易超越的，特别是这条防线正在逐步人工智能化。（来源：《春江水暖鸭先知，不破楼兰誓不还》，任正非在"出征·磨砺·赢未来"研发将士出征大会的讲话，2016）

与海外相比，中国区的商业生态环境条件好，在美国打压我们时，很多客户同情我们，给了我们比较容易做市场的机会，这种情况下，容易忽略提高服务质量。我们要坚持以客户为中心的核心价值观不能动摇，持续为客户创造价值的原则不动摇，不断提升公司的服务能力与竞争能力。（来源：任正非在中国地区部年度工作会议上的讲话，2021）

从长远角度来看，未来的竞争是服务的竞争，服务将是公司核心战略控制点之一。尤其是在先进硬件不可获得的情况下，我们唯有利用现有技术和服务优势，以建立完整的、综合性的、持续提高满意度的服务体系，来弥补我们没有先进"武器"的不足。我们的产品和服务要朝着"德、日产品终身不坏"的方向前进。我们的服务要朝"体验至上"的优质服务方向而奋斗。（来源：《支撑前方作战，做最有力量的支持服务组织》，任正非在服务体系改革设计务虚会上的讲话，2021）

保障网络高质量运行，提升客户体验

要保证交换设备在网上高质量运行，不仅设备要好，同时还包括了技术培训、技术服务、安装、维护维修、备件供应等方面的因素。（来源：任正非，《对中国农话网与交换机产业的一点看法》，1994）

要高度重视客户网络的稳定运行。维护人员的技能水平和经验积累不足，未能跟上公司的发展速度和规模，是目前提高对客户的服务质量、提升客户感知面临的主要瓶颈和矛盾。公司要采取有力措施加以改善，并加大相关投入，也可以开放大比武产生一些专家。（来源：EMT 纪要〔2010〕022 号）

要活下来，我们就一定要站在客户的角度抓好网络质量。要研究客户的网络痛点在哪儿，就是从数据流量图、网络拓扑图、卫星图……经济/人口分布图等看，每个月坚持看，痛点在哪里，哪里的数据流量太集中了，这个地方投一点资，这个网就会松开很多，收益就（会）增加，这样运营商就增加了发展的信心。（来源：任正非在中亚代表处汇报会议上的讲话，2016）

网络不好，客户的体验也不好，我们的 BG 专家、GTS 专家应该帮助客户搞好网络，搞好就有竞争力了。现在我们公司各个体系都不够重视体验，所以这次在组织优化时，我把相关部门都叫作首席体验部门。做战略规划首先是体验规划，规划的战略自己没体验，战略怎么能落地得了呢？质量与运营部也改名叫质量运营与体验部。（来源：任正非在 2018 年 IRB 战略务虚研讨会上的讲话）

现在 5G 诞生了，2022 年世界杯一定会办得非常精彩。当时我们给贵国（沙特阿拉伯）总理汇报了对沙特阿拉伯 Hajj 保障所做出的贡献，15 年来每一次都实现了"零中断、零事故、零投诉"的目标。10 平方公里的范围内，聚集了三四百万穆斯林，他们在祷告时全部把手机关掉，祷告结束几乎同时开手机，同时鉴权，对网络的冲击是非常巨大的。我们这 15 次都实现了安

全保障。（来源：任正非，接受中东非洲阿拉伯语媒体采访纪要，2019）

通过终端和网络的结合，GTS 就能建立实时的、可预测的网络优化、规划、部署及维护新模式，这样华为设备加上华为服务能够建设一个体验最优的网络，欧洲网络性能 P3 测试就是一个很好的例子。尤其在 5G 建设初期，网规网优的服务能力凸显价值。基于这个实践，GTS 要面向客户"规建维优"流程，帮助客户做数字化转型。（来源：任正非在"GTS 云与终端云合作与融合进展"汇报会上的讲话，2021）

提升项目管理能力，保证高质量的工程交付

从战略方针来看，我们是要提高质量，提高交付能力。交付能力不要就是 GTS，还包括研发、后方平台等，总体的交付能力要提升，交付速度、交付质量都要提升。我总的主张，我们在应对整个世界的平衡过程中，还是加大一些投入，增加一些人力物力，来解决我们和西方竞争对手的不平衡问题。（来源：任正非在 2010 年 7 月 28 日 EMT 办公例会上的讲话）

工程交付和服务也要加强循环，提高交付质量。现在我们的工程外包经理中，百分之七八十没有做过工程，更别说他们是优秀项目管理者，由他们来分包这些工程，才会亏损那么严重，才会有这么多贪污腐化。未来 3～5 年，所有做工程分包、工程管理的人员，一定是从优秀的项目经理中选拔（的）。虽然项目经理的培养时间很长，但是我们一年有将近 5000 个项目在运作，难道还选拔不出几个优秀骨干？（来源：任正非在解决方案重装旅第一期学员座谈会上的讲话，2014）

工程交付现场实施的主力军是合作伙伴和分包商，整体交付业务大概有十万人，七万人都是分包商和合作方人员。与实力比较强、实施质量有保证、

能够长期合作的分包商真正建立起长期合作关系，才能有效支撑工程的高质量交付。（来源：梁华，《落实质量优先战略，优化采购流程，保障供应安全及连续性，支撑公司业务的发展》，在 2016 年度全球采购工作会议上的座谈纪要）

服务也是会战的一部分，GTS 要抽一些高级服务专家参加会战，加强尖端服务能力的构建。在突破关键行业的重点客户过程中，要把服务能力培养起来。否则使用量上去了，服务质量达不到高标准，对伙伴们的赋能没有做到位，最后会垮下来。[来源：任正非，《调集千军万马，投入平台会战，抓住战略机遇，推进生态建设》，与三丫坡会战（原欧拉会战）部分主管、专家第二次喝咖啡纪要，2021]

我们正在进入国家关键信息基础设施的 14 个行业，需要培养一批服务尖子，对问题准确判断的技术尖子，在紧急情况下能够快速抢修、抢建。这样我们就敢于突进到这些关键行业和重点客户，有了一个成功应用就会带来一大片的应用，否则卖进去那么多，服务质量达不到高标准，最后就会垮下来。我们要抓住这个战略机会窗，敢于进入一批国家的核心领域，如金融、能源、制造、港口等核心领域，突进去、站得稳、长得大。[来源：任正非，《调集千军万马，投入平台会战，抓住战略机遇，推进生态建设》，与三丫坡会战（原欧拉会战）部分主管、专家第二次喝咖啡纪要，2021]

"极简架构，极低成本，极高质量，极优体验"，不单指我们的产品，也是我们服务体系的终极奋斗目标。产品的成功是获得商业价值，不能实现商业价值的指标是没有价值的。这句话包含两个层面：第一个层面，我们的产品质量能不能做到世界 NO.1 品质？能不能做到免维护？设备能不能做到 10 年不坏、20 年不坏？就像日本松下、德国西门子一样，产品质量过硬。第二（个层面），即使 10 年后设备坏了，我们还有核心维护系统，我们服务系统也要做到体验至上，（以及）专业、优质的服务水平，那我们就战无不胜了。（来源：《支撑前方作战，做最有力量的支持服务组织》，任正非在服务

体系改革设计务虚会上的讲话，2021）

应用人工智能和先进装备，
持续积累交付经验

我们所有的人工智能要自己的狗食自己先吃，自己生产的降落伞自己先跳。基于我们巨大的网络存量，现阶段人工智能要聚焦在改善我们的服务上。服务是公司最大的存量业务，也是最难的业务，人工智能可以首先在服务领域发挥作用，世界上还有哪个公司有这么大的业务量和数据量与我们比拼？（来源：任正非在诺亚方舟实验室座谈会上的讲话，2016）

我们要改进一线作业装备结构，敢于武装到"牙齿"，包括手机作业、电脑系统、作战服……我们可以学习 Google① 的作业方式，头上戴着自动录像的设备，把现场的实时场景录上十几秒的小视频，传回公司，形成有直观感觉的现场图。不要各级各层汇总，这样不减少人力。（来源：任正非在存货账实相符项目汇报会上的讲话，2016）

我们在全球有 460 万（个）站点，每年会在 100 万（个）站点上作业，任何一次的站点作业都是成本。要通过构建站点信息库，开发站点 3D 扫描能力，把站点勘测简单化，上站录入表格的时间也就大大节省了。以后的数据录入还可以进一步简化，捆绑一个好的语音系统，现场作业完成了，自己说一遍，表格就自动生成，然后回家把这个表格稍微修改，就能完成交付作业。（来源：任正非在 GTS 人工智能实践进展汇报会上的讲话，2017）

持续积累交付经验，把经验数字化、电子化，那我们就能活下来。交付的经验要持续积累，积累下来的能力可以转化成新生产力。我们服务的网络

---

① Google，谷歌公司。

到了 2 万亿美元规模的时候，我们的能力可以更好地帮助客户创造价值、减少客户成本、提升客户效率，如果我们能为客户网络额外创造 1000 亿美元的价值，客户就会愿意分享其中的一部分给我们，比如 200 亿美元。（来源：《横向打通，混合编队上战场，天涯海角做将军》，任正非在西安全球技术服务中心的讲话，2018）

GTS 数十年、数万人、数百万次业务实践中积累起来的感受，不是一下能编出来的，制造只有西门子、达索、博世、GE[①] 这些公司，做了好的工业互联网。必须搞过十几、几十年积累，我们把经验变成数字化、电子化，就是网络管理工业互联网。（来源：《横向打通，混合编队上战场，天涯海角做将军》，任正非在西安全球技术服务中心的讲话，2018）

对于工程和维护质量评价要素很多，有作业后的现场照片记录，有站点打卡，有技术变更方案的记录，还要继续完善数字化作业系统，进一步推行"作业即记录，记录即数据"的数字化平台理念。积极使用机器视觉、知识图谱等新技术，同时要加强大数据的运营，通过运营，我们进一步提高我们的管理水平，可以知道分包商的工程质量，员工的作业质量和技能水平，工具开发的性能情况，提高我们机关的服务水平。（来源：《机关全心全意为一线服务才能创造价值》，任正非在企业 BG 组织优化高阶设计工作汇报会上的讲话，2022）

终端服务体系要脚踏实地，做好面向消费者的大服务

对于消费者 BG 而言，就是要改善为优质用户服务的质量，包括产品质

---

① GE，美国通用电气公司。——编者注

量、销售、售后……各个为用户服务的环节。我们还要贴近用户服务，把用户体验往前移。消费者 BG 要继续改善服务，客户服务就包括研发、制造、供应链一系列问题，要去系统规划。（来源：《"脚踏实地，做挑战自我的长跑者"》，任正非在消费者 BG 2015 年中沟通大会上的讲话）

我们严守两个承诺，一个是知识产权的承诺，一个是产品质量的承诺，我们只要赚到钱，就改善服务，就去投资，这就是范弗里特弹药量嘛。全球的服务体系要赶紧快速建，快速建来不及，就在国内培训，国内培训后优秀的服务人员就外派，将海外国家的服务能力建设好后，就让本地服务团队服务好当地消费者，外派队伍就逐渐后撤。（来源：《CBG 服务体系要做"成吉思汗的马掌"，支撑我们服务世界的雄心》，任正非在消费者 BG 服务策略汇报会上的讲话，2015）

终端一定要把服务体系建起来。技术上别人能赶得上来，我们一定要在别人赶上来之前，把服务体系……各种体系建好。服务体系就是给成吉思汗的战马钉个马掌，不然是软的，跑不动。我们要学习、吸取别人的优秀之处，在有利润时期加快服务体系建设，即使别人赶上来了，咱们比赛服务、质量，（也）还能维持一段。（来源：任正非，《多路径，多梯次，跨越"上甘岭"，攻进无人区》，在巴展和乌克兰谈话要点，2016）

我们还要学习苹果公司的服务体系，你们去随便找一个苹果门店，处理方法和华为门店完全不一样。不只是售后服务，我认为是大服务的概念。我们说"以客户为中心"，看到客户口袋里的钱，但是我们取之有道，合理地赚钱。我们要让消费者自动把钱拿出来，服务也是最重要的一个环节。（来源：任正非在消费者 BG 年度大会上的讲话，2017）

质量、体验和服务是我们胜利的三大法宝。第一，产品质量要好，就能减少维修和服务需求。我们要向德国、日本电器学习，几十年不坏。第二，体验要好，客户才有忠诚度。比如新皮鞋，一般都会夹脚，但是爱马仕，因为有大数据支撑，新鞋也不磨脚，一旦穿了就会一直买，这就是体验。第三，服务要好，能一站式解决客户问题，不一定要上门服务。呼叫中心的客服人员要苦练基本功，深刻理解产品，烂熟于胸，能够通过远程服务快速解决客户的问题，做好服务考核。（来源：《活下来是为了明天的胜利》，任正非在听取CBG南泥湾项目汇报时的讲话，2020）

第三部分
从战略到执行，从 CEO 到员工

华为的商业模式就是"力出一孔,利出一孔",这是我们胜利的基础。

——任正非

10
战略质量

在大机会时代,要拒绝机会主义。过去 30 多年,华为对准同一个城墙口持续冲锋,厚积薄发,成为行业领先;未来,华为还要聚焦战略,有质量地活下来,为世界做出贡献。

华为选择的主航道是具有巨大空间、战略制高点和长期价值的产品领域,投资回报周期长,投入金额巨大,要有战略定力,不为短期机会所诱惑,不在非战略机会点上消耗战略竞争力量。华为坚持聚焦主航道、主战场,收缩核心,放开周边,有所不为有所为;在主航道加大投入,通过压强原则获得领先优势,构筑起竞争力与护城河;在面向未来的战略突破口聚集人才,从基础理论上扎深、扎透,多路径、多梯次、多场景化地开展研究,实现从理论到工艺等系统性突破。

发挥"云—管—端—芯"综合优势,构筑有韧性的产业组合。华为已形成了 ICT 基础设施业务、终端、华为云计算、华为数字能源、智能汽车解决方案等产业责任主体以及 2012 实验室、海思为技术支撑的产业和技术布局,每个产业都要聚焦自己的战略方向进行投资,多产粮食且持续增加土地肥力。

聚焦战略，力出一孔，不在非战略机会点上消耗战略竞争力量

我们要力出一孔，力量从一个孔出去才有力度。我们"利出一孔"做得比别人好。但是我们的"力出一孔"做得不好，研发的力量太发散，让竞争对手赶上来了。每一个产品线、每一个工程师都渴望成功，太多、太小的项目立项，力量一分散就把整驾马车拉散了。你们无线产品线要力出一孔，要加强向主航道的投入，提高主航道的能力，在主航道上拉开与竞争对手的差距。要有战略集中度。你们不知道水能切割钢板吧？造船厂很多钢板都是用水切割的，高压的水穿过很细的孔，力量是很大的。（来源：任正非，《力出一孔，要集中优势资源投入在主航道上，敢于去争取更大的机会与拉开更大的差距》，汇报无线业务会议纪要，2011）

公司战略要聚焦到大数据流量的主航道。第一，高端产品（包括数通）要敢于抢占战略高地，从上向下辐射，高端产品不要卖得那么便宜。以前我们是农民，从下向上打，员工加班加点、艰苦奋斗，用低价格破坏了世界电信市场秩序，伤害了竞争对手。成功了我们想赚钱也是不可能的了，所以要改变现状。第二，中低端产品一定要保证高质量、低成本，要把山口、山腰围起来形成规模市场，而且质量要做到终身不维修。（来源：任正非在重装旅集训营座谈会上的讲话，2013）

我们公司在技术战略上强调"针尖"战略，正因为我们这二十几年来加强压强原则，坚持只做一件事，坚持像"乌龟"一样慢慢地爬，才有可能在几个领域里成为世界领先，但现在领先的只是技术，并非地盘。（来源：《喜马拉雅山的水为什么不能流入亚马孙河？》，任正非在拉美及大T[①]系统部、运营商BG工作会议上的讲话，2014）

---

① 大T，大型运营商，它一般在多个国家运营电信网络。

现在每个产品线都很兴奋地横向扩张，我们这么大的平台去做一个鸡头很容易，鸡头对战略没有意义，会削弱进攻主战场的力量。我们要坚持不在非战略机会点上，消耗战略竞争力量。（来源：任正非在2018年IRB战略务虚研讨会上的讲话）

什么叫战略？什么是主航道？我认为，像华为这样"大杂烩"的公司，是有能力突到世界的前面来的。但我们无限大的抱负要与我们有限的能力结合起来。要集中兵力聚焦在用复杂的、可复制的硬件平台与复杂的软件和算法平台组成数字世界的智能基础设施，进入市场竞争。此类产品具有较大的商业空间，同时技术门槛又高，未来需要持续快速进步的有理论支撑的产品，这才是我们的战略方向。这适合我们云集了大量人才的公司的奋斗力量的发挥，也有利于与其他友商拉开差距。软、硬件我们要能扎到根的，没有稳固自己的生存与生长基础，我们未来还会在风雨飘摇中耽误前进的时光。同时要努力和生态伙伴一起创造茂盛的生态，产生巨大的商业价值，支撑我们的理想实现，这就是我们的主航道。这（应）作为我们的战略价值导向。各业务都会有自己的战略假设，但都要围绕价值创造。（来源：任正非，关于"什么叫战略，什么是主航道"的讨论，2022）

坚持在主航道上加大投入，不论我们在世界上处于何等环境、什么条件，坚定地追求行业领先的理念不动摇。坚定地追求行业领先，才能最大限度激发组织的创新能量；全面提升华为的系统综合能力，才能把几十年压强投入的成果串起来，取得商业价值。（来源：任正非，关于"什么叫战略，什么是主航道"的讨论，2022）

我们要战略聚焦，敢于取舍，敢于放弃一部分国家，放弃一部分客户，放弃一部分场景，放弃一部分产品线，放弃一部分军团，聚焦价值市场、价值客户，帮优质客户提升竞争力，最终实现大平台支撑下的精兵作战。（来源：《坚定不移为客户创造价值，同时实现自己的价值》，任正非在企业BG组织优化思路和方向汇报会上的讲话，2022）

小公司建议不要着急去做多元化，多元化会分散投入，最后导致在主产品上不够精进。多元化与专业化往往很难兼顾。小公司首先要把"豆腐"磨好，把"豆芽"发好，产品好才有市场，有市场才是胜利。我认为，唯有"提高质量"一条路。我们要相信，把"豆腐"做好了，就一定能畅销。（来源：《滴水之恩，必将涌泉相报，携手共进，共同托起中国电子工业的未来》，任正非在突出贡献供应商座谈会上的讲话，2022）

多路径、多梯次、多场景化研究，厚积薄发，实现战略突破

我们在主航道中的创新极其艰难，没有厚积不能薄发。20多年来，我们在汹涌澎湃的"刚果河"里划船去搏斗才到达了起跑线，到了起跑线能不能突破？还是很难的，突破就是奥运会金牌。在主航道的任何突破不只是华为公司的突破，是代表人类社会的突破。（来源：任正非在2015年中子公司董事赋能研讨会座谈的讲话）

在主航道的研究要坚持多路径、多梯次、多场景化的道路不动摇。多路径的好处，可以快速找到战略机会的突破点，或勘定边界。清晰战略突破点后，要敢于（使用）"范弗里特弹药量"（在战略突破口聚集人才，以及多梯次的人才布局）。但永远不要关闭其他路径的研究，它至少可以培养开放思想的人才。一旦我们战略突破口选错了，我们立即转向，仍然有一批精干的轻骑兵等着领导我们大部队转换队列。（来源：《在攀登珠峰的路上沿途下蛋》，任正非在上海研究所听取无线业务汇报的讲话，2018）

我们把松山湖作为一个作战基地，我认为外国科学家要占有一定的规模

数量。当年 IBM 在 PC[①] 领域是落后于苹果的，IBM 为了超越苹果，在一个湖边集结 5000 人进行战略突破。我们现在也是在湖边，也聚集上千人，其中有 1/3 是外国科学家、专家、年轻人，多种文化、多种思想、多人种的思维方式进行碰撞，相信总会产生一两点火花，带来更多创新。（来源：任正非在贝加尔湖项目组座谈会上的讲话，2019）

什么叫战略？就是能力要与目标匹配。我司历经三十几年的战略假设是："依托全球化平台，聚焦一切力量，攻击一个'城墙口'，实施战略突破。"而现实是我们的理想与我们的遭遇不一致，美国的制裁使我们全球化战略不能完全实施，我们可能依靠不了部分全球化平台，至少最先进的美国平台不支持我们。现在必须全面靠自己打造产品，这使我们的能力与战略极大的不匹配，是我们最薄弱的环节，逼着我们从小学生做起，而且要快速跳级再跳级到博士，我们哪有这么大的弹跳能力。（来源：任正非，《星光不问赶路人》，2020）

努力找到战略突破口，从基础理论上扎深、扎透，多路径、多梯次、多场景化地开展研究，实现从理论到工艺等系统性突破。每一个技术发明都是在最困难点产生的，它带来一片新的气象。（来源：《俏也不争春》，任正非在技术体系 821 战略规划汇报会上的讲话，2021）

战略突围要形成梯次性推进，一年一年递补上去，逐步突围。"进攻是最好的防守"，除了正常业务按计划走以外，各产业都要找到突破口，炸开它，突破"乌江天险"，走出困境；强渡"大渡河"，摆脱生存危机。对于正常作战战线，我们按计划投入，适当加大配置比例；对于突破口业务，扩大资源供给，进攻力量不能减弱，要逐步加强，什么时候都突破了美国封锁，胜利会师"吴起镇"，"三军会合尽欢颜"。随着各个队伍越来越接近胜利，我们的信心就越来越强。（来源：《狭路相逢勇者胜，争做英雄儿女》，任正

---

① PC，personal computer，个人计算机。

非在公司战略突围及 AI 昇腾专项汇报会上的讲话，2022）

向下扎到根，向上捅破天，保障在 ICT 基础设施领域胜利

我们现在已经把无线、接入网、传送网、数据通信和核心网切出来，承担网络联接解决方案的使命，全流程打通，做全世界最好的联接、最透明的管道。（来源：《对准联接领域绝对领先，不断激活组织，改变作战方式，提升作战能力和效率》，任正非在运营商 BG 组织变革方向汇报会上的讲话，2019）

全公司从上到下都要统一思想，我们必须在主航道（ICT 基础设施）上胜利，我们要力保在 ICT 基础设施产业上成功，坚持有所为、有所不为。华为公司为什么会遭遇到美国这么大的打击？因为我们在光传输、无线、芯片、计算与存储、人工智能这五个方面可能动摇了美国在世界的领导地位。（来源：任正非在四季度工作会议上的讲话，2020）

无线要保持绝对领先。当前 5G 毫米波基站存在覆盖瓶颈，功率低、效率低，你们要扎到根，深入下去研究材料和元器件的机理，解决高频、高功率、高效率的技术，挑战高频连续覆盖的世界级难题；网络要敢于超越，敢于提出 New IP[①]，在 IP 领域捅破天，在网络的确定性服务能力、内生安全、隐私保护、灵活长度地址和多样化寻址能力上形成突破；光产业要不断突破光纤的容量极限，在非线性和全双工波分领域实现理论突破，同时要像无线一样不断扩展光纤的可用频段，从 C 波段走向 L/S/E 等新的波段，推动光纤

---

① New IP，Network 2030 and the Future of IP，简称"New IP"，是华为联合中国联通、中国电信等向国际电信联盟提议的一项新的核心网络技术标准。IP，internet protocol，互联网协议。

容量摩尔定律不断发展。你们要向下扎到根，全面梳理光产业的关键技术要素，加强研究和储备，为公司生存筑底；计算要延续摩尔定律、超越摩尔定律。计算的本质是利用材料和器件的特定物理化学效应，匹配合适的计算数学模型，并依托相应的系统架构来解决可计算的问题。（来源：任正非，《勇敢攀登"珠峰"，一切皆有可能》，在中央研究院实验室参观及听取汇报座谈会上的讲话纪要，2020）

华为要打造领先的ICT基础设施，要在联接、计算与企业存储和华为云三方面都取得胜利。在继续增强联接的同时，强化软件力量的建设，构建一个好的华为云平台、云生态，把适合上云的行业场景牵引客户优先上华为云，成为政企上公有云的首选。通过客户上华为云，反逼华为的平台进步。我们要将联接、计算与企业存储和华为云有机融合，构筑面向所聚焦的行业场景的行业"智能体"，助力智能升级。（来源：任正非在企业业务及云业务汇报会上的发言，2020）

我们要立足中国，面向全球，基于鲲鹏、昇腾打造中国先进安全的算力底座，为世界构建算力平面第二选择。算力是推动数字经济发展的主引擎，算力水平决定了国家数字经济未来，国家关键信息基础设施的安全也高度依赖算力底座的安全。过去几年公司在计算基础技术上投入大、布局完整，创新的技术和生态路线取得良好进展，有明显先发优势。把握产业机遇，打好算力会战，构建先进安全的算力底座，主观上是为了我们自己计算产业的商业成功，客观上也为国家数字经济发展打好基础。（来源：任正非，《把握战略机会，打造世界算力第二平面》，与算力会战部分主管、专家座谈纪要，2021）

在存储这类可能突破的方向上，要加强理论投入。像太平洋会战的攻关题目，每年要滚动更新，一定要在理论上领先世界，称雄世界的基础就是理论，既然找到了这个突破口，就要扎深、扎透。除了理论领先，还有工艺等各个方面，这是一个系统工程。未来，存储的地位越来越重要，我们不仅要追求先进性，还要实现低成本，实现从理论到工艺等系统性突破。（来源：《俏也不争春》，任正非在技术体系 821 战略规划汇报会上的讲话，2021）

ICT 基础设施承载构建国家安全、稳定、可靠的通信与信息技术底座和支持国家实现网络安全与信息安全的使命，所需要的基础软硬件技术都要扎到根，且要敢于捅破天，持续追求领先。（来源：任正非，关于"什么叫战略，什么是主航道"的讨论，2022）

终端垂直整合，做强核心功能，带动中国电子工业崛起

希望终端不要完全走高端路线，因为高端很容易饱和，需求非常小，在饱和曲线上提升一点点都很困难，所以我们要横向发展，也要走大众化的路线。终端和 CNBG 不一样，CNBG 必须做到高端才能领先世界，但终端是越往高端，边际效益就越来越低。（来源：《活下来是为了明天的胜利》，任正非在听取 CBG 南泥湾项目汇报时的讲话，2020）

终端要坚持垂直整合，集成麒麟、整机、鸿蒙操作系统、HMS 生态，来实现极致性能和极优体验。要做强长板（通信、照相、音视频等），强化外观设计，力争实现海量销售。（来源：任正非，关于"什么叫战略，什么是主航道"的讨论，2022）

手机聚焦到六个核心功能：颜值（工业设计）、拍照和显示、通信体验、流畅性能低功耗、音视频、高品质高可靠，组织"特战队"会战解决这六方面关键问题。我们的盈利模式，最主要是把产品卖出去赚钱，而不是必须有很宽泛的功能，不能为了照顾一些不重要的小功能，消耗很多算力。我曾对智能穿戴团队讲过，穿戴产品测量一定要准确，宁可少测几项指标也要保证准确性，如果一会儿准确、一会儿不准确，可信度就没有了。如果有一个核心需求得不

到满足，可能就把 99 个"锦上添花"的功能全打倒了。（来源：《聚焦主要性能需求，减少或关闭次要功能的投资，集中精力打"歼灭战"》，任正非在手机产品管理团队誓师会、拍照及通信特战队思路汇报会上的讲话，2022）

如果能实现 2 亿部手机发货，我们就能把整个国家电子工业带起来了，可以算一下 2 亿部手机加上"+8"产品需要的中国电子工业的支撑量大概是多少。其次，鸿蒙软件有了搭载的"船"，就能走出去，真正可能成为全球第三大操作系统。同时，会有更多的伙伴愿意搭载在我们的终端上，形成新的外围生态圈。（来源：《狭路相逢勇者胜，争做英雄儿女》，任正非在公司战略突围及 AI 昇腾专项汇报会上的讲话，2022）

归拢产品规划组织，聚焦核心特性进行 Top-Down① 规划，建立价值特性看护机制，持续打磨体验，打造精品。第一，终端 BG 要建立统一的产品规划组织。规划团队分散是产品不聚焦的根源，要确保规划团队力出一孔，提升系统设计队伍的软硬件综合能力，系统规划价值特性。第二，优化开发流程，在每一个流程节点审视是否聚焦六大核心功能，持续砍"鸡头特性"。第三，开展全量特性价值回溯，通过"特性管理四象限法"持续"日落"低价值特性。（来源：《坚持战略聚焦，为战略突围整编一支能征善战的正规军》，任正非在终端小特性"砍鸡头"对标会上的讲话，2023）

发挥"云—管—端—芯"综合优势，
构筑有韧性的产业组合

我们的网络联接解决方案，也包括云和 AI 解决方案，要做系统性架构创新，不能只是单点创新。我们可以超越当前的标准接口的定义，面向最佳

---

① Top-Down，自上而下。

用户体验、最佳性能，进行系统创新。从单点突破，牵引多点突破，推动系统优化创新，充分发挥我司端、管、云协同的优势，以及垂直整合的能力，做最优的网络联接、最安全可信的"管道"。（来源：《我们要和时间赛跑》，任正非在无线大会上的讲话，2019）

我们公司在大的优势上超越美国是困难的，美国的技术很强，但是我们综合起来就有实力了。端、管、云、芯——世界只有华为一个公司，综合平台就是我们的优势，我们完全可以在这个综合优势上做到世界第一。（来源：任正非在专委会建设思路汇报、研发专家代表及专委会代表座谈会上的讲话，2020）

我们公司有一个优点，世界上像我们公司这么一个"大杂烩"、开杂货铺的公司几乎没有。那么我们一定要发挥杂货铺的优势，这个优势就是：人才五大洲四大洋、专业四面八方、内容包罗万象。天生我材必有用，我们这个"大杂烩"走到今天不容易，就一定要发挥优势，只要领先那么一点点，就能抢占先机，我们只管往前跑，你领先了就是事实标准，统一了生态，就赢得了未来。（来源：任正非，《软件将吞噬一切》，与欧拉会战部分主管、专家第一次喝咖啡的纪要，2021）

从客观现实来看，在先进工艺、先进硬件受限的情况下，我们很多产品都要对业务做系统性的重构，然后借助云的力量，用云来补充硬件能力。比如云助端，我们拿不到先进制程芯片，但可以利用我们在通信领域的优势，把数据上传到云上计算，再传回到端侧。不仅要"补"短板，以软补硬、以云补硬，也要考虑"提"长板，发挥软硬协同、性能倍增、以云强网、以网促云端芯的一路贯通与高效协同。华为系统性竞争力的提升，就是要软件补硬件、云补硬件，云要优先给华为各个业务提供最优质的服务，支持华为整体产品竞争力的领先，并带动华为整体产品对客户多创造价值，而不是强调华为云自己赚了多少钱。（来源：任正非，《望得见的地方是战略转折的拐弯点》，关于华为云战略的讲话纪要，2022）

我们不断优化产业组合，现在已经形成由 ICT 基础设施、终端、华为云、数字能源和智能汽车解决方案等面向客户的产业组合，以及由 2012 实验室、海思作为后盾的技术支撑平台。这些产业中，既有传统的优势产业，也有开创型的产业；既有稳定发展的产业，也有快速成长的产业；有依赖先进工艺的产业，也有不依赖先进工艺的产业；有硬件主导型产业，也有软件主导型产业。无论从产业结构看，还是从未来发展空间看，我们已经构筑了一个有强大韧性的产业组合，从而为公司的持续生存和发展奠定了坚实的基础。（来源：《华为投资控股有限公司 2022 年年度报告》）

安全、稳定、高质量是客户信任的基础，是华为云的生命线。华为云在公司内部的定位是成为各个业务、各个军团、各个板块的云底座，同时市场的高速发展和客户数量的规模增长，使得华为云覆盖的客户范围越来越广，承载的业务也越来越多，尤其部分客户的业务涉及国计民生，这对基础设施、网络、IaaS[①] 和 PaaS[②] 的基础质量均提出了更高的要求。"安全、稳定、高质量是华为云的生命线"，是华为云整个业务战略的基础。如果没有这个基础，华为云就不能获得客户的信任。所以，我们要加大投资，将华为云打造成最安全、最可靠的云。（来源：张平安，《安全、稳定、高质量是华为云的生命线》，2023）

---

① IaaS, infrastructure as a service, 基础设施即服务。
② PaaS, platform as a service, 平台即服务。

11
经营质量

活下去，是华为的最低纲领和最高纲领。华为不唯股东利益最大化、不唯员工利益最大化，华为坚持以客户利益为核心而努力奋斗，在此基础上，以生存为底线，改善经营质量，提高盈利能力，坚持有利润的增长、有现金流的利润，实现"有质量地活下来"的目标。

华为在经营管理上以业务为主导、以财务为监督。业务为主导，是指通过技术创新和市场扩张，创造和引导需求，抓住机会；财务为监督，就是为保障业务实现提供规范化的财经服务，同时要履行公司赋予的管理与监控职责。财务与业务形成混凝土结构，在积极进攻中实现稳健经营的目标。

优质资源向优质客户倾斜，帮助客户实现商业成功，华为也能从优质客户中获得回报，从而有资源投入进一步的优质服务，实现高质量的经营循环。华为公司的增长要建立在高合同质量上，才能保障对客户的高质量交付，也保证公司商业目标的达成。

华为建立了问责机制，打击做假账、说假话，确保账实相符、数据清洁，输出高质量的财报；加强风险管理和流程内控，遵纪守法，合规经营，以规则的确定性应对结果的不确定性。

多产粮食，增加土地肥力，
有质量地活下来

一定要恢复盈利能力，才能支撑战略目标的实现。不仅平台产品要提高竞争能力，而且颗粒产品要输出更大的贡献。我们绝不允许企业BG、终端公司，以世界排名为目的，以赶超思科、苹果为目标。我们还是强调在新一年里，不能提供利润，又不能提供战略利益的主管要免职。（来源：《不要盲目扩张，不要自以为已经强大》，任正非在市场工作大会上的讲话，2012）

在SP①和BP②，即战略制定到执行的工作过程中，财务组织应结合业务的长期战略诉求和当期经营目标，制定经营管理的规则，并通过管理规则来牵引业务在长期战略和当期经营上实现自我平衡。不因当期经营压力而削弱了长期战略投入，也不因保障战略投入而无限期失血，经营管理的理想状态应该是"碗里要有饭，田里要有稻，仓库里要有米"。（来源：孟晚舟，《预算牵引资源，配置对准战略》，干部大会学习心得，2014）

变革的目的就是要多产粮食（销售收入、利润、优质交付、提升效率、账实相符、"五个一"……），以及增加土地肥力（战略贡献、客户满意、有效管理风险），不能对这两个目的直接或间接做出贡献的流程制度都要逐步简化。这样才可能在以客户为中心的奋斗目标下，持续保持竞争的优势。（来源：《变革的目的就是要多产粮食和增加土地肥力》，任正非在2015年市场工作会议上的讲话）

改善经营质量，提高盈利能力，坚持有利润的增长、有现金流的利润，以生存为底线。不允许业务作假，包括无合理商业理由的长期利益牺牲，以换取当期收入确认。作假造成的部分直接损失，由主官承担50%，其余50%由主官分配给相关责任人承担。（来源：EMT纪要〔2017〕024号）

---

① SP，strategy plan，战略规划。
② BP，business plan，业务计划。

落实长效管理机制，抓好代表处经营质量提升。第一，及时进行资源弹性调整，真正实现敏捷经营。第二，各司其职，抓好长效管理机制。经营质量提升最终的承重墙在代表处，代表处的经营质量决定了我们整个集团的经营质量。只有例行化、规范化运转起来，经营质量才有保障。我们不需要靠太多的灵感，靠的是规范的持续运营及长效管理机制。（来源：《坚持聚焦战略机会点，构筑不可替代优势，积极管控风险，落实长效经营管理机制》，胡厚崑在 2019 年 4 月二季度工作会议上的总结讲话）

战时状态，既要激进又要保守。市场努力向前进攻，加强经营质量；研发坚持加大战略投入，"向上捅破天，向下扎到根"。在市场上，既要激进又要保守，提升经营质量的同时，努力实现年初预定销售目标。今年最重要的两个问题：一是提升经营质量，对各级部门都很重要；二是经营数额上尽量减少与年初目标的差距。（来源：任正非在运营商 BG 组织变革研讨会上的讲话，2019）

我们要充分认识到生存环境的困难，对未来过于乐观的预期情绪要降下来。各部门要深刻理解"活下来，有质量地活下来"，在经营上要从追求规模转向追求利润和现金流，在投入上要更聚焦，并有效地使用预算，避免盲目扩张、盲目投资。同时，我们为了活下去，该投入的还是要投入；为了激发战斗力，该花的钱还是要花。对业绩优秀的团队要敢于激励，对贡献大的员工要继续升级加薪，我们还会继续开展鼓舞士气的荣誉表彰，通过繁荣园区环境营造充满活力的工作氛围。华为的未来不是省出来的，是靠有效投入和全体员工努力奋斗创造出来的。（来源：《关于 2022—2023 年公司经营方针的决议》，华为 EMT 决议〔2022〕005 号）

经营质量和增长不是对立的，增长本身就是经营质量的重要部分，不能认为提升了经营质量的要求，就压缩了增长的空间。在华为的运营模式中，甚至可以说增长是一切经营质量的基础和源泉，没有增长就很难实现高质量的经营。当然，增长不局限于收入规模，也包括利润和现金流。（来源：《积

极适应环境变化，构建贴近市场的核心能力，实现长期、稳健地高质量增长》，孟晚舟在2023年二季度工作会议上的讲话）

  项目管理第一要考虑目标价值：要达成什么目标，给客户产生多少价值，给自己产生多少粮食。比如，研发的产品做得好，利润率比较高，这是产品线有水平。产品质量好，不用维修，可以在生命过程省下多少经费，更是大价值贡献。维修太多的产品要对研发、制造队伍……反向激励。创新要大胆，质量要高度重视，成本要合理控制，平衡要系统思维。用线性思维做不好研发项目管理，超过系统要求的单项指标是没有价值的。第二要考虑能增加多少土壤肥力。项目管理将成为我们各级管理干部和专家的一道入门题，入门就像新兵训练一样，要打一枪，要甩个手榴弹，要不怎么能够上战场？（来源：任正非，在2023华为项目管理论坛上的讲话纪要）

业务为主导，财务为监督，抓机会的同时稳健经营

  我们要继续坚持业务为主导、会计为监督的宏观管理方法与体系的建设。什么叫业务为主导，就是要敢于创造和引导需求，取得"机会窗"的利润。也要善于抓住机会，缩小差距，使公司同步于世界而得以生存。什么叫会计为监督，就是为保障业务实现提供规范化的财经服务，规范化就可以快捷、准确和有序，使账务维护成本低。规范化是一把筛子，在服务的过程中也完成了监督。（来源：任正非，《华为的冬天》，在科以上干部大会上讲解《2001年十大管理工作要点》）

  在管理进步中，财务的进步是一切进步的支撑，可喜的是这些年财务终于没有拖了业务的后腿。没有优良的财务管理，没有可靠的监控，我们的授权就不能完成，前方就不能直接呼唤炮火，官僚、臃肿的机构长存，我们如

何能活下来？我们要坚定地支持公司的 IFS 变革，通过 3～5 年的努力，实现"加速现金流入，准确确认收入，项目损益可见，经营风险可控"的变革蓝图。（来源：《市场经济是最好的竞争方式，经济全球化是不可阻挡的潮流》，任正非在财经系统表彰大会上的讲话，2009）

财务不是决策者，是建议提供者和业务监督者。不了解业务，怎么能有效地服务和监督？满足业务的合理需求，提供有价值的财经服务，能够识别业务的合理性与真实性，提供有效监控，协助业务主管成长，而不是人云亦云，道听途说。业务主管是第一责任人，承担管辖范围内的经营风险及内控责任。财务是各级业务主管的助手，提出建议和揭示风险，你是团队的一员，应做好你的角色。财务与业务是唇齿相依的，只有共同成长，才可能拥有希望。财务做得不好，业务也不可能独善其身。（来源：任正非，与财经体系员工座谈纪要，2011）

传统财经组织，主要是会计、出纳、融资等基础功能，扮演的是"记分员"角色，是数据的处理者。而今天我们对财务组织的要求是，有效执行核心财务活动，积极协同业务共同管理经营绩效及风险，通过公允、准确的财务信息支撑业务，持续提高经营绩效，在扩张与控制中实现平衡。（来源：孟晚舟，《财经：从"记分员"到"价值整合者"——写在财经流程架构 V2.0 发布之际》，2012）

在服务业务的过程中，要坚持业务为主导。但财务管理服务的过程并非被动的，应积极有为，全世界的 CFO[①]，都是企业最重要的决策者，就是财务在服务中，用标准的筛子，执行财经流程的过程。懂业务、理解业务，才能更好地服务业务与管理业务。建立并实现从计划预算到核算的闭环回溯机制和弹性管理机制，就是最好的财务综合管理。（来源：任正非，与财经体系干部座谈纪要，2012）

---

① CFO，chief financial officer，首席财务官。

我们要建立一个开放前进的作战方针，绝不能以财务为中心来局限战略业务的发展。这个时候更加强调"业务为主导、会计为监督"的原则。在制定预算时，你们不要量体裁衣，如果过于精打细算，可能会错失机会；也不能为了分红倒推预算管理，把现在的资源锁死以后，就是一个保守的作战方针，最后可能会导致失败。你们重点是解决作战和产粮的问题，不要怕消耗"炮弹"，2022年要把"炮弹"全打出去，找到突围口，并扩大突破，才能创造出成绩来。至于能不能支撑预算，你们不用担心，我会想办法解决。（来源：任正非在2022年预算思路对标会上的讲话，2021）

优质资源向优质客户倾斜，实现高质量的经营循环

我们要靠产品的质量优良，靠我们收回来的服务费来支持优质的服务。（来源：任正非在三季度营销例会上的讲话，1999）

我最近一直在提倡一个观点，就是优质资源要向优质客户倾斜。服务好优质客户，就是对优质客户最大的回报……赚了钱我们才有生存和发展的基础，对于优质客户，我们最好的回报就是配置优质资源服务好你们，使你们获得更大的成功，这样才是一个好的循环。（来源：任正非，和广州代表处座谈纪要，2013）

我们是能力有限的公司，只能重点选择对我们有价值的客户为战略伙伴，重点满足客户一部分有价值的需求，不能算是不谦虚。业软①交不出利润的原因就是为了满足客户太多需求，什么都做，最后做不出有竞争力的主力产品来。所以我们的经营模式要转变。战略伙伴选择有系统性，也有区域性，

---

① 业软，指华为公司业务与软件产品线。——编者注

不可能所有客户都是战略合作伙伴。（来源：《做谦虚的领导者》，任正非在 2014 年市场大会上的讲话）

持续对优质客户改进服务质量，同时改进我们的收益，应该把优质服务作为我们的生命线。中国区要全员苦练基本功，提高队伍服务客户的能力与服务责任心。不要利用客户对我们的同情和支持，而忽略了我们的责任。（来源：任正非在中国地区部年度工作会议上的讲话，2021）

未来三年，我们准备放弃一部分国家、放弃一部分客户、放弃一部分合同、放弃一部分产品线、放弃一部分军团，收缩战线，内部组织聚焦，提高产品竞争力，集中精力为优质客户提供服务，并提高自身的经营质量。（来源：任正非在研发结构务虚讨论会上的讲话，2022）

建立端到端的合同管理及考核机制，从合同源头抓交易质量

公司将逐步加紧合同风险的评估与控制，逐步地提高合同质量。我们要聚焦到目标运营商，加大对融资、货款回收的标准化作业的规范管理。资金管理部要多贴近资源，市场财经部要多贴近客户。（来源：任正非，与市场融资小组的座谈纪要，2005）

继续从合同源头抓交易质量、合同付款条款和验收条款，同时要把条款、签约、价格三个授权管理文件落实到流程和组织中。近期抓紧对市场人员进行授权管理文件和销售四要素的强制性学习和考试，这将有助于从源头改善交易质量。（来源：EMT 纪要〔2008〕035 号）

提高合同质量必须落实到考核激励机制上。公司的考核要更多地与销售收入和利润及现金流挂钩；公司的激励机制要让那些合同质量好的地区得到更多的奖金，让合同质量差的地区承担一部分损失。今后的经营审视汇报，

要把销售收入和利润放到前面讲,把订货和发货放到后面讲,从各个方面形成正确的导向。(来源:EMT纪要〔2011〕011号)

提升合同质量首先要理解客户需求,确保源头的准确性。从客户端,来到客户端,就是端到端。对我们公司来说,现在直接从客户端到客户端,不现实,有困难。所以公司把端到端收缩到从公司到代表处端,从代表处到站点端。一定要从客户端合同的质量和准确地理解客户需求开始。所以在理解客户需求的时候,一定要提高自己的理解的技能,提高自己执行的水平,确保源头的准确性。(来源:任正非在秘鲁代表处座谈会上的讲话,2014)

销售合同管理要从被动走向主动,面向未来建立科学的合同管理体系,输出规范化标准,实现合同管理的流程化、机制化,持续改进合同质量。合同质量既支撑商业目标的达成,也是公司面对重大风险的屏障。我们要坚持签高质量的合同,要有合理的利润和现金流,可供应,可交付,可验收,回款有保障;风险敞口可控,责任界面清晰,有效期合理;对于已经签的质量差的合同,特别是风险高、持续亏损、现金流差的合同,主动规划改进;进一步识别现有长周期合同的风险与责任,并进行管理。(来源:任正非在销售合同关闭工作座谈会上的讲话,2021)

公司在螺旋式前进,尤其是合同在代表处审结后,围绕着项目的精细化经营在提升。不过,合同的跑冒滴漏情况仍然存在,值得管理和改进的地方(有)很多。利润多的时候,我们经营粗糙些还能承受,所有的商品最终都不会持续有高附加值,商品普遍化以后,企业的盈利能力下降是必然的,我们一定要更加努力地管理好跑冒滴漏,支持科学合理生存。(来源:《强化管理深度,提升合同质量,管好"跑冒滴漏"》,任正非在精算师队伍建设方案汇报会上的讲话,2023)

数据清洁，杜绝作假，账实相符，输出高质量的财报

财务数据的真实、准确依赖于前端流程规范和数据清洁。账务要勇于面对困难，把最优秀的员工派到前线，把账务要求带到作业的过程中去，通过参与业务来落实账务要求。只有规范前端业务行为，才能提高财务数据质量。（来源：任正非，与毛里求斯员工座谈会议纪要，2012）

建立问责机制，打击做假账、说假话，确保账实相符。账实相符一定要逐渐实行纪律措施，问责制和表彰制并行，拉开差距。从现在开始，打击做假账、说假话，加大惩罚力度，增加120%以上的系数给扣回去。如果人人都讲假话，账实相符根本就无法实现。（来源：任正非在小国综合管理变革汇报会上的讲话，2014）

作为财务报告和财务数据的 Owner[①]，财经组织承担了财报内控的责任，负责建立有效的财务报告内控制度，并在相关组织内推行落地。财经组织并不能对所有业务数据质量负责，而是依靠建立有效的、完善的内控机制，推动各业务主管和流程 Owner 对其所辖领域的业务数据的质量负责，保证业务数据及信息的真实、完整、及时、可靠。财经的责任是建立有效的内控体系，业务的责任是严谨地履行内控责任。（来源：孟晚舟，《财报内控是手段，账实相符是目标》，2014）

公司一直强调，主官必须讲老实话、做老实事，目标紧紧盯在胜利上。业务人员不允许作假，真实性要从源头抓起。安然、AIG[②]、雷曼等大公司都是涉及经营质量问题，自毁前程。所以，大家要看到这种危机，不要看华为今天的经营情况好，如果肚子里是一包"草"，而不是"粮食"，遇到重大风

---

① Owner，责任人。
② AIG，美国国际集团，是一家以美国为基地的国际性跨国保险及金融服务机构集团。——编者注

险的时候，没有"粮食"可以兑现，就会瞬间崩溃。没有谁会永垂不朽。我们一定要重视经营质量，不要把明天的东西放到今天，不要把今天的东西藏到明天，公司要变得更真实。（来源：任正非在2017年第四季度地区部总裁会议上的讲话）

我们将逐步发布三类报告的正面清单，约束机关的权力，改变机关驱动一线汇报的工作习惯。财务报告、经营报告、考核报告的数据源头均是业务行为，业务主官有责任、有义务建立清洁、透明、集成的数据源，并按规则将数据推送到财务系统中。[来源：任正非在三类报告（财报/经营/考核）应用汇报上的讲话，2018]

从2014年起，我们构建了完善的数据管理体系，并通过数据质量综合水平KPI持续推动数据质量的提升。后续我们从三方面进一步提升数据质量：（1）扩大数据质量测评的覆盖范围（目前测评的数据对象不是全集）；（2）加强ITGC/ITAC①建设，完善财经前端业务数据的集成变更动态审视机制，提升前端数据质量；（3）探索数据质量探针和预警系统的建设，用数字化的手段管理数据质量。（来源：孟晚舟，与财经战略预备队第15、16、17期学员座谈纪要，2022）

加强风险管理和流程内控，遵纪守法，合规经营

管理服务业务是对客户的长期经营，不能太盲目，要控制风险。对于过去失败的项目，既往要咎，代表处要承担责任，历史上所有的管理服务项目损益要算到本地。将来逐渐以系统部为作战单元，考核属地化。以前代表处

---

① ITGC（IT general control），IT一般控制；ITAC（IT application control），IT应用控制。它们都是华为内部的IT控制标准。

为了获取客户合同，疯狂许愿，但合同的每句话都是法律，风险移交给了公司。代表处做了亏损合同，自己要把屁股擦干净，就要想方设法与客户谈判，提高服务的收入，或者拿更多的新合同来弥补，不赚钱就活不下去。（来源：任正非在 2013 运营商网络 BG 战略务虚会上的讲话及主要讨论发言）

对确定性业务的考核是管理效率和质量，最好的管理方法就是遵从流程，当然可以按一定的程序去优化流程；代表处有很多不确定性的工作，我们已经授权代表来处理，管理方法是以利润为中心。利润为中心就是代表处有客户选择权、产品选择权、合同决策权。决策权不是按全流程成本授权的，而是按代表处的不确定性的成本授权。（来源：任正非在中亚地区部员工座谈会上的讲话，2016）

当庞大机器运转之时，内控既是润滑剂，又是制动器。改善经营、优化作业，我们是润滑剂；分权制衡、数据透明，我们是制动器。有效的内控管理，为"积极授权、有效行权"提供了制度性的保障。让听得见炮火的组织，敢于行权、积极行权；让看得见全局的组织，合理授权、有效控制，这才是我们想要的管理和控制机制。内控机制的真正受益者是公司的各级作业组织，权力更多、责任更大、边界更清，每个组织都能在自己的权责边界内活得精彩、活得滋润。（来源：孟晚舟，《却顾所来径，苍苍横翠微》，2017 年新年致辞）

账务团队要在海量的数据中，建立识别业务风险的能力，勇敢地警示业务团队，并定期向公司汇报。业务的作业质量低下，可以给予时间改进，但不能容忍和默许。（来源：任正非在支付系统员工座谈会上的讲话，2017）

我们一定要确保公司经营质量健康，积极进攻是可以的，过程中也可以有损失，对待损失要宽容。但是，要看是在新领域积极进攻中产生的失败，还是在成熟领域不遵守规则而失败，这有区别。（来源：《鼓足干劲，力争上游，不畏一切艰难困苦》，任正非在 2018 年四季度工作会议上的讲话）

合规管理主要面向确定性的规则，遵从适用法律、国际条约和行业准则，基本原则就是"遵从、遵从、遵从"。合规管理确实带来更高的成本，但是公司必须付出这个成本。全体员工必须树立合规的意识，不要以为犯了一个小错误只是自己的问题，个别员工、个别业务的小错误可能导致整个公司的大危机。（来源：《建好规则，守护底线，让作战队伍在边界内自主决策、各逞英豪》，任正非在"合规和公共关系业务框架"汇报会上的讲话，2022）

  我们必须把自己的商品做好，凭本事、凭产品质量与服务去公平竞争，赢得客户。研发人员不把产品做好，靠市场人员的低俗是不可持续生存的。在中国区，公共关系可以持续讲"小故事"，现在国内对华为这么支持，我们就不要"吹牛"了，吹个"小老鼠""跳蚤"就行，省一些气力。但是我们要更加强调遵纪守法，对潜在的不合规问题要踩刹车，绝不放松。在海外，随着公司经营能力越来越强，必须要加强模块化的合规体系建设，尤其是在海外国家，要把合规落到一线、管到结果。（来源：《合规是公司胜利的必要条件》，任正非在合规与公共关系框架管理第三次汇报会上的讲话，2023）

12
组织质量

企业管理的目标是流程化组织建设。华为组织建设变革的方向，是从功能型组织结构转向流程型组织结构，基于流程来分配权力、资源和责任，形成像"眼镜蛇"一样的敏捷体系，主干清晰，末端灵活，支撑有力。

为了更好地服务客户，捕捉市场机会，华为将责任与权力前移，实行大平台支撑下的精兵作战，使全球能够形成 100 多个充满活力的"小华为"。

前端是应对不确定性的精兵组织，让听得见炮声的人呼唤炮火、指挥作战，"将军"带一批有经验的人上战场，实行"将军＋精兵"的结构。将军在前线，办公室里无将军。

后端是应对确定性的平台和共享组织，为一线提供服务、支撑和监管。一边加强把权力放下去，一边要加强监督的力量。机关平台运作要贯彻"高效、优质、低成本交付"的目标，更好地支持一线，服务客户，控制风险。

把能力中心建在战略资源聚集地，开放创新，不盲目追求为我所有，多层次构建为我所知、为我所用、为我所有的能力组合，充分运用全球优秀人才来辐射管理全球业务。

"熵增"是宇宙规则,"熵减"是活力之源,华为打开组织边界,打破组织平衡又重建平衡,建立开放的耗散结构,打造多基因文化,持续激发组织活力和战斗力。

企业管理的目标是流程化组织建设,高质量快速响应客户需求

华为的可持续成长,从根本上靠的是组织建设和文化建设。因此,人力资源管理的基本目的,是建立一支宏大的高素质、高境界和高度团结的队伍,以及创造一种自我激励、自我约束和促进优秀人才脱颖而出的机制,为公司的快速成长和高效运作提供保障。(来源:《华为公司基本法》,1998)

为什么企业管理目标就是流程化的组织建设?今天大家进行管理能力的培训,和 IPD、ISC、CMM[①] 等以及任职资格和绩效考核体系一样,都是一些方法论,这些方法论是看似无生命实则有生命的东西。它的无生命体现在管理者会离开、会死亡,而管理体系会代代相传。它的有生命则在于随着我们一代一代奋斗者生命的终结,管理体系会一代一代越来越成熟,因为每一代管理者都在我们的体系上添砖加瓦。(来源:《在理性与平实中存活》,任正非在干部管理培训班上的讲话,2003)

现在的问题(是),我们怎么去建立一个适应 200 亿美元的组织,这个组织怎么能紧紧跟随客户需求的方向,随市场的快速变化而有序变化;怎么能端到端地全流程-协同运作;怎么在保证质量的前提下快速响应;如何系统构建并有效共享统一平台。同时,我们怎么能建立起担负此重任的各级干部系统,如何考核评价他们,促使他们(的)精神永不衰退。面对快速增长

[①] CMM,capability maturity model,能力成熟度模型。

的机会，如何将大批高质量的后备干部队伍，源源不断地补充到火热的奋斗中去。（来源：任正非，《认清形势，加快组织建设和后备干部培养，迎接公司新发展》，在干部部部长会议上的讲话纪要，2005）

新的一年最大的动作，就是沿着流程精简我们的组织机构。首先组织责任要明确，组织设计要科学合理。我们现在提一级部门、二级部门、三级部门，人人都想向上发展，结果二级部门就成了大肚子，这个大肚子里的人不都是在创造价值，也有破坏价值的。本来这个事不要他管，老不管事不就被精简了吗？所以人家的事也抓过来管，来回折腾，等炮弹到前线了，前线的士兵已经被打光了。（来源：《以"选拔制"建设干部队伍，按流程梳理和精简组织，推进组织公开性和均衡性建设》，任正非在干部高级管理研讨班上的讲话，2011）

公司仍然需要构建流程化组织，否则大兵团作战将来怎么实现？但流程的烦琐不是科学，必须先立后破。眼镜蛇摆动就是最好的 KPI 运作，眼镜蛇蛇头摆过来，关节跟随着动，身体就摆过来了，但关节之间连接是没有变化的。美军在伊拉克战争上后勤表现很好，其实就是很好的流程化运作。我们公司现在左讨论右开会，但组织运作僵化，流程管控僵化，还需要节节审批，真不如国企中国铁道的高铁运营管理。但现在流程差，不等于不建立流程组织，虽然流程有非常多的毛病，但还支撑了这么大公司的运作。这个流程虽然有问题，但是还得继承与优化，抛弃了流程运作，我们就是游击队。（来源：任正非，关于人力资源管理纲要 2.0 修订与研讨的讲话纪要，2017）

从中央集权到"村自为战"，实现大平台支撑下的精兵作战

提升作战的能力，增加直接作战的队伍，以及提升他们的作业质量。要增

大对一线作战的平台的赋权，使他们更加自由地支持作战。要使听得到炮声的人，在一定的授权规范内，有权独立地决策，并对决策承担责任。（来源：《不要盲目扩张，不要自以为已经强大》，任正非在市场工作大会上的讲话，2012）

要逐步将后方管理平台从管控向服务、支持、监管转变，"胜则举杯相庆，败则拼死相救"应成为他们的至理名言。后方管理平台的考核，首长只能进行批评、指导，表扬则不能计入成绩，即首长只能做减法。他们的表扬、考核计分，主要来自他们服务的对象，他们的绩效应主要由其服务对象来评价。（来源：任正非在小国表彰会上的讲话，2013）

"一切为了前线、一切为了业务服务、一切为了胜利"，也许会成为变革时代的一个标志性口号。我们要在10年内实现大体系支撑下的精兵战略，逐步实行资源管理权与作战指挥权适当分离。指挥权要不断前移，让优秀将领不断走向前线，灵活机动地决策。以代表处为利润中心，对结果承担责任。（来源：《决胜取决于坚如磐石的信念，信念来自专注》，任正非在2016年1月13日市场工作大会上的讲话）

我们改革的目的是简化作战管理，简化层次，"权要听得见炮声，钱要体现公司意志"。我们既要把权力给到最前方，让他们在一定范围内有战斗权力、战役权力、战略的准备权力，也要承担责任，也要有平衡，这样才有利于作战。（来源：任正非在运营商BG组织变革研讨会上的讲话，2019）

未来3～5年公司组织构建的整体目标是："强"代表处、"小"地区部、"小"机关、"大"平台。组织变革小组主要是理清多业务交叉的架构和项目关系，是做架构设计；结算中心是做数据与信息建模工作，走向数字化管理。这样公司的管理就从复杂的中央集权变成了分权制衡。（来源：《坚定不移为客户创造价值，同时实现自己的价值》，任正非在企业BG组织优化思路和方向汇报会上的讲话，2022）

合同在代表处审结改革的意图和目的，就是三五年以后建立几十个以代表处为基础的决策中心、权力中心、责任中心，建立"村自为战"的作战体系。

公司的定位就是瞄准未来的战略，把产品做好，并通过中央集权把钱管住、把权放开。机关转向能力中心、资源中心、监管中心，在服务支持中保持公司的安全稳定。（来源：任正非，合同在代表处审结工作汇报纪要，2022）

把能力中心建在战略资源聚集地，辐射支持全球业务

华为公司前20年是推行国际化，是以中国为中心走向世界；我们后20年是全球化，以全球优秀人才建立覆盖全球的能力中心，来辐射管理全球业务。我们对外籍员工的评价和重视在后面20年逐渐会体现出来，毕竟我们公司还没有资本化，我们还来得及给外籍员工补偿利益。现（在）从我内心来说，我不怕你多拿钱，你多拿钱，如果是该拿的，我心里太舒服了，因为你抢了太多粮食；你拿得少，我也不高兴，因为你贡献小。（来源：任正非，关于如何与奋斗者分享利益的座谈会纪要，2011）

共享中心建设过程中，要考虑的因素很多，包括：成本、宗教信仰、时差、人才获取等等。西方公司在建设共享中心时，主要考虑的是规模效益及成本节约。我们在建设共享中心时，应考虑内控及预防机制的有效性，这也是共享中心的责任和贡献。（来源：任正非，与毛里求斯员工座谈会议纪要，2012）

要把能力中心建到产业资源的集聚地区，加快人才全球布局。在中国，将来二线城市也是基地。（来源：《聚焦主航道，在战略机会点上抢占机会》，任正非在产品投资策略审视汇报会上的讲话，2015）

我们要在社会上广泛寻纳，把能力中心建到战略资源聚集地区。在一定的地区、一定的专业，也要有一个汇聚平台。汇聚平台是消化理解这些灿烂的思想火花。我们对大学的投资支持，我支持这个教授，不要你的论文，不索取你的专利所有权，不求拥有，也不求成功，即使不成功，你告诉我为什

么不成功，过程讲清楚，把你的研究过程、阶段性成果来给我们讲讲课，如果研究走错了，把这个错误给我们讲讲课。（来源：任正非，《多路径，多梯次，跨越"上甘岭"，攻进无人区》，在巴展和乌克兰谈话要点，2016）

在全球能力中心布局思路上，胆子要大一些。你们提的"开放创新，不盲目追求为我所有，多层次构建为我所知、为我所用、为我所有的能力组合"的口号非常好。（注：指在产品、解决方案及服务技术能力上，重在为我所用，但在关键控制点上要为我所有。在基础技术能力上，侧重为我所用，但在核心技术上要为我所有。在基础理论能力上，做到为我所知、为我所用就可以了。）（来源：《开放创新，吸纳全球人才，构建"为我所知、为我所用、为我所有"的全球能力布局》，任正非在全球能力布局汇报会上的讲话，2017）

持续熵减，打造多基因文化，激发组织活力

我们所面临的最大挑战是内部管理问题，即在组织、流程、IT 等方面建设适应市场需求和及时满足客户需求的管理体系，否则，公司再扩张就会出问题。我们一方面要不断地激活组织，始终保持它的活力，不使它退化和沉淀；另一方面，我们始终要保持对组织的约束和控制，不能"激"垮它，在激励中约束，在约束中激励，取得激励与约束的平衡，并使这种平衡在动态中不断地（被）优化。（来源：任正非，《华为的机会与挑战》，与 Mercer 公司顾问座谈摘要，2000）

公司过去 20 年相对平衡的激励政策，有助于构建大平台机制，使公司保持了较好的稳定性。但在度过饥饿阶段逐步走向温饱阶段的时候，如果延续长期的平衡政策就会导致惰意。未来 20 年人力资源政策要敢于打破平衡，激活组织与个人。（来源：EMT 纪要〔2009〕024 号）

我把"热力学第二定律"从自然科学引入社会科学中来，意思就是要拉开差距，由数千中坚力量带动 15 万人的队伍滚滚向前。我们要不断激活我们的队伍，防止"熵死"。我们绝不允许出现组织"黑洞"，这个黑洞就是惰怠，不能让它吞噬了我们的光和热，吞噬了活力。（来源：《用乌龟精神，追上龙飞船》，任正非在公司 2013 年度干部工作会议上的讲话）

各部门的循环赋能、干部的循环流动千万不能停，停下来就沉淀了，就不可能适应未来新的作战。预备队方式的旋涡越旋越大，把该卷进来的都激活一下。这种流动有利于熵减，使公司不出现超稳态惰性。（来源：任正非，《人力资源政策要朝着熵减的方向发展》，战略预备队指导委员会在听取汇报时的讲话，2016）

华为这些年主要是单基因文化，虽然有很强的能力，但没有发挥出来，我们需要创造一种多基因文化。一般情况，优秀的基因是需要两性繁殖，产生基因突变，进而进化出更优秀的一代。蛭形轮虫是单基因、单性繁殖生物，但在地球上生存了 8000 万年，经历了多次灾难，为什么还能活下来？因为它的基因链会断裂，经过重新整合产生突变，不断优选形成了自己的多样性。我们的技术合作、联合实验室、心声社区、遍地的咖啡厅、贴近高校的黄大年茶思屋、各行业的伙伴与优秀人才……也是希望通过冲突和碰撞促进基因突变，形成多基因文化。（来源：任正非，在光产品线业务汇报会上与专家沟通的纪要，2021）

堡垒因内部的平庸和腐化容易被攻破，也会因外部的压力激发而加强密度、巩固团结。我们坚持进行以熵减为核心的组织改革，组织建设以作战为中心，以胜利为目标，纵向减少层级，横向减少协调。（来源：任正非在第四届持股员工代表会上的讲话，2019）

13
人才质量

管理本质上是对人的管理，人是最具活力的生产力要素。华为最底层的核心竞争力，是把几十万知识分子聚焦在一起，力出一孔、利出一孔，充分激发生产力，让大规模的工程创新与实现落地到商业实践中。

华为打破了工业时代传统的人才金字塔结构，为顶尖人才创造有吸引力的岗位与机会，以多种方式发挥人才价值；开放拥抱全球优秀人才，高层领导要参与面试考核，严把人才招聘的质量关。

"猛将必发于卒伍，宰相必起于州郡"[①]，将军是打出来的，华为坚持从成功的实践中选拔干部。逐步建立干部履历管理机制，以深入落实公司从一线成功实践中、从海外艰苦区域中、从成功团队中选拔干部的优先导向。训战结合，推动干部专家循环流动赋能，从而使整个队伍充满能量。

英雄不问出处，华为认为，岗位适配的人、能尽职尽责的人，

---

① 内部讲话用语。出自战国末期韩非的《韩非子·显学》，原文为"宰相必起于州部，猛将必发于卒伍"，这是韩非选拔官员的名言。这两句用于强调国家的文臣武将，特别是高层的官员和将领，一定要从有基层实际工作经验的人中选拔，否则处理政务、领兵作战就可能是纸上谈兵，耽误国家大事。内部讲话时特意调换了前后顺序。

就是优秀人才。要致力让人尽其才，在最佳时段上，走上最佳的岗位，做出最大的贡献。通过选拔机制和岗位责任制梳理，持续提高公司人力资源质量。

华为建立了责任结果为导向的价值评价与分配体系，激励向奋斗者、贡献者倾斜。利出一孔，以合理的价值分配撬动更大的价值创造，同时倡导自我激励和非物质激励，用愿景使命、荣誉感和仪式感激发员工长期艰苦奋斗，高质量地做好本职工作。

炸开人才金字塔顶端，广纳天下英才，优化人才结构

华为依靠自己的宗旨和文化，成就与机会，以及政策和待遇，吸引和招揽天下一流人才。我们在招聘和录用中，注重人的素质、潜能、品格、学历和经验。按照双向选择的原则，在人才使用、培养与发展上，提供客观且对等的承诺。我们将根据公司在不同时期的战略和目标，确定合理的人才结构。（来源：任正非，《华为的红旗到底能打多久》，1998）

人力资源委员会要组织探讨建立合理的人力资源总量确定机制，要从考核指标牵引性、考核结果的应用等方面加强管理力度，避免低质量的人力资源扩张，促使各体系和部门形成自我约束、有效成长的机制。2009年人均效益提升目标原则上不应低于10%。（来源：EMT纪要〔2008〕037号）

拉伸金字塔顶端，形成蜂窝状。需要一群外面的"蜂子"飞进来，就要有蜂子能够飞进来的空间。现在遇到一个问题，世界上有很多优秀人才进不来，不仅是工资问题，还有组织模型问题。科学家进来，因为较少涉及人际关系处理，所以能留下来。但对于新招入的管理者，他领导的千军万马都是"上甘岭"来的兄弟连，谁服他？所以这批人员先放到重装旅去参加循环打

仗，打仗过程中，也会形成"兄弟血缘"关系，再任命时他们已经适应了华为文化。（来源：任正非在人力资源工作汇报会上的讲话，2014）

专业实验室要开放引进人才，多种方式发挥人才价值；建设梯次结构人才队伍，为公司战略发展培养人才，提供更多机会。我们要吸纳、拥抱全球优秀人才，拥抱人才才有未来。对于优秀人才，除了加入公司这种方式，也可以去高校做教授。到我们公司来，主要就是应用场景多了，有利于他的理论和实践进行更好的结合；在学校里是未来理论层面多一点，我们给予支持建一些实验室，开展合作，因为他研究理论，又到我们的实验室和我们一起工作。两种方式都是我们欢迎的。（来源：任正非，《梅花香自苦寒来》，在松研所与中央硬件工程院专业实验室座谈讲话，2020）

我们要敞开胸怀，解放思想，敢于吸引全世界最优秀的人才。公司处在战略生存和发展的关键时期，冲锋没有人才是不行的。不要过分强调专业，只要他足够优秀，愿拿着"手术刀"来参加我们"杀猪"的战斗。我们一定要开阔思想，多元化地构筑基础，避免单基因思维，也要允许偏执狂存在。要转变过去以统一的薪酬体系去招聘全球人才的思路，要对标当地的人才市场薪酬，对高级人才给出有足够吸引力的薪酬包。（来源：《江山代有才人出》，任正非在中央研究院创新先锋座谈会上与部分科学家、专家、实习生的讲话，2021）

高层领导要参与面试考核，严把招聘质量关，宁缺毋滥

重视招聘队伍建设，确保招聘质量。本次招聘要定这样一个原则：研发系统派出去招聘考核人员必须具备两个条件：第一，要有工作成功的经验；第二，至少是项目经理以上的干部。而且在招聘期间，研发系统的副总裁以上的干部必须亲自出去招聘，一个不留。每一个副总裁监管一个片区，哪个

地方搞得不好，没有招到优秀人员，招到优秀人才的数量不够，出现豆腐渣工程，那么那个副总裁就来跟我述职。（来源：任正非在2000年毕业生招聘工作会议上的讲话，1999）

把住质量关，不仅仅要关注技能，而且要关注品德。公司各部门的需求要以内部的平衡为主来调配解决。招聘要严格控制。公司现在总体的目标是要提高人才质量，品德才是第一位的。各部门高层领导要亲自面试。（来源：任正非，关于招聘工作的讲话纪要，2001）

招聘工作应注重质量，不能因指标多而降低质量，宁缺毋滥。未来招聘门槛一定要提高，招聘考核和体检（包括心理健康）等要更加严格。如果门槛设得低，进来以后发现不合适再处理，成本反而更高。（来源：EMT纪要〔2007〕030号）

公司保持每年招进五六千（名）优秀尖子毕业生，高级干部要亲自去面试，把握住招聘质量，否则招聘进来再淘汰，太浪费人力成本。我们要把尖子生都捞进来，不强调多少级，工资可以有差异化，特别优秀人才的工资可以定高一些。当走到15级以后，再逐渐按照公司统一的薪酬框架标准定。（来源：任正非在战略预备队业务汇报上的讲话，2015）

社会招聘：继续坚持"质量优先，宁缺毋滥"的原则，严控招聘质量。今年不再授予批量性的关键稀缺招聘指标，社会招聘（专家类）全部采取"一人一议"的方式，由公司进行审批决策。（来源：董事常委会纪要〔2022〕025号）

"猛将必发于卒伍，宰相必起于州郡"，
高质量选拔干部

公司多年来十分重视人才，珍惜人才，又不迁就人才。公司要求无论博

士、硕士，无论过去有什么资历，都从工人做起，在实践中改造自己、塑造自己、脱胎换骨，重新做人，做一个有理论、有实践、全面发展的人，站在一个较高的战略地位上来看人才的培养。（来源：任正非，《深圳市华为技术有限公司汇报提纲》，1994）

我们对中高级主管实行职务轮换政策。没有周边工作经验的人，不能担任部门主管。没有基层工作经验的人，不能担任科以上干部。（来源：任正非，《华为的红旗到底能打多久》，1998）

我们要坚持从成功的实践中选拔干部，坚持"猛将必发于卒伍，宰相必起于州郡"的理念，引导优秀儿女不畏艰险、不谋私利，走上最需要的地方，并长期保持艰苦奋斗的牺牲精神，永远坚持艰苦朴素的工作作风，在不同的岗位、不同的地点加速成长，接受公司的选择。（来源：任正非，《春风送暖入屠苏》，2010年新年献词）

我们目前缺乏大量的后备干部，管理能力的缺口很大。要让干部有科学的成长，将军不是培养的，是启发出来的，是打出来的，华为要坚持实践到理论、理论到实践的循环教育，要对干部的学习有考核和评价。（来源：任正非，与华为大学教育学院座谈会纪要，2012）

我们要坚决减少综合管理干部的数量，提高选拔他们的质量，缺少实践经验，没有战略洞察力、结构思维能力的，要转岗。（来源：《我们要和时间赛跑》，任正非在无线大会上的讲话，2019）

机关管理者和专家类员工必须具备一线实战经验，才能有效服务和支持一线作战。为激活组织，促进有序流动，让真正熟悉作战的人来服务与支持一线作战，对机关专家类员工一线实战经验的要求如下：第一，由于业务在发展，环境在变化，在一线岗位上积累的一线实战经验有效期为三年；第二，不具备有效一线实战经验的专家类员工从发文之日起冻结个人职级晋升、涨薪，暂停ESOP①和TUP②授予；第三，各部门要从源头和入口上就管理好专家类员工的一线实战经验要求，新上岗专家类员工必须具备有效一线实战经验。（来源：《关于机关专家类员工必须具备一线实战经验的决议》，董事常委会决议〔2021〕065号）

建设履历表制，就是为努力奋斗、渴望成长、符合履历要求的优秀员工提供相对公平的选拔任用机会，促进人才涌现。坚持干部选拔制，我们明确岗位成长路径的11级台阶要求，就是建设干部成长进阶的标准。（来源：任正非在履历建设工作进展汇报会上的讲话，2022）

战略预备队对干部进行核心价值观和管理能力的培训，精气神、意志及毅力的锻造，重点培养干部的独立思辨能力和领导力。战略预备队是一个很活跃的群体，要采用开放式、讨论式、思辨式的赋能形式，并对公司的制度、政策和实践进行反思与批判。（来源：任正非在与战略预备队、培训部座谈会上的讲话，2022）

干部选拔要坚持责任结果导向，强调基层成功实践经验，贯彻履历表制。优化选拔与任用流程，走成文法道路，通过履历搜索、组织推荐等形成长短名单，让英雄浮现。继任计划要坚持选拔制，坚持合理的"萧规曹随"，有效衔接短名单和后备干部战略资源池，优秀员工取得成功实践后接受组织挑选。总干部部要持续建设科学选拔、公正评价、合理调配和干部专业化的管理机制，打造一支充满必胜信心、使命感强、专业精深、作风过硬、引领业务领先世界的干部队伍，守护公司核心价值观，支撑公司战略实现。（来源：任正非在干部选拔任用及继任计划工作汇报会上的讲话，2023）

公司在转型，干部在转型，从以行政管理为中心的体系要转到干部专家化后的行政管理，以及充分发挥专家委员会作用的新制度。干部要专家化、专业化，从"游击队""野战军"逐渐走到"正规军"。过去30年，我们坚

---

① ESOP，employee stock ownership plan，员工持股计划。
② TUP，time-based unit plan，基于时间的现金性长期激励计划。

持责任结果导向，把一批"土八路"训练成能现代化作战的干部队伍；现在公司业务、行业技术发展对干部专业能力提出更高要求，要以考促学，训战结合，上岗前完成入门专业知识考试，合格才能上岗。（来源：任正非在干部专业化工作思路汇报会上的讲话，2023）

岗位适配的人，能尽职尽责的人，就是优秀人才

不论资排辈，不以成败论英雄，充分地信任人，放手大胆地使用人，使人的个性和才能得到充分的发挥；推行高度的科研计划性，使人的个性融于组织的共性之中，使产品的先进性、新颖性与时效性得到充分的保证。（来源：任正非，《深圳市华为技术有限公司汇报提纲》，1994）

要通过选拔机制和岗位责任制梳理，持续提高公司人力资源质量。通过选拔机制，识别和淘汰不能和公司一起继续奋斗的员工。同时要从岗位责任制入手，对各个岗位做一个梳理。所谓高质量的人力资源，就是在合适的岗位有合适的人，而不是在不合适的岗位用一大堆博士。这些年来我们关于高质量的概念全是错的，什么优中选优，选那么多优来干什么？（来源：任正非在后备干部总队例会上的讲话，2009）

我们经历20多年的艰苦奋斗，形成了全覆盖的大平台，而且有数万富有经验的人在经营管理这个大平台。允许一部分"自由电子""中子"冲击内核，会激活核能，产生更大的能量，有什么不可以的，也不会不可控的。人的生命是短暂的，我们要让一些优秀人员，在最佳时段上，走上最佳的岗位，做出最大的贡献。激活组织，焕发个人潜力，充满最大能量。（来源：《变革的目的就是要多产粮食和增加土地肥力》，任正非在2015年市场工作会议上的讲话）

精英我们不要理解为仅仅是金字塔塔尖的一部分，而是存在于每个层级、每个类别。有工作的地方，就有精英。做面条有面条精英、焊接精英、咖啡精英、支付精英、签证精英、仓库精英……我们的政策要覆盖激励所有精英，形成组织合力，千军万马搞好质量，提高效率，增加效益。（来源：《决胜取决于坚如磐石的信念，信念来自专注》，任正非在2016年1月13日市场工作大会上的讲话）

公司动不动都是招优秀人才，我经常会把优秀两个字删掉，改为招合适的人才。不要无穷地拔高岗位标准，不能说这个博士很优秀，去做简单的或者重复的工作，干不了两天他又走了，招聘的原则是按岗位的实际要求去找到合适的人。（来源：任正非，关于管理堤坝变革项目的讲话纪要，2020）

吸引全世界优秀人才为我所用，不要过分强调专业，为什么？绝大多数人科学素养都很好，只要他愿意转行，足够优秀，就可以拿着"手术刀"参加我们"杀猪"的战斗，增加对这个事物的理解，就有可能创造性地解决问题。（来源：《敞开胸怀，解放思想，敢于吸引全世界最优秀人才》，任正非在2022年优秀人才&"高鼻子"获取工作汇报会上的讲话，2021）

财务引进了1000多名大专生、中专生，形成了财务的稳定结构，他们就是我们有些岗位需要的优秀人员；海外中级、初级职员由本地化担任，胜任、努力就是优秀人才；IT维护录用了大量的三本院校的学生，他听命令、会操作，实现了IT有权力的人不能直接操作、操作的人不能发命令的两权分离，这就是人才使用的优秀配置。制造系统产品造得这么好，大量的工匠并非高学历，这都是优秀人才。（来源：《什么是优秀的人才？》，总裁办电邮〔2022〕151号）

利出一孔，以合理的价值分配撬动更大的价值创造

怎么才能使核心竞争力提升呢？必须用价值评价规律的杠杆来撬动，否则不可能建立起核心竞争力。因为，每个员工、每个干部都有惰性的一面。就是要建立起统一的、合理的、系统科学的均衡发展体系。按贡献度来进行对组织的考核、对个人的考核，以激励他们不断地努力。（来源：《大树底下并不好乘凉》，任正非在《1999年管理工作要点》讨论会上的讲话）

我们坚持利出一孔的原则。EMT宣言，就是表明我们从最高层到所有的骨干层的全部收入，只能来源于华为的工资、奖励、分红及其他，不允许有其他额外的收入。从组织上、制度上，堵住了从最高层到执行层的个人谋私利，通过关联交易的孔掏空集体利益的行为。20多年来我们基本是利出一孔的，形成了15万员工的团结奋斗。（来源：任正非，《力出一孔，利出一孔》，2013年新年献词）

未来为华为创造价值，要承认资本的力量，但更主要是靠劳动者的力量，特别在互联网时代，年轻人的作战能力提升很迅速。有了合理的资本/劳动分配比例、劳动者创造新价值这几点，那么分钱的方法就出来了，敢于涨工资。这样人力资源改革的胆子就大一些，底气就足一些。（来源：任正非在人力资源工作汇报会上的讲话，2014）

我们要有价值创造及价值分配的共同思想基础。为客户服务是我们共同的价值观，支撑这个价值观的长期、短期激励机制，是实现这个目标的有力措施。精神激励要导向奋斗，物质激励要导向多产粮食。我们的长期激励，是对员工已有贡献及可持续贡献的价值分配，这也是共同的基础、共同的理想，是不可动摇的理念。短期激励，是对当期贡献的分配，同时兼顾其为增加土地长期肥力的隐形努力。（来源：任正非在人力资源管理纲要2.0沟通会上的讲话，2017）

物质和精神是共存的，雷锋是精神榜样，但同时必须给"雷锋"的责任贡献结果合理的物质回报。激励不仅仅是物质上的，员工也不只是为了钱才努力工作，要给员工荣誉感。公司荣誉激励的奖章很漂亮，现在社会反映非常好。以前我是反对搞形式的，对于搞授勋都有很多限制条件，希望简朴一点。但是看看海军官兵上阵很讲究仪式，海军军官还佩剑，激励了官兵一生的努力。仪式与勋章创造荣耀感，荣耀感可以激发出更大的责任感与使命感，所以在发奖的时候有点仪式，正式一点、光鲜一点、欢跃一点，给人一生记忆。（来源：任正非在人力资源管理纲要2.0沟通会上的讲话，2017）

14
平台质量

华为是一家"大"公司,大数据、大流量、大战略、大市场、大服务、大生产……都需要大平台来承载和支撑。华为大质量体系,延伸到了产品基础平台,以及各类支撑平台、职能平台、行政及后勤服务平台的建设上。

在信息及通信行业,产品竞争归根结底在于基础平台的竞争。平台的建设需要长期投入和战略耐性,数十年积累和沉淀下来的知识与能力图谱,是华为难以被复制和超越的核心优势所在。

将质量要求构筑在变革项目中,变革的目的要对准多打粮食和增加土地肥力,凡是不能为这两个目的服务的,都要逐步简化。

未来公司采用"横向分权,纵向授权"的权力结构,决策权是授给下面的,监督权要留在集团。公司不因腐败而不发展,也不因发展而宽容腐败。华为设立监管三层防线,一边要让作战队伍跑得快,一边也要加强监管。

职能平台和内部服务体系瞄准高标准、高质量,支撑主航道前进,如构建高质量的IT系统,支撑全球高效运作;改善员工办公环境,特别是在艰苦地区全面提高办公生活等基础服务保障标准;餐饮服务优质优价,让员工吃得好、更健康;等等。

魔鬼在细节。只有每个要素、每个环节、每个员工都追求高质量，才有企业整体面向客户的高质量。

产品竞争的根本在于基础平台的竞争，把能力建在平台上

网越来越大，联接越来越复杂，安全运行越来越让人忧心。不基于一个优秀的平台，就跟不上客户需求的速度、质量，开发出产品及内容……平台研发的人，就像一百多年前建教堂的人们一样，默默无闻地无私奉献，人们很难记起哪一条砖缝是何人所修。我司的基础平台，要历几代人的智慧不断累积、优化，谁说百年后我们不是第一。（来源：任正非，《从汶川特大地震一片瓦砾中，一座百年前建的教堂不倒所想到的》，在中央平台研发部表彰大会上的讲话纪要，2008）

一个产品不能完全从零开始做起，要有丰富的平台、CBB[①]支持，要有强大的工程工艺能力和技术管理体系支撑，使得产品的成本、质量能在一个很好的平台体系上得到实施。华为公司要继续坚持平台战略，持久地大规模投入，要研究适应客户的各种需求，把握住客户的可靠性、节能环保、可服务性等各种关键要素，构筑华为公司在新时期的竞争优势。当然这个平台不仅仅是研发，包括财务、供应链、交付……这些建设平台的人长期默默无闻地奉献，成就了华为的伟大。（来源：任正非，《从汶川特大地震一片瓦砾中，一座百年前建的教堂不倒所想到的》，在中央平台研发部表彰大会上的讲话纪要，2008）

未来数据管道直径不是长江而是太平洋，面对直径像太平洋一样粗的数

---

① CBB，common building block，通用基础模块。

据管道，如何建起一个平台来支撑这个模型？大家都想想看，这不就是我们的市场空间和机会吗？我们要抓住这个机会，就一定要加大对平台的投入，确保竞争优势。我希望把深圳建成一个平台研发机构，而把一些产品研发机构迁到研究所去。我们一定要在平台建设上有更多的前瞻性，以构筑长期的胜利。（来源：《以客户为中心，加大平台投入，开放合作，实现共赢》，任正非在 2010 年 PSST 体系干部大会上的讲话）

IPD、IFS、ISC、LTC……所有流程构建了我们做到行业领导者的地位，全世界没有第二家公司能做到 17 万人一条心、一股劲、一个平台。我们把"万里长城"的基础建扎实，面对未来海量的浪潮，会比互联网公司有更坚实的基础。当然这么优质的平台，一定要有"大河奔腾"的踢踏舞、《天鹅湖》《茉莉花》……（来源：《IPD 的本质是从机会到商业变现》，任正非在华为公司 IPD 建设蓝血十杰暨优秀 XDT 颁奖大会的讲话，2016）

我们未来有三层平台，第一层是"万里长城"的 ICT 基础设施，这是肥沃的"黑土地"；第二层是基于网络操作系统和云化构建的平台，平台内部开源，对上、对下开放；第三层是各种应用平台，包括车联网平台、安平系统平台、终端平台、GTS 平台等应用平台。每个平台上种"玉米""大豆"……可以让全世界的人都来种，不是我们自己种。各种应用和平台要弱耦合，便于优胜劣汰。开放是平台的灵魂，这样我们可以建立强大的基础平台，从底下穿透过去，我们就成了世界上最大的平台公司。（来源：《研究创新要敢于"先开一枪，再打一炮"，构建面向未来的优势》，任正非在网络 5.0 和光网络 2.0 研究创新项目汇报会上的讲话，2018）

领先世界要靠平台化。只有集中公司积累的各种"根"技术，把"大杂烩"有效组合起来，做到极简的架构、极低的成本、极高的质量、极优的体验，才会有生命力和竞争力。平台一定是长期可靠的，像"万里长城"一样坚固，不能因为一块"砖"有问题，平台就塌掉了，要踏踏实实往前走，就会获得更多的机会和空间。做平台不要急于把标准定得过高，要耐得住寂寞，走慢一点，同步时代发展。同时，要和客户需求结合起来，架构设计要做到可扩展，不断丰富和完善。还要研究智能汽车的系统架构，加强系统工程能力构建。（来源：《以客户需求为导向，同步时代进步，聚焦突破口，早日实现商业闭环》，任正非在智能汽车解决方案业务工作汇报会上的讲话，2022）

将质量要求构筑在变革项目中，确保变革质量

变革虽然取得了进步，但是公司管理体系依然存在问题，还需要我们进一步地深化变革。一线要加强变革学习，按全球部署的变革落地节奏，有计划、有步骤地进行，不断地培养金种子，让种子到各地去生根发芽。我们多出一些有实践经验的干部，重视变革中的人才成长与质量提升。让一批优秀的项目经理，走上管理岗位。（来源：任正非在变革战略预备队第三期誓师典礼上的讲话，2015）

变革驱动不能光靠物质激励，也要靠精神激励，把士气鼓舞起来，变革就容易成功。钱还是会有的，但是，精神激励，这一茬过了，不能重演，不会有第二次了。时间、地点、人都不对，怎么可能呢？（来源：任正非在变革战略预备队进展汇报上的讲话，2015）

所有变革都要有目标，主干流程要以多产粮食与增加土地肥力为中心。你们要科学性、创造性地理解项目管理，在项目中，所有流程都要端到端横向打通。流程是拿来用的，变革是为了实现业务及管理目标的。没有目标会越改越复杂，变革会成为以自我为中心的完美体系，一个个完美的癌症，会阻碍业务发展。（来源：任正非在战略预备队座谈会上的讲话，2017）

流程效率改革当前可重点采用从细节出发的精益改进，从量变到质变地推进流程的渐进式改良。而随着精益管理理论的成熟以及成功应用案例的传

播，从使用效率和用户体验出发，抓住问题，不断迭代，在实际运用中不断矫正的流程进化方法已经成为行业中变革方法的重要趋势。因此，经过反思，借鉴内外实践，我认为保持变革的耐心与定力，调整变革文化及工作重心，坚持从一线流程运作细节出发、精益改进的模式，应该成为变革指导委员会今后一段时间工作改进的基本方向。（来源：郭平，《转变视角、从末端开始，坚持用流程运作改良的量变推动流程效率提升的质变——对当前流程与变革工作的自我批判》，2018）

现在我们的改革越来越走向正规，越来越有希望贴近成功，但我们不能急躁。中台变革要关注质量，把合同质量、网络质量永远作为第一指标。整个客户网络的体验，是我们生存的最重要基础。现在公司在推行提高利润考核权重的过程中，千万不要忘了以质量为基础。（来源：任正非在拉美正舟中台工作进展汇报会上的讲话，2020）

在支撑性业务（财经、供应等）上，我们公司变革是很慢的。变革委员会的最大责任就是尽可能少变革，让变革方案通不过，就是要"萧规曹随"，不要总是一会来一个主意，一会来一个主意，就是控制住，给他设计上、下、左、右的民主障碍，让他不正确100次也通不过。管理路上要保守，允许批评、攻击。技术上，我们是不一样的政策，鼓励创新，因为技术进步速度太快了，要老、中、青结合，要生机勃勃，要敢于突破。（来源：任正非在"突破乌江天险"工具专家座谈会上的讲话，2023）

监管体系构筑"三层防线"，保障公司长治久安和高质量发展

所以我们要防微杜渐，一定要用严格的制度和法律来控制干部的质量；我们要"杀猴给鸡看"，让广大员工看到即使是高级干部，一旦出现腐败也

不能得到公司的赦免，只有这样，我们的干部防腐工作才有希望。（来源：EMT 纪要〔2007〕029 号）

目前销售领域有稽查盲区，要提升合同质量，有必要建立针对销售合同的稽查组织。稽查作为第二层防线，要担负起方法论的推广，对一层防线的业务主管进行内控赋能，工程稽查要成为全公司的总稽查，逐步成为流程 Owner 的顾问、审计的向导。这样公司在未来几年达到一定规模时，依然是健康的！（来源：任正非在大规模消灭腐败进展汇报会上的讲话，2013）

业界审计有很多先进方法，我们要学习。可以请顾问公司，也可以招聘海外、国内长期从事审计工作的优质人员，通过阅读报表、分析业务数据识别高风险异常。这样就能从各种报表中看出什么不合格，就能知道问题的方向在哪里，加强制约管理，就像心脏要切片一样，切片对照检查后就很清楚。即使抓不到责任人，有正确的制约管理机制出来也挺好。审计要往这一步前进。（来源：任正非在大规模消灭腐败进展汇报会上的讲话，2013）

三层防线监控体系：第一层，解决 90% 的问题，做好流程遵从，落实流程责任制，流程 Owner/ 业务管理者要真正承担风险监管的责任；第二层，针对跨流程、跨领域进行高风险拉通管理，要担负起方法论的推广，做好赋能；第三层，通过审计调查，对风险和管控结果进行独立评估和冷威慑。（来源：EMT 纪要〔2014〕023 号）

监督人员不是站在内、外合规的边界上拿着"机关枪"盯着，而是背上背包，带上"铁锹"……与业务部门一起前进，包括合同生成、合同交付等。所以，"子董"可以融入项目去监督内、外合规，但是不能指挥如何作战，不能越俎代庖去管经营质量。如何贴近现实去作战，这是主官要承担的责任，当官才知责任大。（来源：任正非在子公司监督型董事会年中工作会议上的讲话，2017）

我们的监管责任要有利于多产粮食，有利于增加土地肥力，保障公司长治久安和高质量地快速发展。未来公司采用"横向分权，纵向授权"的权力结构，决策权是授给下面的，监督权要留在集团。公司不因腐败而不发展，也不因发展而宽容腐败。所以，我们设了三层防线，一边要让作战队伍跑得快，一边也要加强监管。（来源：任正非在监管体系干部座谈会上的讲话，2018）

构建高质量的 IT 系统，支撑全球高效运作

财务的 IT 建设一定要加强，管理工程部一定要把财务 IT 建设当成重要的事去抓。IT 的服务质量要有承诺，对业务部门要有保证，其他部门也不能搞封建割据，不能自建服务体系，财务的 IT 部门全部划归管理工程部统一管理。（来源：任正非在国际财务部汇报会上的讲话纪要，2001）

我们首先要明确，流程 IT 不是以管控为中心，而是以支持和服务为中心的形式，存在于公司的体系中。（来源：任正非在流程与 IT 战略务虚会上的讲话及主要讨论发言，2012）

我们用五至十年的改革逐步实现"班长的战争"，需要 IT 系统支持。将来代表处作战指挥权力前移，从屯兵模式走向精兵模式，同时作战过程要可视透明，监管同步。（来源：《依托欧美先进软件包构建高质量的 IT 系统》，任正非在质量与流程 IT 管理部工作汇报会上的讲话，2015）

要致富先修路，要持续改善办公网络环境。一方面持续改善小国小代和艰苦地区的基础 IT 环境，另一方面也要持续不断地提升全球广域网带宽。要用现代化的装备武装一线，提升一线效率。包括引进先进的办公设备以提升员工办公效率，全面改善会议环境和提升智真会议系统的易用性。要面向一线降低 IT 重心。落实架构转型支撑好一线 IT 建设，面向一线角色归一入口，做实一线 IT 落地。（来源：EMT 纪要〔2015〕017 号）

变革和 IT 也要聚焦，减少变革项目数量，IT 不能遍地开花。每增加一段流程，要减少两段流程；每增加一个评审点，要减少两个评审点。（来源：

任正非在质量与流程IT管理部员工座谈会上的讲话，2016）

IT部门最重要的职责是把"高速公路"修好，至于路上跑的是"轿车""卡车""牛车"……跟IT部门无关。如果流程和能力纠结在一起，"路"不通，能力也就不能用。（来源：任正非在质量与流程IT管理部员工座谈会上的讲话，2016）

改善员工办公环境，艰苦地区全面提高基础服务保障标准

首先提高海外艰苦国家的生活保障，使生活环境优美、舒适、安全。水、空气、食堂卫生、活动场所等都要改善。这些改善不全是公司来承担，肚子是自己的，身体是自己的，也应从个人的收入中支付一部分。要保障我们的基本生活保障和工作保障，这些改善都要朝着一个大目标，就是多产粮食。（来源：任正非在2015年全球行政工作年会上的讲话）

我们的建筑外观是竞争力，室内功能是生产力。项目规划建设过程中既要确保外观高标准，也要持续提高员工室内办公环境的舒适度，如：改善室内新风量等。（来源：EMT纪要〔2015〕019号）

机关不要限制住会议室服务方式，服务多姿多彩，鼓励改变，快速响应个性化要求。比如，有贵客要在咖啡厅开会，需要哪种台布、哪一种花……都可以要求，只要能帮助作战胜利；还可以提供充电宝，方便电脑使用。当然，价格可以比标准服务适当提高一些，不冲突。我们是鼓励涨价的，降价是走进恶性竞争，涨价就是提高服务质量。（来源：任正非在会议标准化及服务提升项目汇报会上的讲话，2017）

要持续改善艰苦地区工作和生活环境，所有的目的就是要聚焦作战。内部条件可以继续改善，我们要像美国军队一样，充分做好优质的后勤保障，

包括买原装新车，不要去租二手车。买一个房子，旁边再买一块地，建篮球场、游泳池，非洲所有的国家都可以。[来源：任正非在北部非洲地区部（尼日尔、布基纳法索）汇报会上的讲话，2017]

将办公环境改造得漂亮、舒适、实用，不仅能促进工作效率的提升，也是员工的一种待遇。以后所有的办公条件都要超过B1。我们不要太节约，现在需要的是现代化作战，不能用"汉阳造"来打"航母"。员工的利益不完全是把钱发到手上，改变办公环境也是一种利益。对于艰苦地区及国家，也依此办理，特别是交通安全、作业安全、生活卫生……要给他们关心。（来源：任正非在与财务、基建、行政座谈会上的讲话，2018）

奋斗的目的是什么？过幸福生活。公司一直倡导在思想上艰苦奋斗，没有说过要在生活上艰苦。目前餐厅、咖啡厅、夜宵等各方面都有很大进步，随着公司发展，后勤服务还要进一步改善，提高员工的生活标准。对于整个公司来说，坂田就是最低标准，所有海外的标准都要高于坂田，我希望把这优质的服务带到海外艰苦国家去。（来源：任正非在后勤服务改善座谈会上的讲话，2020）

餐饮服务优质优价，让员工吃得好、更健康

膳食管理部从现在起向国际接轨是完全有希望的，因此要用高标准的方式来做，根据中国的国情，膳食部仍需自己来管理，应把重点放在采购的控制与验收上。这方面可以同沃尔玛进行联系，由他们负责我们的肉菜鱼的供应，到我们逐渐明白如何控制质量的时候，开始延伸，建立自己的质量检验体系与采购管理体系。同时，在食堂的设计、加工、餐饮服务等方面要向国际化靠拢，将来西乡和龙岗可能实行24小时营业。（来源：《向国际和社会

接轨，全面提高服务水平》，任正非在总务工作汇报会上的讲话，1997）

　　所有的公司内部单位对服务质量的评价要符合市场规律，全部都要市场经济化，所有的定价运用市场经济的方法来进行……我们要建立统一的服务体系，不然怎么对服务质量去监督？客户满意度怎么解决？（来源：任正非在慧通项目汇报会上的讲话，2004）

　　对于食品采购，要特别重视食品安全，我主张食品都到超市去买。不要因菜市场的葱价格能便宜一点，就去菜市场上谈判。去超市采购必须刷信用卡，不能用现金，否则从地上捡两个单子就拿回来报销；刷完卡，我们一对账就能看出来是不是你买的东西，这也简化了管理。（来源：任正非在海外行政后勤服务管理思路汇报会上的讲话，2013）

　　大家看到行政在进步，慧通也在进步，以后慧通的责任是以繁荣园区为目标。比如主培餐厅就是质优价高，"价廉物美"是伪名词，不可能存在的。你想想，如果给大家很低的薪水，你还有这么大的干劲，我认为也不现实。（来源：任正非在战略预备队誓师典礼暨优秀队员表彰大会上的讲话，2015）

　　餐厅多赚点钱，要用于改善质量、改善条件，让员工享受到优质服务。员工也要理解，厨师、服务员……也需要改善生活，他们为绅士、淑女服务，他们也是绅士、淑女。价格偏高是有利于优化的。（来源：任正非在后勤服务改善座谈会上的讲话，2020）

　　员工咖啡厅要对标国际会议中心的接待标准，用高质量服务赢得客人的认可，希望坂田的咖啡厅能做出一个榜样。私营老板们要带头学习日本清洁工的认真，搞得认真干净，铺上桌布，摆上鲜花，提高咖啡厅的品位，微笑服务。国际会议中心的微笑卡做得很好，谁服务好就别上一张微笑徽章，卡上面刻上他的名字，挂满了微笑服务卡的就是优质服务员，就可以涨薪。（来源：任正非在后勤服务改善座谈会上的讲话，2020）

第四部分
质量管理访谈与案例

大质量是一套端到端的哲学体系，也是一门实践性很强的应用科学。华为各级主管和专家都是大质量哲学的践行者，在一个个具体的领域、项目乃至个人的工作任务中，都在亲力亲为地落实公司的质量方针与战略。同时，他们通过不断地经验分享和案例总结，又在不断丰富着公司质量哲学与质量文化的内涵，促使质量管理从理论到实践，再从实践到理论的螺旋式上升。

本部分内容包括对一些主管的质量管理访谈纪要，以及部分专家的质量实践案例，涉及研究创新、产品开发、生产制造、客户服务、经营质量、人才质量等方方面面。从这些亲历者所讲述的第一手材料中，希望能够帮助读者更好地理解华为的质量哲学和理念。

开放创新，
技术扎根铸就质量基石

查钧访谈纪要

（访谈时间：2023 年）

问题 1： 您之前做过多年的产品线主管，华为产品的质量竞争力是如何构建的？

查　钧： 这些年我们引入 IPD，经过僵化、固化和持续不断地优化，质量融入了开发、生产、销售及服务的全过程，我们大型系统的开发组织、质量保证的能力有了很大提升。同时，随着公司业务的发展，我们质量的理念、内涵、流程、IT 工具体系都有了很大的提升，从后端测试检验到前端设计预防，从关注产品可靠到关注客户体验，从依赖个体自觉到流程体系保障，从满足客户需求到激发客户需求，从具体执行质量到业务战略质量，逐步建立起大质量管理的理念与体系。

华为的质量管理体系经历了几个发展阶段，也是华为产品质量竞争力不断提升的过程。

第一个阶段，1999 年之前，我们的质量保障方式是测试和检验，主要关注的是产品功能和性能。团队是游击队作战方式，出现问题及时"救火"，崇尚"救火"英雄。所以有了 2000 年的"呆死料"大会，将"救火"机票和呆死物料，作为特殊奖品发给研发系统的几百名骨干，这次大会也成为华为重视质量管理的里程碑。

第二个阶段，1999年3月，华为IPD项目正式启动，穿上了"美国鞋"，我们从"游击队"向"正规军"转变。IPD规范了我们的质量活动，把布朗运动有序化，使得我们的整体质量有了很快的提升；在产品领域不再依赖"英雄"，而是基于流程开发出质量有保障的产品，快速满足客户需求。我们开始理解客户需求不仅是功能、性能，还有诸可性[①]，并将其固化到流程中，加强和完善产品的可维护性设计、可安装性设计、可测试性设计、可制造性设计和可服务性设计等，质量竞争力上了一个台阶。例如，基于"7远8按"[②]构建产品可服务性能力，实现现场极简交付、远程故障诊断和快速定位，支撑服务60分钟故障恢复及时率98%以上。

第三个阶段，2012年后，我们发现流程打点过多，开发效率下降，通过构筑工具链、数字化手段，我们将质量保障活动承载在IT工具上，自动关联历史故障模式库、自动检查，研发质量和效率都得到大幅提升。同时，我们的客户也从运营商扩展到企业和消费者，业务多元化，研发流程与时俱进，根据不同产业的特点进行适配优化。例如，云服务采用DevOps[③]敏捷迭代开发，实现快速交付；终端业务建立了以消费者体验为中心的终端IPD流程。

过去我们认为"质量就是满足客户需求"，但是盲目地满足客户需求带来商业上的不可持续，从而损害了长期满足客户需求的

---

① 诸可性，华为内部用语，即DFX（design for X），指产品非功能质量属性的竞争力要素设计，X包括产品生命周期中各个环节的关键质量要素，如可靠性、安全性、可服务性、节能减排、可制造性、可供应性、信息体验、作业可信、生命周期等，是产品功能特性之外决定产品竞争力的关键因素。

② 7远，指远程集中软件调测、数据配置、网络调整、软件升级、软件打补丁、日常维护、问题处理；8按，指按资料能实现安装、远程数据配置和网络调整、软件调测、软件升级、软件打补丁、日常维护、问题处理、投标和点对点答复。

③ DevOps, development & operations, 开发和运营，是一组过程、方法与系统的统称，用于促进开发（应用程序/软件工程）、技术运营和质量保障部门之间的沟通、协作与整合。

能力，因此 2012 年我们提出"要满足对客户和华为都有价值的需求"。以前我们说"一次把事情做对"，追求"零"缺陷，后来我们认识到"零"缺陷不是绝对的零，而是满足客户要求的前提下，业务部门可以根据不同产品的定位决策其 DI 值（允许版本的遗留问题），抓住商业机会，持续迭代。我们对质量的理解不仅仅是执行层面，同时也是业务战略的体现。

问题 2： 在先进要素受限的情况下，产品开发如何落地"以质取胜"的战略？与过去相比，研发质量管理需要做哪些方面的提升？

查　钧： 在美国的多轮制裁下，我们虽然面临重重困难，但任何时候我们都不能通过消耗民族感情来获得客户的支持与同情。商业的本质是为客户创造价值，我们要以高质量的产品和服务来回馈支持我们、信任我们的客户，始终坚持以质取胜！越是困难的时候越不能放松对质量的要求。

为了实现自主可控，我们提出"向下扎到根"和"向上捅破天"的战略。

以前我们通过买西方最好的器件做最有竞争力的产品，现在这些器件不卖给我们。要解决这个问题，我们提出"向下扎到根"，就是要在业务所依赖的基础理论、材料、制备工艺、开发设计工具链等方面构建起自主可控的能力。为此我们从全世界吸纳优秀人才，坚持基础研究不动摇，建立了 86 个基础技术实验室、8 个材料实验室；同时围绕硬件开发、软件开发和芯片开发三条研发生产线，打造自主可控的研发工具链。目前，已经完成 13000 多颗器件的替代开发、4000 多个电路板的反复换板开发，完成了 78 款硬件 / 软件开发工具的替代，保障了研发作业的连续。

第二个就是要"向上捅破天"，敢于建立自有标准。在被制裁的情况下，我们不会再完全跟在西方标准的后面修修补补，我们要用创新的系统架构、理论与算法以及软件和硬件结合，去突破西方厂商建立的数十年的"百衲衣"，做一件我们自己全新的"爱马仕"。例如，当西方高性能计算的带宽把我们限制住的时候，我们提出了创新的灵衢架构，从主从架构到对等架构，从多种总线协议、三网分离到统一总线、三网合一，从厚重的 TCP/IP 协议栈到简洁的计算原生语义，可以把带宽提升 10 倍以上；鸿蒙内核从宏内核变成自研微内核，从单机走向万物互联的分布式，具备高可靠、确定性低时延、分布式协同等特点，适合于面向未来万物互联场景。2023 年，鸿蒙内核获得业界商用 OS[①] 领域首个 CC EAL6＋高等级认证[②]。

在众多的单点技术上，我们致力于不断地扎到根，同时，我们通过系统工程构建整体优势，做到不依赖单点技术的先进性。我们有两个协同，一个是"软硬芯"小协同，通过垂直整合、非摩尔补摩尔，软件、算法、架构弥补硬件的不足，系统工程构建产品领先的竞争力。另一个是"云网端"大协同，通过横向组合，发挥华为公司整体的优势，进一步提升解决方案的竞争力和客户体验。

面向未来，我们认为质量不仅仅是华为内部的事情，还需要整个生态产业链的共同努力。我们通过帮扶供应商、帮扶伙伴，繁荣生态，提升生态的质量。一是从硬件视角，主动帮扶供应商，

---

① OS，operating system，操作系统。
② CC EAL6+ 高等级认证，意味着鸿蒙内核达到了全球智能终端操作系统内核领域的最高安全等级水平，标志着华为公司成为全球首个获得该领域最高认证等级的智能终端供应商。CC，common criteria for information technology security evaluation，信息技术安全性评估准则，是依据信息技术安全评估通用标准对 IT 产品的安全功能和安全保障能力进行全方位评估，涉及产品的设计开发、安全功能、交付管理等方面。EAL，evaluation assurance level，评估保障等级。

帮助供应商解决它们解决不了的技术难题，将可获取的器件做成世界一流，保证产品竞争力持续领先。二是帮扶行业伙伴，通过派"飞虎队"主动提供支持与帮扶，解决行业伙伴技术能力不足的问题，加快昇腾、鲲鹏、鸿蒙、欧拉、高斯、盘古大模型等在金融、电力、气象等行业的应用，让伙伴能够更快、更好地基于我们的"黑土地"快速开发应用。

问题3： 2012实验室的研究创新是探索类工作，要容忍失败，如何开展质量管理这项工作？

查 钧： 研究创新具有不确定性，要容忍失败，是大质量管理体系的一部分。ISO 9000发展到2015版的时候，已经把不确定性、适应变化融合到了质量管理里面。我认为研究创新的质量管理，要深刻理解研究创新的不确定性规律，一是要以投资机制的确定性来应对业务的不确定性，即"先开一枪，再开一炮，目标清晰后，敢于范弗里特弹药量"；二是要去思考怎样为科学家和专家的创新构建平台、机制、文化氛围和流程，鼓励探索、碰撞、思辨，广泛吸收宇宙能量，构建起领先的组织能力，最终支撑商业成功。这种管理要符合创新的规律，保证过程开放创新，百花齐放，充分激发科学家、专家的主观能动性和创造力。

企业是以商业成功为目的的，我们的导向是鼓励创新，为公司创造商业价值。我们的研究创新项目流程是一个灵活的、轻量简洁流程，重点抓两端（立项、结题），过程中给予专家充分的自由，鼓励创新。立项时，鼓励边界内充分地张开喇叭口，广泛扫描，关键是看清趋势，抓住先机，不迷失方向；过程中，开放创新，百花齐放，逐渐收敛，不断迭代，结合学术界、产业界和业务战略最新的变化，及时调整目标，若只是技术路径变化，专家说了算；结题时，邀请客户或第三方对项目成果进行验收评价，牵引导向商业价值。

问题 4： 任总提出"没有正确的假设，就没有正确的方向；没有正确的方向，就没有正确的思想；没有正确的思想，就没有正确的理论；没有正确的理论，就不会有正确的战略"。从大质量的角度，如何理解假设创新和思想创新？

查 钧： 随着对质量的认识不断提升，我们也认识到仅仅满足客户需求是不够的，要激发客户需求，超越客户期望。超越客户期望，就要明白未来的客户需求是什么，客户深层次的、没有表达出来的需求是什么，就要有对未来人类社会的憧憬和假设，探索未来，定义未来，开创未来。因此我们只能从假设开始，牵引理论和技术的进步。通过技术创新创造机会，超越客户期望，这实际就是KANO模型①中的魅力质量。魅力质量的实现能够让客户兴奋，从而带来质量的溢价。因此，任总提出的"从假设到方向，从方向到思想，从思想到理论，从理论到战略"是构建大质量体系的源头。思想创新决定了技术创新，技术创新才能激发客户需求，超越客户期望。

　　领先企业如果没有对未来愿景的憧憬，企业就缺乏远见，比如超越摩尔定律、逼近香农极限，这是作为世界级企业克服行业发展瓶颈、带领行业走向未来所需要思考和解决的问题。没有方向的船，任何风都会是逆风。研究创新的目标就要以公司愿景为牵引，体现公司的战略。我们的愿景和追求是做未来智能社会的

---

① KANO 模型，由日本质量管理大师狩野纪昭（Noriaki Kano）提出，它是根据顾客的感受和质量特性的实现程度，将质量特性划分为五种类型，即必备质量、一维质量、魅力质量、无差异质量和逆向质量。

使能者和推动者，基于这个假设、定位和追求，整个公司尤其是技术体系，就需要不断地去思考、不断地去碰撞、不断地去假设、不断地去定义，将其具象化为研究创新要实现的使命和目标。

问题 5： 华为产品的高质量，归根结底取决于每一位研发人员的工作质量，华为如何强化研发人员的质量意识？

查　钧： 前面我们已经谈到，通过质量要求、流程、IT、工具链等的建设，保障我们产品的高质量。但是人的质量意识仍然是至关重要的，意识决定行为，行为养成习惯，习惯体现文化。质量意识，是一个企业从领导决策层到每一位员工对质量、质量工作的认识和理解。营造高质量的文化氛围就必须领导带头，统一质量认知，实现从个体意识向群体习惯的转变。

公司的质量目标是：让华为成为 ICT 行业高质量的代名词。我们研发人员认为"产品的优秀与质量是研发工程师的自尊心""质量不好的产品是研发人员的耻辱"，新形势下，公司管理层明确提出"我们比任何时候都需要以质取胜""以质取胜是华为坚定不移的核心战略选择"。华为公司每个组织都要根据业务的特点制定本部门具体的质量方针和质量导向，并层层解读，落实到业务的活动中。

我们 2012 实验室每年都有全员质量大会、质量月、质量红黑榜、质量标兵、质量奖评选等营造质量氛围的活动，树立质量标杆，提升全员质量意识和质量的认同度，让"坚持质量优先，以质取胜；开放创新，技术扎根铸就质量基石；持续改进，精品交付为客户创造价值"的质量方针深入每个人、每个组织、每项业务活动中，牵引个人、团队不断追求高质量，实现以质取胜。

质量第一，交付第二，成本第三

李建国访谈纪要

（访谈时间：2023 年）

问题 1： 您在华为生产制造系统工作了 20 多年，请您概述一下制造领域质量管理的主要发展历程。

李建国： 华为制造质量管理是一个持续发展的过程，可分为四个阶段。

阶段一：从 1996 年到 2002 年，我们构建起了电子制造基础能力，形成了基于"质量检测和质量改进"的质量保证体系。

阶段二：从 2003 年到 2010 年，推行精益生产，通过 IPD 流程和 LTC 流程向研发和产业链延伸，初步形成了基于流程保证的全员全过程质量管理体系和能力。

阶段三：从 2011 年到 2017 年，在精益生产的基础上，开始推行自动化、数字化、智能制造，实施制造能力及制造质量管理前移的质量战略。2012 年，公司建立了统一的制造平台，启动精密制造能力建设，在日、德、中建立起三个工业自动化实验室。

阶段四：从 2018 年开始，倡导工匠精神、全员持续改善与创新突破三结合，深化质量数字化管控，在"三个流"[①]的源头和过程中构筑高质量，走向可信赖、可预防的质量管理。这个体系

[①] 三个流，指从产品设计到投入生产的产品工程数据流、从客户需求到生产指令的生产信息流、从来料到成品出货的生产工艺流。

支撑和保证了我们在制裁常态化、供应多元化的环境下出厂的高质量。

问题 2： 您如何看待华为的大质量体系？在制造系统如何规划和落地大质量？

李建国： 华为的大质量体系就是以客户为中心、全员全面全过程的质量管理，也是基于 ISO 9000 的质量管理体系。狭隘的质量是产品质量，大质量体系还要包括所有流程、领域和环节的工作质量。而以客户为中心、为客户创造价值的公司核心价值观，是大质量管理体系的总牵引。

生产制造系统规划和落地大质量，就是要对出厂质量负责，优先保证高质量，就是要落实全员全面全过程的质量管理。干生产，不能只站在生产看生产，要有全流程系统思维，不管是谁的问题，到我这里都是我的问题，要把战略管好、生产管好，还要向开发延伸，向供应商延伸，向产业链、生态圈延伸。我们认识到，伟大的公司往往有伟大的平台，伟大的平台需要有伟大的研发、采购等。只有周边、上下游都优秀了，才可能有优秀的制造平台。

我们要围绕对出厂质量负责，发挥制造作为"三个流"汇集点的作用，全员全面全过程、全要素都要管起来。IPD 流程的精髓就是各功能领域都要提前介入研发设计前端，比如制造在 IPD 流程的概念阶段就要提前介入，从设计到制造实现数字化打通，在设计中构建高质量；在 LTC 流程上推动订单清洁，从机会到订单、从订单到履行、从来料到出货都打通，客户需求透传；通过 MES+[①]系统，把供应商、工厂和外包厂都联接起来，实现高效管控。

---

① MES，manufacturing execution system，制造执行系统。

具体从以下几个方面落实大质量。

第一，发动全员智慧。制造部已经坚持实施 QCC 改善 27 年，平均每年成立逾 700 个 QCC，平均每月采纳 800 余条合理化建议。

第二，覆盖 IPD、LTC 和生产系统三大主业务流，通过 IPD 向产品设计前端延伸，通过 LTC 向产业链、市场一线、技术服务延伸，从来料到出货、从机会到回款，都要主动去推动改善，落实"三不放过"[①]。

第三，覆盖客户质量、产品质量、工作质量、网络安全、用户隐私、信息安全、生产安全等各个维度和 5M1E[②] 的各个要素。工作质量体现在一切生产、技术、经营活动之中，最好的办法就是"三现主义"，即现场、现实、现物，现场有黄金。

第四，实施供应商质量帮扶，延伸到外包工厂、关键定制件物料供应商、产业链和生态圈。我们的核心制造策略就是自制与外包相结合，业界的一切优势资源为我所用，而又不受制于人。我们基于一致的出厂质量要求和标准，也要延伸到全产业链。

第五，分层、分级、分类的质量问题管理。我们对生产质量问题划分为四个等级，由不同角色组成的团队进行处理和决策，这个团队具有一票否决权；我们形成了"业务部门或工厂自查""制造部层面内审""专项审核"三级稽查机制；同时，我们建立了分层分级的质量改善会议，其中制造、研发和采购参与的三方月度质量会，坚持了 20 多年。

问题 3：在产品质量、成本、进度等各种要素存在冲突时，华为的管理理

---

① 三不放过：未找到根因不放过，未落实改善不放过，当事人未受到教育不放过。

② 5M1E，man、machine、material、method、environment、measurement 5 个英文单词的首字母缩写，即人机料法环测。

念与机制是什么？

李建国："质量第一，交付第二，成本第三，努力以有综合竞争力的成本实现高质量柔性及时交付，安全是更高的质量"，这是我们在长期生产实践中总结出来的一套行之有效、可以落实到每一个人的战略。质量第一，就是当质量和交付、成本有冲突的时候，坚持质量优先；当交付和成本有冲突的时候，交付优先，本质还是以客户为中心。

制造系统坚持质量第一，就是要对所有贴有HUAWEI标志的产品，无论前端的物料质量如何、研发设计质量如何，都要在生产过程中保证质量，做好产品的出厂质量，确保满足客户需求。我们将"以客户为中心"诠释为"对出厂质量负责"。制造是产品出厂质量兜底的环节，我们的责任就是要基于全球一致的出厂质量标准和要求，不管是自制、外包还是代工，不管是国内还是海外，全球任何一个工厂生产出来的产品，都要确保一致的高质量。

制造部主要从如下几个方面落实"质量第一，交付第二，成本第三"的战略：第一，一把手重视，全员参与，始终把产品质量保障放在工作首位；第二，预防为主，在"三个流"的源头和过程中构筑高质量；第三，持续改善，对问题我们鼓励及时发现、及时举手、及时响应、及时排除、及时召回、及时改善和闭环；第四，坚持"生产停线制度"，质量管理最基本的能力，首先就是能够及时看到问题，其次就是问题出现了，要敢于说不，及时清零改善；第五，生产过程要严格执行"三按两遵守"[①]，全员按标准作业，现场也是质量竞争力，是落实质量第一的基础；第六，还要有完善的组织、流程和机制保障，包括质量责任、质量考核与

[①] 三按两遵守，即按流程、按文件、按指导书作业；遵守劳动纪律，遵守工艺纪律。

质量激励等管理机制。

问题 4： 在制裁常态化，先进部件、先进工艺受限的情况下，如何能持续保障产品的竞争力和高质量，实现"以质取胜"？

李建国： 制裁常态化，公司销售、收入会受到一些影响。但是，如果我们守住质量这个底线，就一定可以保证客户对华为的持续信任，也就有可能留住客户。相反，如果在这个时候，因为种种原因放松了对质量的要求，客户就很有可能抛弃华为。因此，我们首先要坚定信心，更加坚持质量第一，更加坚持出厂质量标准不放松。

过去三年，我们面临先进工艺、先进设备、先进制程芯片等各种生产要素无法获取的困难，产品也面临持续不断地改版、快速上量等一系列的挑战。但是，我们通过产业链帮扶，把华为全栈的管理能力和技术向产业链赋能，对关键国产供应商实施驻厂管理，白盒化打开器件的规格、设计和制程，保障了来料的质量；研发、设计和制造等一起提前进行质量策划和风险识别，在设计源头改善，保障了产品的改版质量；通过"36把筛子""虚拟一个流"的自动化验证，缩短试制验证周期，提前发现和解决问题，保障了新产品导入过程的质量；通过12层拦截防护网建设、大数据质量预警、市场问题快速反应和联动等，及时拦截和闭环问题，保障了量产过程以及网上运维的质量。

这说明，即使在最严峻的情况下，我们也有能力保障出厂的高质量。面向未来，我们一方面要继续坚持夯实基础，全员持续改进，用工匠精神和工匠技能解决产品精度的问题，保障产品出厂高质量；另一方面，要通过全方位、系统性创新（包括产品创新、制造技术创新、生产模式创新等），解决技术能力的瓶颈。我们要重点在用人、装备、制造研发、技术手段上加大创新投入，通过部分核心零部件自制和规模量产，积累核心制造能力，牵引产业链能力提升，实现器件"三流变一流"的突破，支撑"造得好、造得优"。

问题 5： 华为制造在数字化、智能化上采取了哪些措施，取得了哪些成果？

李建国： 华为制造的数字化、智能化是建立在精益生产的基础之上，同步世界发展的。早在 1999 年，我们就开始与德国 FhG 合作厂房规划和自动化设计。2013 年德国提出工业 4.0，次年我们就开始数字化制造的探索，2015 年公司启动智能制造战略项目，我担任项目经理。

我们首先明确华为智能制造的推行策略，例如，坚持智能制造要优先保证高质量，要坚持人机协同，而不片面追求全自动和无人化；在项目规划上，我们先抓住主要矛盾，从扩大生产自动化覆盖和规模应用入手，优先实现设计与制造数字化融合，大幅度改善质量和提高生产效率，一步步实现从自动化到数字化到网络化到智能化，从智能产线到智能车间到智能工厂到智能园区；在项目推行过程中，逐渐形成了华为"三个流，一朵云"的智能制造架构。

智能制造项目取得了显著成果，保证了产品制造出厂质量。2015 年项目启动之初，公司投入 4.2 亿元，要求三年收回投资，三年后财经进行验收，投资回报率达到 118%。项目验收完，我们把项目变成实体组织，成立了工业自动化实验室，建立了生产装备、制造 IT 系统的开发能力，例行推进自动化、数字化、智能制造。

在业务效率上也有了很大提升。比如，近 5 年来，制造作业人均产出平均每年提升 27.6%；旗舰手机生产，2013 年的生产节拍①时间为 60 秒、每条线 86 个人，优化到现在一个生产节拍只需要 26 秒、每条线 15 个人，人均产出效率提高了 13 倍；物料配送人均作业效率平均每年提升 50%，制造物料配送作业基本实现无人化；ICT 整机制造平均周期改善 90%，95% 收敛周期改善 77%，制造成本降低抵消了人力成本增长，整体成本还有改善。

问题 6： 华为大量学习和引进了日本、德国的质量工艺与方法，您能否分享几个亲历的例子？在借鉴最佳实践的基础上，华为有哪些创新和发展？

李建国： 学习日本和德国，首先是在思想和模式上。日、德都把制造作为价值创造的重要环节，从国家到企业都非常重视制造的投入和持续积累，在高成本地区实现了以合适的成本生产出高质量的产品。从 2005 年开始，我们请了几位丰田退休的董事做顾问，坚持到现在。其中有一位老先生叫增冈范夫，曾任丰田发动机工厂厂长，我问他为什么来指导我们，他说："精益生产绝对是好东西，是宝贵的财富，如果我不传给你们，我死了带到土里就浪费了，我要贡献出来。"我们还请西门子顾问培训六西格玛，请博世作为顾问，把丰田精益生产方式与德国的架构性思维、科学化管理结合起来。

日、德的工匠精神值得我们持续学习。日本精工认为工匠的作用就是做机器代替不了的高附加值工作。2015 年，我去日本精工考察，在现场看到一位老技师，从事高端品牌 CREDOR（贵朵）的精密组装（有 230～250 个零部件，共 221 道工序），每天只能完成 2 块表，每块价值 250 万元，这些都是机器难以替代的，公司会给予这类工匠很高的补贴。德国雄克公司是做夹具的，公

---

① 节拍：一个产品产出到下一个产品产出的间隔时间。

司在乡下，周边10公里没什么人，但他们做的产品世界第一。他们的员工非常有自豪感，家族几代人都在里面干，而且世界名校、学历很高的人也愿意在里面干。

我们还向韩国企业学习"T-1"按节拍生产，也向国内优秀企业学习，包括制造、互联网、物流行业等，它们的信息化、自动化也做得非常好。

总的来讲，我们的经验就是，请最好的老师，在生产一线"念哈佛剑桥"，兼收并蓄，吸收日本的精益思想、德国的工业工程、美国的系统工程、韩国和中国企业的工程方法。我们始终抓住核心制造能力，既没有采用美式全外包，也没有采用日、德的全自制，而是结合公司实际情况和发展，自制、外包相结合，一切优势资源为我所用，确保一致的全球出厂高质量，交付更及时，综合成本有竞争力。

一切工作都以质量为先

杨超斌、何刚、熊乐宁、高可心、陶景文、曾凡丽、周智勇访谈纪要
（访谈时间：2022—2023 年）

问题 1： 华为在先进器件的获取上受到限制后，提出了"用三流器件做一流产品"，您觉得这个目标现实吗？经过了这几年的实践，做到了吗？

杨超斌： 我对"三流做一流"的理解是：不是用三流器件，而是用三流的工艺来做一流的产品。这些器件有可能在工艺水平、技术性能上差一点，但不代表质量差，我们对器件质量还是有严格要求的。长期来看，我认为这个目标能够实现，并且已经取得了一些进展。

第一，通过系统工程方法弥补短板，来达到整体性能的最优，实现"三流做一流"。比如对于 5G 基站，能耗很关键，实际上基站能耗 90% 以上发生在模拟部分，包括 SingleRAN[①]，只要在射频的能耗能够做到比友商低，其他 10% 的部分能耗高一点，也不影响整体系统能耗水平，这就是扬长避短。再比如，在基站架构上有两种：一种是业界采用先进的通用器件做出来的基站，部件最优，但不代表整体最好；另一种架构是华为的，关键部件都是自己做，不需要用最先进的工艺，但部件之间的配合可以达到最优。

---

① SingleRAN，华为开发的一种无线网络接入技术。

前两年华为推出的MetaAAU①就是这样的领先产品，友商短期做不出来，因为它要追赶的话，架构要做重大调整。

第二，帮助供应商改进质量管理，提升器件性能，逐步实现"三流变一流"。对部件厂商来说，系统厂商在前面做牵引，是它做好部件的最大的驱动力。我们现在采取的措施是把质量管理进一步向前延伸，把研发人员、质量人员派驻到供应商，帮它们建立起管理流程体系，在供应商的研发阶段就发现问题、改进问题，以此来牵引部件的技术性能进步和质量提升。

问题2： 智能手机是高精密也是海量发货的产品，质量上的一点点瑕疵，都可能在市场上造成重大影响，从手机研发与设计的角度，如何进行质量控制？

何　刚： 华为与所有大厂家一样，都遭遇过手机质量方面的问题与教训，尤其是在技术成熟度、成本、进度与质量要求发生冲突的时候，要有机制和工具来保障质量，不断降低手机的故障率。

第一，强化管理层的质量意识。很多年前，手机产品线就建立了"干部质量末位"的制度，对于负责手机产品开发的主管，不管其他工作做得多好，如果所负责的产品质量排在最后，都要受到处理，比如考评降级，严重不达标的甚至要离开管理岗位。这让各层主管始终有压力，在比拼中不断提升质量。

第二，聚焦产品部件，推敲每一个细节。相比网络产品，手机产品最大的特点就是定制件多，屏、摄像头、电池、结构件等都是定制件，每个部件都是从无到有，先开模，再修模，然后是良品率爬坡，成熟后才能开始交付。定制件是一个逐步成熟的过

---

① MetaAAU，Meta active antenna unit，引入超大规模天线阵列创新方案的AAU（有源天线处理单元）产品。

程,其质量控制的要点就在大量适配、调优的细节之中。比如手机显示屏上有数百万个点,刚点亮时每个点的亮度并不完全一样,要通过大量的数据调整使其变得均匀,这就是"亮度不均校正"。从试制开始,要不断调整,直到把指标固定下来,才能开始上市。

第三,开发先进的工具与方法,减少人为失误。比如,点胶是一个非常精细的工艺过程,对于温度、涂抹的厚度、放置时间、应力释放等都有严格要求。为了做好点胶,我们开发了大量的夹具,根据理论分析、试制、调整,定下来合适的胶嘴宽度、溢胶的处理方法等,基本不需要人工干涉。再比如,手机屏在上线前需要进行检测,以前是靠人眼来看有没有异常点,耗时长,也容易漏检,后来设计了摄像头和软件程序,自动拍照检测,既快又准。好的工具、装备和方法,最大限度减少了人工因素的不确定性,是保障质量的重要支撑。

问题3: 华为受到制裁之后,供应和计划体系受到很大的冲击,如何在复杂的环境中保障对客户的及时准确供应?

熊乐宁: 供应链管理的对象不是一个工厂,也不是一条业务流,而是从供应商、工厂、供应中心、各级仓库、站点、渠道,一直到客户,是一张供应网络。这些网络节点不是孤立的,是伴随着实物流、信息流和资金流,相互影响,错综复杂,供应和需求之间、成本和效率之间难以平衡。也就是说,供应链管理就是要在复杂的供应网络中实现精准供应,这对计划质量和决策质量提出了很高的要求。要做好计划和决策,就得把客户需求、供应能力、库存和订单可视,还要在可视的基础上进行数据分析、What-If[①] 模拟和

[①] What-If,是一种常用的假设分析方法,旨在通过探究不同情况下可能发生的结果,来帮助人们更好地了解事物之间的关联关系。

辅助决策，实现供需平衡、均衡生产。

2019年突如其来的外部制裁，使我们的供应资源受到了巨大冲击，客户需求也产生了极大的波动，当年四季度市场需求波动达到30%~40%。这么大的浪涌过来，一定会使供应网络在某些节点拥塞，但如果按峰值准备资源，又会带来极大的浪费。我们结合从客户到供应商全程全网可视的数据，把不同产品的加工需求、不同客户的订单需求进行策略性错峰生产，实现制造周均衡92%，加工峰值波动从30%降为6%；而且经过发货洪峰的模拟推演和动态的流量控制，实时与现场进行调度指挥，高峰期平均发货周期下降近30%，场地利用率提升40%，节约了7000多万元的制造费用。此外，2020年后再叠加上疫情影响，供应能力变成了约束要素，我们构建了计划三层平衡的能力，支撑供应连续、收入颗粒归仓；物流天网地网资源管理，保障了全球供应网络的韧性和客户交付；在不断解决外部不确定性的同时，2022年年底供应链运作绩效恢复到了被制裁之前的水平，还静水潜流地完成了30年来的华为发货最高峰。

供需平衡、均衡生产的背后，是一套数字化的计划排产和订单调度系统。2019年受外部制裁影响，APS[①]不能升级维护，各种模拟分析的算法底层求解器也没有自主的能力。我们用两年时间重构了全套自主的高级计划引擎和算法求解器，再也不怕被"卡脖子"，还实现了分钟级辅助决策、10倍排产能力提升、80%计划指令自动执行。

运筹帷幄之中，决胜千里之外，供应链要能精准感知客户需求和供应能力，通过数据分析和算法模拟辅助精准决策，统筹规

---

① APS，advanced planning system，高级计划系统。

划供应网络资源并指挥各个环节进行实时、精准的作业，精准供应成为供应链质量管理的核心。

问题 4： 2022 年，华为供应链获得了 EFQM 全球奖（欧洲质量奖），华为是凭借哪些突出表现而赢得这个知名国际质量奖项的？

熊乐宁： EFQM 全球奖是与美国马尔科姆·波多里奇国家质量奖、日本戴明奖齐名的世界三大质量奖之一，华为被 EFQM 评选为"以客户为中心"杰出成就奖，也是首个获得其"6 钻奖"的中国组织。

这个奖项是对华为践行"以客户为中心"的价值观和坚持追求"成为 ICT 行业高质量代名词"的高度评价。顾问告诉我，业界优秀的组织从引入模型到完成质量奖认证评估需要 2~3 年的时间，而华为供应链只用了不到一年。我想这是因为供应链长期坚持客户化、专业化、数字化，持续耕耘、厚积薄发，获得了欧洲顾问和专家的认可和尊重。

第一是客户化。首先，我们从 2014 年就开始积极推进供应链的客户化转型：从被动服务向主动服务转身，从一个交付要素向营销要素和竞争要素转身，从供应保障转身为价值创造；其次是转变工作方法，我们研讨了"供应解决方案五要素"的方法，在项目中系统化、有针对性地开展供应方案设计，解决客户痛点，构筑合同可供应性，系统性解决项目供应问题，支撑客户满意，确保项目经营；再次是转变组织，提升面向客户的人才质量。我们把最优秀的主管和有潜力、有冲劲的年轻人派驻到一线，支撑供应链面向客户转身，到 2017 年我们在全球配置的项目供应经理就达到 500 人，占供应链人数的 1/4；最后，还要与客户协同，为客户创造价值。通过"一客一策"方法，沿交易旅程打开双方流程，识别痛点和诉求，设计客户化供应解决方案，简化交易对象，实现流程对接和在线协同。

第二是专业化。1999年的ISC变革，供应链就基于行业的SCOR模型①构建了计划、订单、物流的专业能力，经过多年的发展，我们在专业能力上不断演进。最近十年，我最深的体会是：好的供应不是响应出来的，好的供应是设计出来的。可供应性设计来源于客户，要以客户为中心主动感知，沿着IPD流程设计产品的可供应性，在LTC流程中落实合同可供应性，并将客户的问题和需求从LTC流程回到IPD流程中优化设计，实现产销研集成设计和"所囤即所需"，持续为客户和华为都带来收益。当然，这几年外部制裁和疫情对供应链带来了巨大挑战，在相互纠缠的供需亿级变量之下，我们逐步建立起销售与运作计划/执行的互动共享式运作架构，以及战略驱动和需求驱动相结合的计划模式，开创了器件—产品—订单—物流的双向模拟、人机协同决策能力，走向自适应计划；借鉴电商"前店后厂"模式和"滴滴打车"的思路，构建了清洁订单、智能撮合和集成调度能力，实现极简订单；我们还跟合作伙伴联合创新，实现节点内高效作业、节点间无缝衔接的智慧物流，保障了供应网络的安全、连续、高效。

第三是数字化。华为供应链数字化转型始于2015年年底的ISC+项目，历经3年建设、2年运营及场景化能力的夯实，我们一步步完成了从数字化、数智化到数治化的建设。第一个阶段是数字化，即业务数字化和流程IT服务化，构建统一的数据底座和可编排的服务化系统；第二个阶段是数智化，进行算法建模，把人工智能的方法引入业务流程里来，使能业务智能化，提高作业和决策效率；第三个阶段是数治化，实现业务治理的数字化，重

---

① SCOR模型，Supply-Chain Operations Reference model，是由国际供应链协会（Supply-Chain Council）在1996年年底开发的，适用于不同工业领域的供应链运作参考模型。

新优化、重新设计业务模式，形成基于"灵蜂"智能引擎的作业模式和"灵鲲"数智云脑的决策模式转型。数字化将过去离散的供应资源联接进来，线性供应链已经成长为复杂供应生态网络，供应链管理从 ERP① 走向 ERP + ②，即从单一企业走向了供应网络的多个企业，从单要素/单变量（物料）走向了多要素/多变量（物料、产能、运能等）管理。供应链将依托 ERP+ 构建供应生态数字化治理能力，与伙伴共同打造"韧性＋极简"的供应生态网络。

问题 5： 华为在市场上有一个策略，即优质资源向优质客户倾斜，提升经营质量，实现与客户共赢。您曾在海外市场工作多年，能否分享一下经营质量方面的案例和体会？

高可心： 我以 P 代表处为例来说明。我是 2014 年年底开始负责该国市场，当时代表处收入只有 3 亿美元，利润和现金流连续两年为负，主要原因是之前和"二牌"③运营商签了一个 6 亿多美元的合同，由于验收条款非常苛刻，只有 1 亿多美元通过了验收。后来我们跟客户做了一个回谈，把历史问题做了一个清理，然后逐步解决新的网络建设、网络优化的问题。这个"二牌"发展非常快，三年时间，市场份额从 30% 多提升到了 50% 多，这时"一牌"就着急了。

"一牌"管理层意识到了网络规划和网络质量亟待提升，新上任的 CTO④ 力推进行网络频谱的优化，这个工程难度很大，CTO 在内部也面临压力。当时负责该国首都网络建设的某西方友商，

---

① ERP，enterprise resource planning，企业资源计划。
② ERP+，ecosystem resource planning，供应生态资源计划。
③ 一牌、二牌分别指某国电信市场份额排名第一、第二的运营商。
④ CTO，chief technology officer，首席技术官。

网络质量改善一直不理想，客户很不满意。而华为和"一牌"的合作主要是在一些边缘省份，我们集中力量帮客户解决了这些省份的问题，得到了 CTO 的信任。后来我们又争取到了在该国首都做一小部分区域改造的机会，代表处全力以赴投入资源做网络优化，拉着客户的市场和技术团队去做测试，实测下载速度比其他区域要快好几倍。这时客户对华为的信心就更足了，经过多次会谈，最终决定把首都区域全网全部给华为。我们的团队也不辱使命，用了一年多的时间，大幅改善了该国首都的网络质量，无论是上下行速度、网络覆盖还是用户体验，都做到了该国第一，客户深度认同华为带来的价值。由于"一牌"和"二牌"都用华为，代表处规模和经营都保持了一个比较好的状态，从我接手时的 3 亿美元，增长到 2018 年我走时的约 10 亿美元，后来团队继续扩大规模，做成了海外最大的代表处，同时盈利良好。

在这个过程中，我最大的体会是，我们讲以客户为中心、为客户创造价值，虔诚的服务态度是一个方面，过硬的服务质量才是根本。电信行业是一个非常有黏性的市场，运营商和设备商做的是长期生意，一个理性的客户选择设备商，本质上是基于厂商的技术实力和服务质量，尤其在发展中国家，运营商对于网络规划、网络质量提升普遍有着迫切的需求。华为敢于把优质资源投到优质客户上，把网络质量搞上去，用户体验越来越好，就能帮运营商赚到更多的钱，这样华为也能基于品牌和品质合理收费，改善自身的经营和盈利，形成一个良性循环。

问题 6： 随着华为自身数字化转型的深入，IT 系统对业务的支撑变得越来越重要，面向未来，华为在 IT 质量保障上的目标与举措是什么？

陶景文： 经过几年的努力，IT 已初步解决了业务连续性和活下来的问题，随着华为业务的高度数字化，需进一步在流程 IT 落实"以质取胜"的战略，全面提升生产和办公 IT 系统质量，更好地服务好业务。

IT"以质取胜"的首要目标是要守住安全稳定运行基本盘，同时助力业务效率提升。作为办公和生产业务的承载平台，IT 要守住质量底线，防范灾难性事件，做到业务不停、系统不破、资产不丢、资金不损、隐私合规、财报可信、资产可恢复，保障公司业务正常运行。其次，随着华为传统的业务运作正在全面地转向数字化，生产办公 IT 系统已经变成支撑业务部门高效运作和为客户服务的关键平台，需要实现 ROADS① 体验，提升业务效率，支撑公司多业态运作。

学习制造部"对产品出厂质量负责制"，落实"对 IT 产品上线质量负责制"。流程 IT 基于"1+6+1 可"② 提供现代化应用和平台服务，形成相应的质量责任中心，每个责任中心要建立责任地图和责任机制，真正对生产系统负责和对用户负责。在每个产品的铁三角组织中要有明确的质量责任人，COO 要承担起产品运维运营职责，要像制造一样对生产环境的质量可靠负责。

重新定义 IT 系统高质量标准，提升流程、产品执行、工具链等过程能力，在设计、开发、运行的全生命周期构建高质量。过去我们的应用和服务从解决连续性的角度上偏重功能，对质量一致性和使用体验重视不足，缺少统一的公司 IT 质量标准。今后要对"什么是 IT 高质量的标准"重新定义，可信、数据一致性、信息安全、网络安全、使用体验等都是质量的要素。建立公司生产

---

① ROADS：实时（real-time）、按需定制（on-demand）、全在线（all-online）、自助服务（do it yourself, DIY）、社交分享（social）。

② 1+6+1 可：1 个数字平台，6+1 可"应用现代化"（可研发、可营销服、可供采制、可人力资源管理、可财经管理、可行政／办公＋可审计／风控）。

办公 IT 系统的总体质量方针、标准和规则，各产品在这个总体要求下发布本产品的质量标准，形成一套完整的质量标准体系。质量控制活动还要构建在工具链上，要从作战平台和数字化治理服务等方面系统审视和进一步优化。我们也要依托数字化运营平台实时感知、预警和解决质量风险问题，应用质量工程方法加强产品和服务的持续改进，达成过程质量和结果质量的目标。

问题 7： 华为每年都要从高校招收大量优秀应届毕业生，特别是顶尖优秀人才，是业界公司抢夺的焦点，华为如何保障顶尖人才的招聘质量？

曾凡丽： 在校园招聘上，公司过去是按学历固定起薪，不区分个人能力，在招聘质量上更多强调面试环节的把关，要求高级干部参与人才的面试选拔过程。2015 年公司进行了一次改革，开始采取差异化的起薪方案，根据考试和面试情况，不按学历，而是根据真才实学来差异化地定级定薪。对这些顶尖人才招聘质量的管理，也不仅关注面试选拔环节，而是向前延伸到人才线索挖掘，向后延伸到工作岗位的成长上。

我们绘制了四张地图：一是名师地图，即知名导师清单；二是尖子班地图，比如清华姚班；三是顶级的竞赛地图；还有其他的地图，比如参加过世界级的项目、在核心期刊发表过文章、拥有专利或者重大的国际发明。只要有线索，我们就可以把信息搜罗过来。华为依托国内研究所建设了 8 个招聘平台，在海外也建设了若干平台，每个平台每年都会做四张地图，我们再按照地图去找人，按图索骥，甚至在有些学生读大一时就开始跟进。

2019 年，任总要求招聘"天才少年"，并把待遇公开，这种张榜招贤的做法，让外界知道了华为对顶尖人才的渴望，让牛人们知道了要往哪里去。其实真正特别牛的人，他们不缺钱，或者他们心目中从来没认为自己会缺钱，"天才少年"计划，让他们觉得华为是一个真正爱才的公司。香港科技大学的一位副校长说，很多企业家都说爱才，但只有任总敢昭告天下，拿个大喇叭对全世界大声地说"天才们，我爱你们"，这是勇敢的心。

在候选人签约完成之后、报到之前，我们会安排专人跟进；报到入职后，还会再跟进半年到一年的时间，帮助他们在部门生存下去，有问题也会帮他们想办法解决。过去几年，华为在全球招聘了数百名"天才少年"，90%以上在公司发展是成功的，不少人已经开始独立做出重大贡献，或成为某个领域的专家组成员。比如，做类脑计算研究的张子阳，一年多时间带领团队发表了10多篇论文；聂子佩入职后一年多，就把某一个算法的性能提升到世界极致，并发表了一篇领域内最高水平的论文。也有少数人不适应在华为的工作，再回到学术圈的，但我们都会保持联系。

当然，"天才少年"只是对外的一个说法，进华为后，这个光环就没有了。公司对优秀人才的定义是：岗位适配的人、能尽职尽责的人。对于不同类型的优秀人才，公司有不同的招聘和选拔标准，不变的是对人才质量孜孜不倦地追求。

问题 8： 大质量涵盖了公司业务的方方面面，如何从组织上保障大质量体系的落地？质量管理队伍和人才建设上，有哪些关键举措？

周智勇： 为了保障大质量体系落地，华为建立了分层分级的质量与运营组织，覆盖各产业、区域和职能平台。公司明确质量是各领域业务一把手的责任，各级质量与运营主管是 Partner（伙伴），对质量与成本、进度与周期、效率与效益、风险与安全、客户满意等负责，支撑一把手抓好质量工作。质量与运营组织设置QA[①]，打造QE[②]，保障质量管理体系的落地，QA要进项目，包括研发项目、营销项目、交付与服务项目、变革与流程、IT项目等。

公司质量部被定位为公司质量的政策中心和集团层面的能力中心，负责公司质量、可持续发展、知识管理、项目管理的政策与目标制定，并协助落地执行，组织开展公司质量文化建设、质量管理体系维护、第三方客户满意度调查，提升全员质量能力等；公司在各业务领域设立CSQC（客户满意和质量管理委员会），确定本业务领域的质量策略和目标，建设、部署和持续改进产品质量管理体系，持续提升产品质量和客户满意度。

在质量能力建设上，公司成立了质量运营专业管理分委会，涵盖所有业务部门，下设3个专家组、2个通用专业技术管理组、11个认证组。通过专委会运作，规划质量运营体系队伍的专业方向及专业能力核心发展内容，开发优化任职资格专业标准，牵引质量运营专家能力提升和发挥价值。截至2022年年底，专委会已为公司选拔了质量运营专业专家级人才700余名、骨干级人才3000余名，为公司质量能力提升提供了专业人才保障。

[①] QA，quality assurance engineer，质量管理保障经理。
[②] QE，quality engineer，质量专家队伍。

折叠屏手机转轴材料
背后的质量故事

作者：终端折叠机项目团队，2012实验室终端材料团队

手机材料千差万别，但有三个共同的要求：可靠性、轻量化和高精度加工。

可靠性，简单点说就是保证手机不变形，这也是消费者对折叠屏手机最基本的质量要求；轻量化，就是材料的重量要尽量小，要让消费者能够单手握持一两个小时也不会感觉到累；高精度，指手机某些零部件尺寸的偏差不能超过一根头发丝大小，保证各零部件精准的装配和相互配合，充分发挥各自性能，保证手机足够长的使用寿命。

我们参与过很多代华为手机产品结构材料的研发，如果要问最困难的任务是什么，我们都会不约而同地提到某款折叠屏手机的转轴。

向航空航天领域看齐

对折叠屏的材料选择，我们一开始还是比较自信的，上一代折叠屏手机转轴的转动件材料，用的是在3C[①]转轴领域普遍使用的中高强度钢，我们

---

① 3C产品，是计算机类、通信类和消费类电子产品三者的统称，亦称"信息家电"。

之前的很多产品用这个钢材都没有产生什么问题。

但是一测试，我们就蒙了。该折叠机采用的折叠方式是内折，与外折的区别太大。内折时，转轴在弯折和跌落场景的受力情况更加复杂。从用户角度，我们需要保证折叠屏手机和直板屏手机遵循相同的跌落高度标准，但是在跌落测试中，一开始就出现了零部件大概率断裂的问题，这让整个团队都很惊讶。

为什么会断裂？我们针对转轴的各个零部件做了具体的分析，认为原因是其中主要承受力量的零部件强度不够，不能承受来自各方复杂的力。转轴的可靠性决定了折叠屏手机能否正常生产，所以我们决定去寻找强度更高的钢材。

我们特意选择了对钢材的强度有很高要求的汽车制造业，用它们的顶配钢材把转动件的强度直接提升几倍以上。但产品进一步验证后，我们发现在整机跌落时，转轴仍然有一定概率的断裂问题。这真是匪夷所思，汽车行业顶配的钢材，强度这么高，也满足不了我们手机小小的转轴？

我们又向对材料要求更高的航空航天工业领域看齐，发现有几种高强钢可能符合要求，其强度又可提升很多。但经过验证后，发现都不能满足公司的可靠性测试标准，没法做到 100% 的可靠性。

此时，团队有些成员的情绪有点崩溃了，茫然地问："这个世界上还有比这更强的钢材吗？"

被雪藏 60 年的钢材重见天日

那段时间，我们每天晚上都召集材料团队开紧急会议，总结这几个月寻找钢材时遇到的问题。最后我们一致认为，项目节点摆在那，重新研发新材料是不可能的了，我们只能打开思路，去寻找那些还未公开发布的钢材。

按照这个方向，我们在国内外针对高强度钢领域的高尖端材料论文、专利、文献中做了新一轮搜寻，没有发现合适的高强度钢材。后来我们与结构材料首席专家一起经过多轮研讨，针对冷门材料领域拜访了许多高校和相关的研究所，结果还真发掘出了一种超高强度的特种钢材，强度比航空航天所用的钢材还要高出很多。有趣的是，这个材料自研发出世已有 60 多年的历史，但由于对冶炼的要求极高，质量很难管控，所以在过去的 60 多年间几乎无人问津。

后来钢厂的合作伙伴问我们："为什么一定要用这么高要求的钢材？我们可以给你提供已经大批量生产的、收益更好的材料。"我们说："我们找了这么久，就是为了拥有更好的材料，做出更可靠、质量更好的手机。"

量产难题怎么破

困难才刚刚开始，我们找到的超强钢的硬度是普通钢的几倍以上，3C 行业几乎没有这种高硬度材料的加工经验。

和以往一样，我们找到一家技术过硬、规模较大的机械加工供应商，他们提供的方法是用模具的方式量产零部件。这种方式做出来的零部件虽然精度很高，但制作效率比较低，根本无法跟上我们的产能。而且我们评估，这种方式需要在产线增加很多台模具设备，成本会大幅提升，这要是分摊下来，消费者得多花多少钱啊？所以这个方法行不通。

我们又找了多家供应商，没有一家工厂愿意给我们加工，都说没有这类材料的加工经验。而且他们觉得这么硬的钢材，加工个七八次，机器上的刀就要被这个高强钢磨废了，得不偿失。最后好不容易有一家加工厂答应尝试帮我们做几个样品，但做出来的效果也不能满足我们的要求。

常规的加工方式和供应商现有的技术都解决不了我们的问题，我们需要转变思维，自己来研发一种创新的加工工艺。于是我们把实验室近 10 年研发的相关工艺资料都捋了一遍，发现有一种很少被用到的特殊加工技术可以把这个零部件做出来。

我们联合供应商一起验证这种特种加工技术的可行性，第一次验证时出现了材料断裂、扭曲、加工不动等问题，成功率特别低。我们研究发现是钢材在常温的状态下不易变形，没有把握住变形时材料变化的规律。后来经过多次摸索，不断调整方案，将复杂度增加了近乎一倍，用更精细、更复杂的方法加工，将每次变形的幅度控制到最小，逐渐地提升了良率，达到了量产的要求。

这种特种加工技术不仅非常省时，对设备的数量要求也很少。良率的大幅提升也满足了质量要求。它比普通高强钢的硬度增强了好几倍，算是超高强钢了，这种强度的材料应用在整个3C行业是史无前例的。

追求轻盈身材

为了给用户最好的体验，我们还需要给手机减重，在满足可靠性的基础上，优选重量最轻的材料。

在该折叠机项目里，架构留给转轴的重量空间非常小。我们历经曲折找到的超强钢，制成转轴后重量却严重超标。手机的转轴由几十个零部件组成，每个零部件都非常小，有些小到和机械手表中的零件差不多，减重的空间非常小。为了不影响转轴整体的可靠性，我们首选给稍大一点的零部件减重。我们测试了各种不同的材料，设计了多种方案，最终比较下来只有寥寥可数的几种材料能够满足可靠性标准。其中密度最低的一种复合材料在3C行业应用不多，但是如果零部件能够使用，重量能减轻一大半以上，所以大家一致决定迎难而上，就用它了。

这种特殊复合材料虽然既刚又轻，但是特别难加工，所以当供应商听到我们极高的要求时，直接向我们摆手说不可能。我们想，如果传统的机械加工无法生产，是不是可以优化一下加工工艺？经过不断摸索，我们又创新开发出了新的加工技术。但试制过程也是困难重重，最初做出的零部件平面度很差，在设计了大大小小 20 多个方案，记不清试错多少次后，平面度才基本满足要求了。但表面处理又遇阻，把几乎所有的表面处理方式都折腾了一遍，仍无果。最后有专家想到一个特殊的加工办法，才终于解决了加工难的问题。

最终，我们在业界开了将该复合材料广泛应用于手机转轴的先河，在这之后，公司很多产品都可以沿用我们的经验来为产品减重。

更好、更精密的转轴

要使这款折叠屏手机能正常开合并拥有最佳的折叠体验，全依赖于构成转轴的几十个精细零部件之间的精准配合。转轴中的主承力部件——龙骨，承担着连接几乎所有转轴零部件的作用，在手机开合时，转轴上各个零部件的力都会传导至龙骨主轴上来。

所以，龙骨的选材不仅要具备一定强度、硬度，且要求极高的尺寸精度。高精度要求龙骨尺寸的偏差不能超过一根头发丝大小，才能使其他零部件能精准地装配到转轴上面，使转轴长期正常转动，这是保证折叠屏手机寿命长的关键。

我们设计了三种材料方案，经过详细评估和方案可行性验证，发现我们研发了多年的一款特殊金属材料，同时符合高强度、高硬度、高精度的特性要求，最终选择了它。

我们开始紧锣密鼓地量产该零部件。由于龙骨需要配合很多零部件，因此从设计上来讲就不是直观的立方体 / 长方体形状，而是包括十几个大小不一的螺钉孔、薄厚不均的形状、局部尺寸尖角及突变等,给生产工艺带来了非常大的挑战。为了使龙骨上连接的几十个精细零部件互相作用时达到最佳性能,经常需要对某个零部件尺寸或形状做设计变更。每一次变更设计后,再生产时就会导致该特殊金属加工混乱,完全无法掌握其稳定性,从而影响最终成形后的材料性能。这就需要我们重新进行龙骨模具设计,不断优化设计来提升该特殊金属材料的加工良率。我们就这样一点点调整、一点点适配,最终生产的龙骨经受住了各种可靠性测试的检验,实现了折叠机的转轴精密、联动转动可靠。

该产品上市后,在返修率、体验等方面都表现优秀。我们用自己的努力,践行了公司"质量是产品生命线""以消费者为中心"的导向。未来我们还将一直走在不断打破认知边界的路上,让消费者体验到极致的科技。

做网络稳定运行的"守门人"

作者：胡波

2022年，亚太地区部技术服务人员承担了多次重大通信保障任务：汤加火山喷发引发海啸、泰国多场重大活动、印度尼西亚国际峰会……那群晚上升级割接的人，那群深夜讨论方案的人，那群测试验证的人，只要有他们在，网络就会永远通畅。

汤加火山喷发：打破信息孤岛，让平安的消息早一点到来

2022年1月15日，由上百个岛屿组成的南太平洋岛国汤加发生了一次猛烈的火山喷发，大量火山灰、气体与水蒸气进入高空形成巨大云团。火山喷发后不久，当地发布海啸预警，首都主要街道被洪水淹没，国际海缆受损，导致国际互联网中断，整个国家几乎与外界失联。

菲律宾代表处维护技术负责人杜彦昌当时正在食堂吃饭，从手机中看到火山爆发的新闻，心想很可能对网络有影响，立即打电话联系华为菲律宾驻巴布亚新几内亚办事处，让本地员工第一时间关注灾情发展。不到一个小时，办事处专项救灾项目组成立，巴布亚新几内亚的现场团队已经集结到位，机关和一线专家在线上集合，开启救灾预案紧急部署，以期在最短时间恢复当

地网络。

　　大家开始分头联系汤加周边斐济、萨摩亚、瓦努阿图、所罗门群岛、库克群岛等区域的客户，进一步确认网络情况，均无果。杜彦昌想到，或许可以尝试通过卫星电话来联系客户。虽然国际卫星链路带宽极其受限，且受火山灰的影响，实现卫星通话变得更加艰难，但灾情当前，这也是打破孤岛的唯一希望。

　　在华为保障项目组的不断尝试下，终于在 2022 年 1 月 16 日半夜一点，第一通卫星电话拨通！电话的那一端，汤加客户表达着信息联通的喜悦："能与你们联系上，这是目前最好的消息了！"

　　但这只是第一步，火山喷发还在持续，最紧要的还是如何快速抢通业务，保障团队按照应急预案已经开始了卫星链路的扩容准备。另外，华为保障项目组依据紧急救灾流程，协同设备单板的紧急供货，跟进客户现场的需求，同时密切关注汤加国际物流、通航等信息，以便技术人员及备件能够在需要的时候第一时间到达现场。

　　1 月 19 日晚，项目组支撑客户新扩容的卫星链路建链成功，当地居民可以拨打国际电话了。然而由于外界都急于了解汤加灾情，卫星链路带宽仍然处于拥塞状态，呼叫接通率低。客户联系杜彦昌，请求协助提升国际语音通话数量。杜彦昌紧急与公司专家团队商讨解决方案，结合历史经验和全球案例评估，最终确定通过"卫星中继链路的编解码优化"方案，可以进一步降低用户通话的带宽占用，从而改善链路拥塞问题。

　　1 月 20 日下午三点，客户高兴地通知，通话数量提高了 1.4 倍，语音清晰稳定，感谢华为的高效支撑。

　　包括杜彦昌在内的所有保障团队成员到此才长舒一口气，连续几天高度紧张的神经，终于得到了一丝放松。然而，海底光缆的损坏，短期内较难修复，漫漫的家园重建路，还需要我们持续坚守保障在最前线。

曼谷峰会：稳住"主场"的网络平安

2022 年 8 月，泰国网络保障团队接到"华为曼谷周"峰会和 APEC（亚太经济合作组织）峰会的双重保障工作任务，至 11 月 APEC 峰会结束，他们在现场投入了 50 多人次，持续坚守了 100 天，经历了近 700 次网络调整和高危操作，部分团队成员更是连续两周进行三天以上的凌晨割接，一丝不苟地守住每一分、每一秒。

黄海瑞，一个来自贵州黔南的小伙，到海外刚一年，作为泰国 A 客户群维护负责人，是这场保障战的中流砥柱。

11 月 16 日，APEC 会议日程已经进入会谈阶段，各项保障工作都在有条不紊地进行中，忽然一位 A 客户群东区客户的电话打破了原有的平静。

"大量的无线、核心网网元都脱管了，不知道对业务是否有影响，请华为支援。"

项目组所有人的心一下子提到了嗓子眼，虽然会议保障区域只是在曼谷，但是其他区域发生了大面积故障，问题影响也必然会迅速发酵。

来不及多想，黄海瑞迅速组织团队进行分析，判断应该只是控制面的问题，并没有业务层面的影响，最终定位是友商的交换机硬件故障，但友商就近并没有备件仓库，更没有现场工程师支撑，而恢复时长至少需要 8~10 小时。这时，客户将期待的目光投到了黄海瑞身上。二话不说，黄海瑞立即召集技术支持中心的专家，把客户的承载网络拓扑重新梳理了一遍，并和客户一起确认在路由上存在一条备用逃生路径，可以在华为的设备上做一条路由，将业务路由引入这条逃生路径上。经过近两个小时的紧张处理，终于打通了应急通道，让所有网元恢复了监控。

看着脱管的网元从灰色一个个变绿，监控大屏前响起了客户的欢呼声，华为保障团队随即投入紧张的告警确认、业务测试上。

就是这一件件不为人知却又惊心动魄的瞬间，构筑了华为与客户之间的互信和支持。

印度尼西亚国际峰会：应急预案防患于未然

2022年11月15日至16日，一场重要的国际峰会在印度尼西亚巴厘岛举行，客户对华为通信保障寄予了厚望。

华为印度尼西亚代表处维护工程师武警带领团队，早早地投入紧张的保障工作之中，从5月就开始与客户对标，20多场服务恳谈会、沟通会，50多次升级扩容，5场容灾逃生演练，一切都在有条不紊地进行中。

陕西汉子武警天性爽朗幽默，常常逗得人忍俊不禁，短短半年就和客户打成一片，客户经常主动要求和他同去机房和站点。对于这次能参与如此重量级的保障工作，他兴奋不已。

11月14日，武警到了运营商主保障现场，代表处各组织主管也和客户高层坐镇督战。这时候客户高层打来电话，投诉说某个VIP区域某品牌手机信号差，保障团队的气氛一下子就紧张了起来，武警即刻组织定位分析。

通过详细分析，凌晨三点，最终给客户答复："手机操作系统在干扰场景下的 RSRP[①]/RSRQ[②] 性能差，导致先脱网。"

这个时候，提前准备的应急预案就起到关键作用了，通过用户驻留优先级调整，将VIP用户拉到无干扰小区，完美解决了这个问题。顺利经受住了峰会正式开始前的这个小考验，保障团队的心里踏实了许多。

最终，在峰会保障期间，印度尼西亚的四大客户群整体设备运行正常，网络性能平稳，机场到会议场馆重要路段实现全覆盖优化，雅万高铁至巴厘岛视频连线通畅，体验效果极佳。

---

① RSRP，reference signal received power，参考信号接收功率。
② RSRQ，reference signal received quality，参考信号接收质量。

2022年12月20日，印度尼西亚通信和信息技术部部长亲自为华为颁发"通信部长奖"，华为也是获得该项表彰的唯一一家设备供应商。每一份成功的背后，都凝聚着无数华为人默默付出的辛勤汗水和努力：历时三个多月，155人集结，429个站点新建扩容，巡检网元5911个，清理风险182例，部署备件2401块，全产品风险预案与客户演练36次，解决117处弱覆盖问题点，对全场820个无线基站、机场高速重要路段、7个VIP区域进行了5轮优化……

2022年，亚太地区部成功完成了69场计划性重大通信保障任务和15起应急性重大通信保障任务，保障了网络的高质量运行。维护工程师们通过高度的责任心与过硬的专业技能，履行了对客户的承诺。

管好"跑冒滴漏",实现账实相符

作者:李真

清理超长期存货,改善项目经营质量

2014年,作为"财经存货管理金种子",我被派往印度尼西亚代表处处理T系统部一个项目群的存货问题。项目受到公司管理层关注,是全球排名前列的超长期存货项目,涉及金额数千万美元,屡被通报。曾有供应链专家、账务专家等先后出差介入协助处理该项目,或许是时间太短,均无果而终,项目组也因此对超长期存货清理失去信心。

我决定从PFC[①]开始"迂回突破",默默坐到PFC旁边,"偷听"PFC与项目组尤其是项目经理的日常工作沟通,以了解项目信息。

有一天,我听到项目经理问PFC:"某子项目不是早就关闭了吗,怎么还有存货类问题被通报了?"听者有心,我赶紧找出该项目的存货数据开始研究:为什么项目关闭了还有存货?原因是什么?这一查不要紧,我发现账上还有近20万美元的超长期存货。

我开始逐个找供应链/站点工程师、合同经理,了解存货实物状态及站点交付情况,一个多星期下来搞清楚了来龙去脉,原来有近千个站点在交付

---

① PFC,project finance controller,项目财务。

时因为挪窜货无记录，导致成本没有及时准确结转。我找项目经理详细阐明，项目经理的眼神中透出惊讶，将清理任务交给了我。之后我协同共享中心和供应链很快便清理了这笔存货。

随后，项目经理给了我一份几十万行的站点交付记录表，涉及 2000 多万美元的超长期存货，是项目组最难"啃"的"硬骨头"。

跑仓库，下站点，核对大量数据，反复求证，半个月后，真相逐渐浮出水面——跨项目借货无法核销导致收入无法确认；跨合同站点挪货无记录；困难站点已发货但无法安装；货物去向不明……问题的解决涉及区域财经、账务、合同管理、PMO[①] 诸多部门，跨部门的沟通比预想中的艰难。在多次开会无果后，左思右想，我联合项目组写明问题场景，明确列示每个解决方案的优劣，从代表处到机关层层汇报，交由领导决策。

最终，历时一个季度，我组织了十几场大会小会，跟项目组一起，盯着几千单合同、几万个逻辑站点，按照决策后的解决方案，一点一点推动执行，终于清理了 2000 多万美元的超长期存货，也为项目组挖掘出了数千万美元的收入。

深挖"土豆"，让账实相符

财报内控，是当时集团财经抓的一项重点工作，具体就是从三张报表（资产负债表、利润表、现金流量表）出发，收入、利润、成本，每一个指标都可以对应到一个个业务行为。这套体系可以把财务到业务的全流程打通。2014 年，印度尼西亚代表处财报内控只得了 19 分，排名全球倒数，被列为公司"内控长期改进不明显"的代表处之一。

---

① PMO，project management office，项目管理办公室。

借助财报内控的东风，我们在印度尼西亚成立了"清历史挖土豆"项目组。我承接项目经理的职责，联合账务、业务、机关区域多个角色，将财报内控涉及的历史问题，如站点存货因各种挪窜货打包报价导致账实不符、收入成本确认不合规、异常超长期开票未回款等，进行挖掘清理。

4月初，地区部要求一个月内必须解决N项目历史账实不符问题。因为诸多手工调账，供应链系统的存货记录与财务系统里的存货金额差了2000多万美元，直接影响地区部20%的站点账实相符一致率，是地区部最重要的账实相符问题项目。

我与账务同事最终讨论，通过内部合同变更，将手工调账导致的虚增存量清零，解决项目账差问题。方案的评审决策、实际操作的沟通，涉及项目组、代表处、地区部及机关各个层面，因为项目本身金额大（数亿美元），交付跨时长，很多记录找不到，而机关要求将所有问题溯源，对于变更事项予以证据证明，于是就有了一线与机关反复地澄清。经过一个月的反复讨论，31单问题合同，每完成一单，账差金额就下降几百万美元，直到最后全部清理。

而后，我与账务同事一起整理出"一张图看懂账实一致关键点"，涉及财经及时准确维护预算、售前规范报价、合同商务及时准确触发收入、供应链领料规范等五大关键角色、50多个关键动作，得到了大家的一致认可。

业财联动，追根溯源，为项目"清淤"

2016年我被调到地区部项目财务重装旅，负责瞄准并协助解决地区部重点问题。

菲律宾代表处的超长期存货和超一年开票收入差异均居南太地区部倒数第一，存货效率更是全球垫底。2014年的S3（交付上ERP）变革率先在菲律宾试点上线，也积累了大量S3问题。

我拉着 S3 方案的关键角色及"问题最痛"成员，天天坐在一起办公，白天找项目经理了解交付验收情况，晚上一起梳理问题和研究 S3 方案，着重解决影响存货问题的 V 项目。

我和项目财务一起研究项目的每一份合同，从订单下发到开票回款，从产品报价到销售、交付配置，从发货到站点验收，每个环节、每条信息流，无一疏漏。徜徉在数据的海洋里，我顺着异常数据断点，抽丝剥茧，多次揪出项目组流程不规范问题，就解决方案也多次与关键角色吵得面红耳赤。在一次次的争吵中，大家不断加深了对 S3 方案的理解，也慢慢达成一致。结果也让人欣慰，V 项目的超长期存货下降了 40%，还贡献了上千万美元的设备收入。

V 项目的大问题基本解决了，但项目关闭的工作才真正开始。项目关闭是项目管理的最后一环，长期以来，大家的重心都放在项目的获取和规模交付上，项目关闭如孤岛般极易被忽视，站点交付状态信息失真、交付文档丢失等问题屡见不鲜，又因为长期无人跟踪处理，与客户对账十分困难，存货清理举步维艰。

菲律宾的问题项目便是如此。整整三个月，我们尽可能通过齐全的站点交付证据，找基层岗位客户验收开票；不断刷新数据信息，找齐合同变更依据，推动管理层与客户高层谈判历史项目打包关闭。同时与内部积极沟通流程，确保客户同意后，能够及时完成内部处理。

终于，在 12 月拿回了项目关闭函。年底，代表处各项财报内控指标显著提升，当月指标全年最佳。

为此，主管还发明了一个新词送给我："二真曲线"。因为我平时性格较"二"，又单名一个"真"；至于"曲线"，主管说自打我去了菲律宾之后，内控指标从每月恶化有了突破性改变，ITO 同比下降了 92 天，超长期存货同比下降了上千万美元，完成挑战目标；关闭了 43 个项目，超额完成目标；屡被通报的超一年开票收入差问题也几乎清理完毕。

精益改善，
让产线像河流一样流动生产

作者：王君，应才耀[1]

2006年3月，我正在工段现场处理QCC小组提案，部门经理老甘找到我，让我接口生产改善工作。从此，我成为精益团队的一员，这一干就是十几年。

"蹲"出来的成果

第一个项目就要攻关一个"老大难"课题。那时的主流产品，是接入网室外柜。机柜与主板、模块、电源之间的连接主要靠螺钉固定，有的机柜用量多达上百颗，加工时常常出现漏装、松动等问题，浪费返工成本不说，还耽搁交付进度，是市场投诉的头部问题之一。

为了解决这个问题，我每天去制造现场蹲点，这是我从日本精益导师增冈范夫那里学来的，他曾使丰田生产系统焕发出崭新的生命力，第一步靠的就是"现场现物"。

早上7:30，我就站到机柜安装现场，生产线加班我也加班。经过大半

---

[1] 本文由王君讲述，应才耀编辑。

个月的观察，我统计出一个现象：95%以上的问题是由新员工造成的，老员工很少发生螺钉漏装、错装。为什么老员工就能将事情一次性做对？我们把观察精力投到连续26个月保持零缺陷的老罗身上，分析他的每个作业步骤和细节，看到老罗每做完一个环节，都用手指着机柜，眼到、心到、手到、嘴到。然而，这个方法虽好，可操作起来比较费时，让所有新人都完全地、熟练地做到也不太现实。于是，如何以老罗的优秀做法为基础，固化成可快速推广的措施，成为我们需要思考的课题。

一天，我在新闻里见到中学生做选择题时会用到一种卡板，上面有固定条框的模型，可以很方便地涂答案，速度既快又不会少涂、多涂、误涂。源于此思路，我立即做了个卡板的工装，只要有螺钉的位置就空出来，而且标上螺孔的数字。拿给新员工试用，效果果然很好，只要把螺孔上标的数字打完，产品就加工完成，大大地减少了螺钉漏打的问题。

漏打问题解决了，螺钉打得是否牢固又如何解决？紧与不紧的辨别基准是什么？进一步观察老罗作业，发现他手上作业包含了高明的技巧，每次拧螺钉都按同一个垂直的方位，不偏不倚，正中靶心，一次到位。这样，我们又对卡板工装进行了改造，厚度以螺钉打紧时的厚度为标准，只有螺钉与卡板平齐，才说明打紧了。

综合这些，我们正式将作业方法标准化：每个螺钉拧5圈，将工装上标识的数字孔打满，自检时使用指向确认法，触摸螺帽与工装的平整度。这样，新员工也能快速上手，而且保证了质量，极大地减少了市场投诉。

后来，我们又进一步推动产品设计前端的改善，减少螺钉装配数量，从源头上简化了作业复杂度，这个经历让我意识到，虽然我们有赖于数据与资料，却都不如亲身深入现场了解事实情况来得透彻，改善只能从亲身实践中得来。

30 天孕育出超短节拍的生产线

2012 年年初，公司要求制造部探索手机产品自制的高质量和标准化制造模式。在此之前，华为制造很少有节拍短于 2 分钟、人力超过 15 人的组装生产线，而终端产品的特征是海量发货、装配作业多，每个工位的节拍时间要求控制在 30 秒以内、人力超过 50 人。这种线体到底是什么样的，人员如何分工，线平衡如何做，设备如何布局，物料如何摆放，产出如何管理，异常如何处理，如何管理开班和收班，等等，方方面面的问题都需要充分考虑。

带着疑问，我和终端业务主管调研了业界先进的生产方法，同时借鉴无线产品全流程拉通样板线的改善经验，结合自制厂房现况，初步设计了产线布局方案并进行了模拟运行。再经过一周的忙碌，第一条手机生产线组建完成。可经过一个月的试运行，我们发现，虽然产线运行正常，但生产效率并不高，这是怎么回事？我们沉下心来，聚焦现场找根因，发现在业界的先进产线，测试工位的 8 台电脑显示器是竖立、错位放置的，操作距离很短，一个工位、一个人就可以完成作业，而我们却是横向排布，需要三个工位、三个人；别人的垃圾回收是在桌面挖了孔，丢垃圾不用弯腰，直接扔到手边的孔中即可……此类有些琐碎、貌似无关痛痒的细节，却直接决定着效率的高低。

这一次，我们记录了 300 多个改善机会点，经过两个月的整改，在车间、NPI[①]、工程人员的共同努力下，自制的生产效率终于得到大幅提升，达到了业界先进水平。

---

① NPI，new product introduction，新产品导入。

30 秒的动作分解成 1000 段

制造部的追求是先将业务简化，按一个流生产，再做到带有人的智慧的自动化，最终实现精益的理想模式。终端产品具备海量制造的特征，持续提升效率是必然的选择。手机加工对精细化管理的要求很高。为了消除隐性的浪费，一定要对各工序进行录像，剖析每个细小的浪费动作。

刚开始，我在录像里看到很多取放、调整、移动等环节的问题，但讲不清具体是怎么回事。后来我了解到专业录像处理可以一帧一帧地慢速播放，便将这个方法延伸到现场改善中，总结出"帧级"动作分析法，可以很清楚地看到伸手、抓握、放下等零点几秒的细微动作。

方法找到了，但真正使用时发现这不仅需要智力投入，还是个体力活。譬如手机组装安装同轴线/接近光小板工位，作业时间是 35.92 秒，与全流程统一的生产节拍时间相差 7.11 秒，这个瓶颈要消除掉。怎么办？我"祭"出帧级动作分析这个法宝，每移动一帧画面就得按一下电脑左键，分析 35.92 秒（30 帧/秒），按每帧 0.03 秒算，就要点击电脑 1197 次，中间还不能出错。每次的作业状况记录到表格上，还得分出是左手动作还是右手动作。30 秒/工位的动作往往需要分析大半天时间，一个工序的录像分析下来经常搞得我头昏眼花、脖子酸痛。

在完成第一步的数据分析后，我又运用精益专业知识对浪费进行分类，区分每个动作是否有价值、是否存在改进空间，如移动取料浪费 0.64 秒、重复扔离型纸浪费 0.12 秒、弯腰放空托盘浪费 0.40 秒。通过动作细化分析，此工位共发现了 28 个问题点，浪费时间 8.62 秒，占比 24%，预估改善后 C/T[①] 可降至 27.3 秒。我们的改善措施，包括搭建空盘回收架，员工顺手放空盘，耗时减少 2 秒/次；制作圆筒放置盒，同轴线呈立体放置，减少

---

① C/T，cycle time，周转时间。

交叉混放，取用时间从 1.52 秒降到 0.24 秒……

就这样，我们完成了终端样板线 50 多个工位细微动作分析，找出几千个浪费点并落实改善措施，使整机装配产出数量提升了 60%。如今，"帧级"动作分析法为改善打开了一扇新窗户，我成了见证者、实施者、传承者，使终端的改善步入细微动作（1/100 秒）的观察、秒级改善的新领域。

按生产节拍产出，每班次、每条线多做 126 台手机

2015 年，为了进一步缩短交付周期，制造部要求终端样板线必须尽快做到连续流生产，全流程实物和信息一个流作业。这就好比产线一旦运转起来，就要像河流一样，不间断地流动生产，中间不能出现停歇和断点。

初步数据显示，从 SMT[①] 到整机全流程涉及的组织环节超过 10 个，调度和排产 6 个以上，加工周期超过 9 天，单线单板在制超过 4 天。问题千头万绪，流程的"水"很深。

我们对每个环节深入调查，顺藤摸瓜，排除表面现象的干扰，画出了现状的价值流程图。另外，还区分了增值与非增值作业，最终确定未来全流程一个流的价值流，其中按节拍时间产出非常关键。

节拍就像人的心脏，心脏有节奏地跳动，身体才有了生命。产线也是如此，节拍一旦确定下来，就决定了每台手机的产出时间，各个环节的产出时间必须受到这个节拍的约束。我们的节拍是 28.5 秒，也就是说，28.5 秒就有一台手机被生产出来。所以理论上，每天的第一台手机，应该在 8 点 30 分 28.5 秒诞生，可实际情况却是，上午 9 点 30 分左右才能见到第一台手机。那 3600 秒的时间去哪了？

---

① SMT，surface mount technology，表面贴装技术。

原来，夜班人员下班后会将物料等集中回收，以防丢失；白班人员上班时先要将手机等物料、半成品拿出来放到工位上，点清数量，才能开始生产，这相当于浪费了 60 分钟。我想到了超市货架上的货物晚上也没回收，借鉴超市管理，结合我们的实际情况，我提出设置标准在制品、巡回物料补充、产品标识定位、生产数量实时监控、作业定人定岗等多条措施，方案得到认可。试行后，上午 8 点 30 分 28.5 秒，首台手机产出，每班次、每条线能多做 126 台手机。

改善无止境。经过终端生产、制造工程、制造质量、研发等部门的通力协作，终端样板线的自动化、生产模式、物流模式进行了多达五次的快速迭代，全流程加工周期降低了 42%，保证了手机按 28.5 秒的节拍时间逐个产出，终端制造模式实现了从乱流到整流生产的突破。

应用"海纳法"，
打造一流的硬件竞争力

作者：吴祥

海纳法[①]融合了业界先进思想和方法，并结合华为硬件难题攻坚的成功实践，实现硬件系统性能、质量和成本最优。具体来说，海纳法可以在如下几个领域发挥其价值。

在物理、化学的底层优化中应用海纳法，识别系统边界内的最优解，使能根技术突破

为了实现硬件产品的"造得出""供得上"，以及不断追求"造得好"，我们必须进行底层材料、工艺等根技术的突破。根技术的突破需要依托跨学科的专业知识，在构建性能表征基础上进行大量的参数优化，以识别最佳的参数组合。

高容量MLCC（多层陶瓷电容）对维持芯片高算力的电量供应稳定性起着至关重要的作用。相对于中低容量MLCC，高容量MLCC一方面层叠层数更高，需要更高的压力使其结合紧密，而高压力将带来更严重的变形，

---

① 海纳法，HINA，即Huawei hardware innovation and optimization approach的缩写，指华为硬件创新和最优化设计方法。

制约切割空间；另一方面，高容量 MLCC 需要印刷更大的电极面积，这使得无功能的缓冲区域变窄。两方面的原因综合在一起，给切割工艺中的切割精度带来很大挑战。为了克服层叠和切割工艺的核心难点，我们首先基于专业知识和失效模式，构建了衡量层叠和切割工序性能的综合统计表征——变形比，从而使能工艺改进实现从基于经验到基于量化数据的范式转移。完成变形比创建后，我们使用实验设计的方法，建立变形比和大量工艺参数之间的函数模型，从而可以基于模型求解出最佳的工艺参数，最终实现核心工艺的突破，层叠和切割工艺良率"三变一"。

通过工程创新和数学建模、优化的有机结合，构筑复杂硬件平台的综合竞争力

硬件系统优化的理想状态应该是既具备高性能、高质量，又能够控制成本。在竞争激烈的环境中，可以运用海纳法，按照"创新—建模—优化"的系统工程路径，持续挖掘硬件系统的潜力，不断接近系统的最佳解决方案。

××产品的高速系统被业界公认为是最复杂的高速系统之一。高速系统的 PCB[①] 图形设计方案以及 PCB 加工制造公差之间存在着复杂的相互影响，导致识别系统的最优解非常困难。我们尝试将高速设计方法、工程经验与数理统计的技术内核相融合，使用"创新—建模—优化"的系统工程方法来对整个系统进行优化。具体来说，首先对每个局部进行设计创新，提出多个可能的 PCB 图形设计方案和几种不同良率等级的 PCB 加工制造公差能力规格，从而形成了一个接近 14 万种组合的设计空间。为了在海量的组合中找到性能和成本兼得的最佳设计，我们使用探索性实验设计的方式，将工程经验注

---

① PCB，printed circuit board，印刷电路板。

入数学建模优化过程，通过精心选择的 50 个组合，完成对整个设计空间最优解的识别，从而实现高速系统的综合竞争力的提升——全链路插损裕量提升了 10%~50%，阻抗加工制造公差实现降级，并可支撑 PCB 采购降成本。

在稳健基础上提升性能，做到"丰田"式的高质量，驱动以质取胜更上一层楼

质量是指产品或服务特性满足要求的程度。这些要求通常来自客户，而特性满足的程度可以分为三个层次。如果使用"问题数"来衡量质量，这是第一个层次，说明质量属于"下游"水平，因为缺陷和问题已经直接影响到了客户体验。第二个层次是使用"规格"来衡量质量，这可以将产品的质量提升到"中游"水平，即产品符合规格要求，但是可能不够健壮。最高层次的质量要向丰田学习，引入田口质量损失的思想，使用"健壮性"来衡量质量。

某激光器具有多个关键性能指标，在传统的设计模式下，由于没有考虑到物理层的成分和尺寸的加工误差，在叠加加工误差后，原先优异的性能可能会快速衰减从而不满足要求。使用海纳法优化，则需要构建性能劣化的典型场景，以计算不同参数组合下的健壮性。相比传统模式只考虑性能，海纳法强调优先进行健壮性的优化，在健壮性高的组合中选择性能高的组合，得到最优解。由于在设计过程中考虑了实际流片的加工误差，因此可以确保一次投片成功。

提升硬件工程"数学"含量，点亮创新的最短路径，在和时间赛跑中构建竞争优势

在非洲草原上，羚羊必须比最快的狮子跑得更快，否则它们将成为狮子

的猎物；同样，狮子也必须比最慢的羚羊跑得更快，否则它们就会挨饿。同理，创新的速度对于攻克难题、取得竞争优势也是至关重要的。通过应用海纳法中各种数学工具进行科学采样、实验和建模，可以显著提高设计、仿真和验证的效率。

天线性能设计优化的过程，往往需要在大量的设计组合中识别出最优的设计方案。每次尝试都需要进行若干小时的电磁场建模和仿真，效率很低。为了提高优化的效率，我们选择海纳工具箱中的代理模型的数学方法代替复杂的电磁仿真方法。该方法首先在设计空间中选择少数有代表性的样本点进行电磁场仿真，获得精确的天线性能数据，并通过机器学习方法对样本点之间的联系进行学习，最终构建能够描述性能变化趋势的代理模型。代理模型是对精确电磁仿真的简单近似，其单次验证时间从原来数小时降低到毫秒级，可以用来快速识别最佳的天线设计，推进优化效率。整个过程可以实现完全自动化，天线性能优化的效率提升了80%，性能提升了30%。

未来三到五年，硬件面临的最大挑战是竞争力的问题，而解决这些挑战的核心在于人。日本的质量管理大师田口玄一博士曾经说过："不懂实验设计的工程师只能算半个工程师。"如今，硬件工程师不仅需要补齐实验设计的能力，还应该具备海纳法，诸如通过创新腾挪扩展设计自由度、基于系统本质创建物理模型、利用各种实验和数据构建数学模型，以及运筹优化识别系统最优解的综合能力。只有这样，我们才能真正做到，变不可能为可能，持续打造一流硬件竞争力。

软件没有银弹，过程决定质量

作者：ICT 产品与解决方案质量与运营部

"软件没有银弹。"计算机科学家布鲁克斯在《人月神话》中一针见血地指出。作为纯粹思维的产物，软件可以无限扩展，异常复杂，没有一种极端有效的武器（银弹），能够一劳永逸地解决软件开发效率和产品质量方面的问题。和业界相比，华为公司软件的复杂度更上一层楼。产品数量异常庞大，很多产品的代码量可达千万行级别，以嵌入式软件为主，运行环境强依赖特定平台和系统集成，不论规模、复杂性、集成度都超出想象。这对质量管理是非常大的挑战。

"过程决定质量"这一业界经验指导无数企业在质量管理上取得成功，华为也是借鉴这个思想，把软件开发的过程具象化，"庖丁解牛"，划分为不同的部分，即从架构到设计、编码、构建、测试的全过程，持续挖掘软件潜力，对软件质量和效率提升的效果非常显著。

在这个过程中，分层分域解耦、图论算法、Committer 机制[①]、开发者测试、持续集成等活动，是一些颇有成效的实践。

---

① Committer 机制，指一批对系统和代码非常熟悉的技术专家（committer），亲自完成核心模块和系统架构的开发，并主导系统非核心部分的设计与开发，且唯一拥有代码合入权限的质量保障机制。

架构设计：模块乐高化，例行重构让软件"永葆青春"

对于软件来说，变化是永恒的，不变是暂时的。需求在变，语言在变，框架在变，工具在变……再好的架构，生命力也是有限的。随着环境变化、新技术引入等，架构一定会走向腐化，怎么修修补补都无济于事。这就需要例行重构，通过一次次"微创手术"，持续优化内部结构，减慢腐化衰老。

分层设计、功能内聚是最重要的架构治理模式之一。简单来说，就是要把复杂问题"分而治之"，同时保证分解后的各个组件像乐高一样灵活，高内聚、松耦合，最终集成为一个完整的整体。

比如，在传送网产品领域，传统软件架构是建造软件大楼的"基座"和"框架"，已经用了十来年，随着环境的变化以及新技术、新功能特性的引入，架构逐渐腐化。5G微波产品的爆发式启动开发，将开发效率问题"逼上了梁山"。为了提高开发效率和质量，十余人的年轻优化团队，一边顶着巨大的交付压力，开发了5G微波等六七个新产品，一边痛下决心，用全新理念和架构重写了十年存量的279万行代码，将其优化为90万行。

如果说传统架构是"雕版印刷"，那么现有的架构就是"活字印刷"。以往每支持一款新的芯片都需要重建一套软件模型，但现在这一套统一的、可灵活拼装的通用模型，可以极大提升软硬件解耦和重用能力，实现"一次开发，多次使用"，而不是之前的"使用一次，开发一次"。支持相似的单板，要修改的代码量比以往减少了一半以上，而且新代码在代码重复度、函数圈复杂度等多个关键指标上更优。

软件设计：图论算法"利刃出鞘"，实现软件性能倍增

为了进一步提升软件性能，华为在数学建模和算法引入上做了一些尝试。

以光网络为例，千丝万缕的光纤遍布在地球的每一寸土地，如人体的神经网络一样不断输送着光和信号。随着网络的演进，站点和站内规模越来越大，光学频谱越来越宽，软件特性越来越多。2019年前，某光交换站点上，软件启动时间很长，严重影响了客户体验。从软件的角度进行性能突破，已经刻不容缓。

在思维碰撞中，该产品性能优化团队创新性地提出了"基于节点可达性的剪枝算法"。简单理解，就是将光层网络划分为多段直路，分别安排人去搜集沿途的信息，并以接力赛的形式进行传递，在每一个分岔路口提供路线指导。由于大多数的搜索请求只是去某一类节点，如"便利店""食堂"等，只要为每一种标签提供指引即可。引入算法后，光层路径搜索速度提升了30倍以上。

不过，这只是解决了生成路径数据的效率问题，数量没有发生变化，依旧占据大量的内存资源。于是，优化团队又借鉴了社会管理的户口制度，为每一个路径数据分配一个唯一的ID（标签身份），所有资源的分配和ID挂钩。这不仅大幅优化了软件内存，还可以支持更大规模的数据。

总结起来，产品性能优化团队从路径的搜索、遍历、存储三个角度，设计了一系列的图论算法，最终将内存优化了接近一半，启动速度提升了5倍以上，响应速度提升了100倍，支撑站点规模翻了4倍。

软件开发：应用软件工程方法，让"一砖一瓦"都可信

没有高质量的代码，高质量的产品就是空中楼阁。软件系统中的每行代码如同"一砖一瓦"，虽然看上去毫不起眼，但其质量的高低却会直接影响高楼大厦的安全与稳定。

华为用软件思维管软件，沿着Committer机制落地、开发者测试、持续

集成，构建软件工程能力，持续提升软件质量和效率。

Committer 机制是一种确保入库代码持续保持清洁的质量保障机制。以基站产品为例，软件架构复杂，技术难度大，质量要求高，且开发项目组涉及多个部门、多个地域的配合，新老开发者开发能力不同，代码提交后出现大量的基础质量问题，直接影响项目交付质量和进度。

为了改变这种情况，团队引入了 Committer 机制，选拔具备相应业务逻辑经验、软件工程技能水平较高的人员为 committer，强化代码审视和同行协助活动。

"这段代码不够简洁。"

"这个函数不安全，容易造成内存泄露。"

"要注意编码的可读性以及可扩展性，不懂这块业务的人很难读懂。"

……

Committer 的守护，让代码多了一层防线。每次合入代码的质量会得到门禁检查、代码检视和 committer 的入库审核等多维度看护，从而保障代码合入质量。同时，committer 还可以帮助软件工程师有效理解规范和要求，交流更高效的代码实现方式，确保优秀经验得到有效传承。

此外，持续集成也是一种先进的软件工程实践，可以让团队以小增量、短周期的方式，开发有价值的软件，并保证软件随时可以可靠地发布上线。以 NCE[①]产品为例，研发过程涉及十几个部门的相互配合，软件发布场景复杂，业务流程包含版本计划制订、例行任务设置、公共底座构建、产品域构建、软件包归档、安装部署、冒烟验证、转测试等主要流程。如果主线代码质量不过关，会导致一系列连锁反应。

NCE 产品部构筑了个人级流水线、服务级流水线和版本级流水线三层流水线防护机制，将质量要求内嵌到各类流水线中。这就像把铁矿石炼成钢

---

① NCE，net cloud engine，网络云化引擎。

一样，只有经过层层淬炼，去除"硫""碳"等杂质，才能冶炼出高质量的代码。开发人员先将代码合入开发分支，小而频地调用持续集成流水线，持续集成流水线会根据预设流程，进行代码静态检查、开发者测试（DT）、构建、安装部署和自动化测试的层层筛选。好比我们在支线上提前设置了多个过滤系统，水流过后泥沙变少，水变清澈，等到汇入主线时，后端的过滤系统只需要很小的工作量就可以保证水质了。通过这种方式，主线版本质量得到了大幅提升，而且由于及时将代码进行冒烟测试，避免了很多问题在最后阶段才被揪出来。

以上措施保证了开发人员每天都有新版本进行联调测试，日构建版本可用度在 98% 以上，构建效率提升一倍，版本高频次、高质量发布。

软件质量和软件开发过程中的每一个环节息息相关，它就存在于每一次需求讨论中、每一次设计斟酌中、每一次提交代码的"回车"中……我们会持续在软件开发过程中落实质量，坚持华为是 ICT 高质量代名词不动摇。

附录

缩略语表

1. AI，artificial intelligence，人工智能。
2. API，application programming interface，应用程序编程接口。
3. APS，advanced planning system，高级计划系统。
4. BCM，business continuity management，业务连续性管理。
5. BG，business group，华为的产业经营单元。
6. BP，business plan，业务计划。
7. CBB，common building block，通用基础模块。
8. CBG，consumer business group，终端业务。
9. CC EAL6+ 高等级认证，意味着鸿蒙内核达到了全球智能终端操作系统内核领域的最高安全等级水平，标志着华为公司成为全球首个获得该领域最高认证等级的智能终端供应商。CC，common criteria for information technology security evaluation，信息技术安全性评估准则，是依据信息技术安全评估通用标准对IT产品的安全功能和安全保障能力进行全方位评估，涉及产品的设计开发、安全功能、交付管理等方面。EAL，evaluation assurance level，评估保障等级。
10. CEO，chief executive officer，首席执行官。
11. CFO，chief financial officer，首席财务官。

12. CIF，cost，insurance & freight，成本、保险费加运费。

13. CMM，capability maturity model，能力成熟度模型。

14. CNBG，carrier network business group，运营商业务。

15. COO，chief operating officer，首席运营官。

16. CRM，customer relationship management，客户关系管理。

17. C/T，cycle time，周转时间。

18. CTO，chief technology officer，首席技术官。

19. DevOps，development & operations，开发和运营，是一组过程、方法与系统的统称，用于促进开发（应用程序/软件工程）、技术运营和质量保障部门之间的沟通、协作与整合。

20. EBG，enterprise business group，企业业务。

21. EI，enterprise intelligence，企业智能。

22. EMT，executive management team，经营管理团队。

23. ERP，enterprise resource planning，企业资源计划。

24. ERP+，ecosystem resource planning，供应生态资源计划。

25. ESC，executive steering committee，变革指导委员会。

26. ESOP，employee stock ownership plan，员工持股计划。

27. FMEA，failure mode and effect analysis，失效模式和影响分析，是一种用来确定潜在失效模式及其原因的分析方法。

28. GDPR，general data protection regulation，通用数据保护条例，是欧盟颁布的个人数据方面的法规。

29. GSM，global system for mobile communications，全球移动通信系统。

30. GTS，global technical service，全球技术服务部。

31. HLR，home location register，归属位置寄存器，是移动网络中存储永久用户信息的主数据库。

32. HMS，Huawei mobile services，华为移动服务。

33. IaaS, infrastructure as a service，基础设施即服务。

34. ICT，information and communications technology，信息和通信技术。

35. IETF，internet engineering task force，国际互联网工程任务组。

36. IFS，integrated financial service，集成财经服务。

37. IP，internet protocol，互联网协议。

38. IPD，integrated product development，集成产品开发。

39. IPv6+，internet protocol version 6+，互联网协议第 6 版的升级。

40. IRB，investment review board，华为投资评审委员会。

41. ISC，integrated supply chain，集成供应链。

42. IT，information technology，信息技术。

43. ITGC（IT general control），IT 一般控制；ITAC（IT application control），IT 应用控制。它们都是华为内部的 IT 控制标准。

44. ITO，inventory turn over，库存周转率或库存周转天数。

45. ITU，international telecommunication union，国际电信联盟。

46. KPI，key performance indicator，关键绩效指标。

47. LTC，lead to cash，从线索到回款，是华为的主业务流程之一。

48. MES，manufacturing execution system，制造执行系统。

49. MetaAAU，Meta active antenna unit，引入超大规模天线阵列创新方案的 AAU（有源天线处理单元）产品。

50. MRP，manufacturing resources planning，制造资源计划，是对制造业企业的生产资源进行有效计划的一整套生产经营管理计划体系。

51. NCE，net cloud engine，网络云化引擎。

52. New IP，Network 2030 and the Future of IP，简称"New IP"，是华为联合中国联通、中国电信等向国际电信联盟提议的一项新的核心网络技术新标准。

53. NGN，next generation network，下一代通信网络。

54. NPI，new product introduction，新产品导入。

55. NPS，net promoter score，净推荐值。

56. OS，operating system，操作系统。

57. PaaS, platform as a service，平台即服务。

58. PC，personal computer，个人计算机。

59. PCB，printed circuit board，印刷电路板。

60. PFC，project finance controller，项目财务。

61. PMO，project management office，项目管理办公室。

62. PSST，products and solutions staff team，产品和解决方案实体组织办公会议。

63. QA，quality assurance engineer，质量管理保障经理。

64. QCC，quality control circles，品管圈。

65. QE，quality engineer，质量专家队伍。

66. ROADS：实时（real-time），按需定制（on-demand），全在线（all-online），自助服务（do it yourself，DIY），社交分享（social）。

67. RSRP，reference signal received power，参考信号接收功率。

68. RSRQ，reference signal received quality，参考信号接收质量。

69. SCOR 模型，Supply-Chain Operations Reference model，是由国际供应链协会（Supply-Chain Council）在 1996 年年底开发的，适合于不同工业领域的供应链运作参考模型。

70. SDT，sales decision-making team，销售决策团队。

71. SMT，surface mount technology，表面贴装技术。

72. SP，strategy plan，战略规划。

73. SPDT，super product development team，超级产品开发团队。

74. TRIZ，theory of inventive problem solving，是苏联发明家根里奇·阿奇舒勒创造的一种适用于技术创造领域的方法论。

75. TUP，time-based unit plan，基于时间的现金性长期激励计划。

76. UMTS，universal mobile telecommunications system，通用移动通信系统。

77. 1+6+1 可：1 个数字平台，6+1 可"应用现代化"（可研发、可营销服、可供采制、可人力资源管理、可财经管理、可行政 / 办公 + 可审计 / 风控）。

78. 3GPP，3rd generation partnership project，第三代合作伙伴计划。

79. 5G SA，独立接入，是一种 5G 网络模式，另一种模式是 NSA（非独立接入）。

80. 5M1E，man、machine、material、method、environment、measurement 5 个英文单词的首字母缩写，即人机料法环测。

81. 海纳法，HINA，即 Huawei hardware innovation and optimization approach 的缩写，指华为硬件创新和最优化设计方法。

后记

"华为公司管理纲要系列"已经出版了三本图书：业务管理纲要的《以客户为中心》、人力资源管理纲要的《以奋斗者为本》、财经管理纲要的《价值为纲》。这次出版的质量管理纲要与实践，继承了前三本纲要的内容编排体例，即原汁原味摘录高管讲话和相关文件的精华内容，并一一注明出处，以帮助读者更好地理解在不同年代和场景下华为大质量理念的变与不变。同时，本书新增了部分管理者访谈及一线员工的实践案例总结，作为理念原则部分的印证和补充。

华为在质量管理上走过了30多年的历程，形成了浩如烟海的讲话稿、文章、文件和案例等资料文献，比如，华为总裁任正非有关质量理念与原则的讲话稿就多达20万字以上，公司管理层有关质量管理机制的论述也相当丰富，同时一线员工在质量改进实践的基础上，形成了大量鲜活的案例总结与心得体会。要把如此丰富的专业论述，浓缩在一本大众化图书之中，是一项充满挑战的任务。任正非先生在与编写组沟通时，希望这是一本薄薄的、干货满满的书，在编辑工作上也要质量优先。至于编写组是否达到了这个质量目标，各位尊敬的读者，你们是最终的评判者。

本书在编写过程中，得到了华为相关领域领导和专家的大力支持，他们是：曹轶、申胜利、张俊娟、肖晓峰、黄海强、江晓奕、郭玥、汪苗、龚俊华、王晓峰、梁恒俊、陈钧、徐臻、李亚、邵曦、李莉、徐琦海、郭冀川、张锡海、于涛、常小亮、贺婷、孙宇峰、张淼淼、仲金柱、王昊，特此致谢。

编写组

2023 年 11 月

星光下的征程

——华为 MetaERP 替换的奇迹

MetaERP 在 175 个国家和地区于运行中同时切换成功，犹如在飞行中换轮胎，是华为质量管理案例之一

中信出版集团

星光下的
征程

——华为 MetaERP 替换的奇迹

作者：田涛　殷志峰　彭勇（执笔）

中信出版集团 | 北京

质量管理的核心，是把质量要求和标准构筑在业务流程中，以过程高质量保障结果高质量。作为最重要、最复杂的 IT 系统，ERP 系统承载和汇聚了企业的主干业务流程，是实现端到端高质量交付的基础。华为 ERP 系统在遭遇断供停服之后的艰难替换过程，不仅是一场澎湃激荡的软件突围战，也是一场静水流深的质量保卫战。

目 录

序　章　　　　　　　　　　　　　001
1. 船和桥在哪里?　　　　　　　　004
2. 与时间赛跑　　　　　　　　　　009
3. 大胆的计划　　　　　　　　　　014
4. 强渡　　　　　　　　　　　　　020
5. 架桥　　　　　　　　　　　　　033
6. 主力过河　　　　　　　　　　　041
7. 胜利会师　　　　　　　　　　　049
8. 星火燎原　　　　　　　　　　　058
9. 新的征程　　　　　　　　　　　060

序　章

深圳的夏天来得很早，五月中旬，阳光就炙热起来了。从梅林关沿着梅观高速向北行驶 5 公里，有一处繁忙的出口，指示牌上标示：富士康向左，华为向右。从出口下高速，转入张衡路，是一条林荫大道，两边高大的凤凰木开着火红的花，一树树花团锦簇，在阳光的炙烤之下，似乎要燃烧起来。一侧的路上是去往富士康的川流不息的人群，穿着深蓝色制服的年轻人，三三两两，快步赶往工厂。另一侧的路上是通向华为坂田基地的蜿蜒车龙，汽车走走停停，驾驶员在停顿的几十秒时间里，还习惯性地刷着手机。

陶景文就被裹挟在车龙之中，脸上写满了疲惫。看到人行道上不断闪过的年轻的面庞，他不禁回想起 20 多年前的自己，那时他大学毕业不久，只身来到深圳，也是每天从租住的农民房走路到公司，在食堂买几个包子后，就一头扎进软件代码之中。同事都是年轻人，充满激情地开发新产品，一起熬夜加班，晚上在大排档吃个夜宵，再打上两局台球。现在想起来，那是多么简单而幸福啊。后来，他转向市场与销售工作，从中国到非洲，再到欧洲，十多年间跑遍了大半个地球。再次回到深圳时，他被任命为公司 CIO（首席信息官），负责流程和 IT（信息系统）建设。

CIO 的工作不好干。日本管理学家大前研一说过："作为企业 CIO，业务部门要什么你就做什么，这不是一个好 CIO，早晚得下台；但业务部门要什么，CIO 不能满足这些诉求，下台会更快。"这句话，让陶景文认识到 CIO 工作的价值与挑战，也领悟到 IT 和业务之间相爱相杀的缠斗关系，深感责任重大。尤其是在 2019 年 5 月 16 日，华为被美国商务部制裁，170 多个关键 IT 系统都面临着中断风险，全球业务的正常运作受到威胁，他更是感到压力巨大。

"嘀嘀嘀……"一辆越野车从旁边插过来，想强行加塞。放在平时，他肯定会踩下刹车踏板，让它过去。但是今天，他没有给这个机会。他惦记着一个重要的会议，要见一位老朋友。

这位朋友是美国甲骨文公司（Oracle）的区域负责人，因为商业关系，陶景文与他结识多年。在华为被制裁之后，所有与华为有商业合作的美国公司都开始解读制裁令，并采取各种措施，以遵从美国政府的规定。作为华为ERP（企业资源计划）系统的供应商，甲骨文公司也在评估实体清单的影响。从前期传递过来的消息来看，双方继续合作的可能性很小。今天，这位区域负责人将会给他一个正式的答复。

"陶总，我们和华为有着20多年良好的合作，从我们的意愿来讲，是非常希望能继续为华为服务的。"

陶景文知道接下来将是不好的消息，但还是抱着一线希望问："贵公司是否已经向美国商务部申请许可了？"

"很遗憾，总部通知我们，停止所有与华为的合作。"

"那我们之前采购的硬件服务器，能不能按时交付？"

"非常抱歉，总部已经取消了这单采购合同。"

"在华为的30多位维护专家，还能工作多久？"

"作为朋友，我非常理解你。但没有办法，他们已经接到通知，马上就离场。"

……

送走这位负责人，会议室陷入了长时间的沉默。没有备件，没有服务，没有升级补丁，ERP系统很快就会像一台年久失修的老爷车，所有人都知道这意味着什么。ERP系统是大型企业必不可少的核心管理软件，其重要性堪比人的神经系统，如果ERP系统崩溃，华为在170多个国家和地区的业务运作就会停摆，企业管理也会倒退回手工作业时代，公司生存会受到严重威胁。

专家撤离得很快。当天下午，平时略显拥挤的办公区就变得空空荡荡，只剩下寥寥几位华为员工站在那里，不知所措。这些专家都是甲骨文公司在中国本地雇用的工程师，他们与华为IT人员一起保障着ERP软硬件系统的稳定运行，面对突如其来的变故，他们尽管内心极不情愿就此中断自己的职责，但是总部的指令必须遵从。

ERP 系统的断供停服，如同奔腾汹涌的大渡河，将困难横亘在华为面前，历史上没有一家公司面对过这样的难题。

大渡河，因水流湍急，两岸陡峭，难以摆渡和架桥，自古被称为天堑。160 多年前，石达开的队伍被阻拦在这里，最终全军覆没。80 多年前，中央红军面对国民党军队的围追堵截，成功强渡大渡河，创造了战争史上的一个奇迹。

面对 IT 领域的"大渡河"，华为同样没有任何退路可走，由全球 200 多家子公司、20 多万名员工组成的主力队伍，能不能像当年中央红军一样创造奇迹，突破生死封锁线？

华为被迫走上了突围之路，数千人的团队即将踏上一段艰苦的征程。在乌云密布的茫茫黑夜中，似乎看不到一丝光亮。

1
船和桥在哪里？

强渡大渡河，关键在于解决船和桥的问题。

2019年6月，陶景文团队在经过多轮讨论与分析后，向公司提出了两个并行计划：A计划，保障现有系统稳定运行，并尽可能延长其生命周期，为突破封锁赢得时间，由张国斌负责；B计划，为ERP系统寻找替代方案，找到船和桥，从根本上解除威胁，由常栋负责。

解决船和桥的问题，无非是两条路径，一是寻找国内厂家替代产品，二是自己开发。有关这两条路径的讨论与验证，前前后后持续了大半年的时间。

这两条路都很艰难，如果采用国产软件包替代，它能否平稳支持华为如此大体量且复杂的业务？如果自己研发ERP系统，那将是一个巨大的工程，从研发到替换，全世界都没有先例。

常栋派出一个团队，与国内ERP系统厂家紧锣密鼓地进行交流和测试、验证。由于华为全球业务场景过于复杂，国内厂家的软件包难以匹配，团队经初步评估和测试发现，如果采用国产软件包替代，则需要进行大量的定制化开发，其工作量和难度可能并不亚于公司自己开发。

所以说，国产替代也好，自研替代也好，实际上都需要华为来主导这个过程，都要自力更生。

但是，华为真的具备这个能力吗？

公司一位领导说："如果有选择，我们最不愿意启动的就是ERP项目。当年仅仅是想更换ERP供应商的提议，都被我否决了，更不要说自己开发了。"

一家大型企业的领导听说华为想把 ERP 系统换了,一连说了三四遍"不可能"。

公司内部一位专家有着 20 年 ERP 系统使用经验,听闻消息后大吃一惊:"这是真的吗?这怎么可能?领导们是疯了吗?哪来的勇气和自信?"

还有人质疑,以前我们只是 ERP 系统的使用者,相当于坐在大船上的乘客,现在要自己造一艘万吨巨轮,能行吗?

陶景文自己也没有信心:"要在不影响业务的情况下替换 ERP 系统,就像把人的神经系统抽出来,还要在这个人活着的时候把它连接回去,同时保证任何一个器官都不出问题,这是多么难的一件事。"

坐船变造船

ERP 是什么?为什么这么重要?替换它为什么这么难?

为了便于读者理解 ERP 的概念,我们先举一个例子。假如一位个体户经营一个煎饼铺子,需要管理鸡蛋、面粉、大葱等十几种食材,他通过眼看心算就能管得过来;假如他经营一家便利店,涉及几十、上百种商品的进、销、存和价格,那光靠他的脑袋就不行了,过去要用账簿和算盘,现在要用到电脑表格;假如他经营的是一家大型超市,涉及成千上万种商品的进、销、存,以及管理、会计,即便他拥有牛顿、爱因斯坦的大脑也算不过来,单纯的电脑表格也不够用了,这时就需要用到类似 ERP 的管理软件系统。

诺贝尔经济学奖获得者科斯提出,企业的本质就是一种资源配置的机制。ERP 系统就是支撑企业资源配置的软件系统,中文全称为"企业资源计划"。其雏形诞生于 20 世纪 60 年代至 70 年代,一些制造企业开始采用计算机辅助生产管理,提出了物料需求计划(MRP)系统,主要功能是管理物料需求与供应;80 年代,升级为制造资源计划(MRPII)系统,这是一个将生产、财务、销售、采购等各子系统集成为一体化的系统;90 年代初,高德纳咨询公司(Gartner)提出了 ERP 的管理思想。ERP 系统综合了企业各方面的资源,支撑着公司人、财、物的资源配置，实现全员深度参与，成为现代企业经营管理必不可少的软件系统。

而用于大型企业的高端 ERP 系统，更是被视为企业的神经系统，一旦中断，业务就会停摆。这些企业规模大、业务板块多、流程复杂，涉及多语言、多币种、多会计准则，ERP 系统要支撑这个庞大系统的有效运作，适配不同业务场景需要，其复杂度和难度可想而知。

ERP 系统的本质，是先进企业管理经验的软件化沉淀。企业引入 ERP 系统，不仅仅是购买一套软件，更多的是引进软件所沉淀的流程经验和管理智慧。ERP 系统还需要产业链上游的信息技术支撑，包括服务器、存储等先进硬件设备，也包括数据库、操作系统、开发工具等先进软件系统，而这些底层技术大都为美国公司主导。如果软硬件捆绑形成事实标准，替换就会更加困难。

ERP 软件需要长期积累与大量投入，可以说是时间与金钱的积分结果。一直以来，高端 ERP 系统都由甲骨文、思爱普（SAP）等欧美厂商主导，在中国市场，这两家公司的产品覆盖了各行业的龙头企业，和华为一样，这些大型企业也对欧美厂商形成了很强的依赖。国内厂家在 20 世纪 90 年代中期开始 ERP 系统开发，经过 20 多年的创新发展，取得了巨大的进步，但在高端 ERP 系统市场，仍然难以撼动欧美厂商的优势地位。

华为自 1996 年引入甲骨文公司的 ERP 系统，历经 20 多年的应用实施与升级优化，截至 2019 年，ERP 系统数据积累到惊人的 150T[①]：全球 500 多万份合同履行、6 万多个项目交付、7 亿多行采购指令、24 亿多行库存交易、33 亿多行发货订单、17 亿多行应付发票、15 亿多行应收发票……这个系统承载了华为多年管理变革所沉淀下来的经验，支撑了全球业务运作。基于精细化业务管理要求，华为对 ERP 系统进行了大量定制开发，代码高达 490 万行。在 ERP 系统外围还有 300 多个作业系统，与 ERP 系统拉链式集成，频繁进行数据交互，形成了一个错综复杂的庞大系统。

华为在 IT 建设上的策略是"用欧美砖修长城"，主要 IT 系统大都使用欧美厂商成熟的软件包，这对华为快速引进西方优秀管理经验、提升企业经营

---

① T 指太字节，是计算机存储容量单位，也常用 TB 来表示。1TB=1024GB。——编者注

管理水平，起到了非常重要的支撑作用。但在这个策略之下，流程 IT 部门的定位更多是一个项目实施、资源管理和系统开发部门，而不是专业的产品研发部门，尤其缺乏大型商业软件的开发经验。

这一群过去习惯了坐大船、过大江的乘客，现在被迫要自己造船了。

历史上没有哪家公司这样干过，连想都没有想过。

背水一战

那一天，
我不得已上路，
为不安分的心，
为自尊的生存，
为自我的证明。

在陶景文的脑海中，无数次响起刘欢演唱的这首《在路上》。在他看来，ERP 系统替换之路的开端，就是不得已而上路。在各种意见和畏难情绪弥漫的时候，他需要在公司内部争取到足够的支持。

公司领导特意邀请他和几位骨干一起喝咖啡交流。

交流地点在长廊咖啡厅，它也是一个开放的图书馆，有 50 多米长，靠墙一侧有十多个大书架，摆放了各学科图书。在长廊入口，陶景文注意到有两本摊开的书。一本是《科学：无尽的前沿》，这是二战之后美国科学家范内瓦·布什提交给总统的一份科技政策报告，对美国日后几十年的科学研究与创新产生了极大的促进作用。另一本是罗伯特·卡帕的摄影作品集，卡帕是知名的战地记者，书中收录了他在欧洲各国、中国、越南等地拍摄的优秀作品。

"情况很不乐观，我们必须做一个选择。"陶景文说，"我见了几位国内 ERP 伙伴，尽管他们从来没有遇到过华为这么复杂的场景，但我们还是要团结伙伴一起来干，要为中国软件产业生态的发展架起一座桥。"

领导说："在当前的形势下，我们首先要丢掉幻想。这件事情很难，但我支持你们做。公司已经决策，有一笔 3.28 亿美元的专项基金，你们可以拿去用。"

"感谢公司的支持,一些紧急的 IT 系统替换工作已经启动了。"

"你们还有其他困难吗?"

"领导,现在公司冻结了社会招聘,ERP 系统替换急需业界专业人才,我们能否申请 100 名高端人才的招聘名额?"

"那你们现在就写申请。"

陶景文从笔记本中撕下一张纸,现场写起了申请:"针对关键 IT 系统面临的严峻情况,特申请补充 100 名高端及特殊人才编制,用于打赢 IT 业务连续性及安全防护战役。请公司批准。"

领导当场签字:"同意引进 300 名业界的尖子、中子。"

公司领导给予的倾斜性支持,稳定了团队信心。

与 ERP 系统息息相关的业务部门也给予了坚定支持和承诺,让 IT 团队燃起了斗志。

供应团队是自研的坚定支持者。自 2015 年开始,供应链启动了数字化变革项目,对 ERP 部分外围系统进行了重构,取得了良好进展。他们认为,这些数字化系统就是摆脱 ERP 依赖的底气,现在要做的是进一步把 ERP 交易平台建设好。

财经团队同样坚决支持自研,因为没有其他更好的选择。过去 10 年,他们和多家国内厂商进行过交流,甚至试用过产品,但距离满足华为复杂的业务需求还有较大差距,他们不希望华为 ERP 系统退回到 10 年前的水平:"如果要在中国找一家满足华为业务需求的供应商,这家供应商可能只能是华为自己。"

业务部门没有给自己留退路。他们急切的渴望和坚定的决心,让 IT 团队受到了极大的鼓舞。

"宁可向前一步死,绝不退后半步生。"面对前所未有的制裁与打击,华为上上下下已经形成共识,坚定信心要继续前进,求生存、谋发展。

对陶景文来讲,也到了下定决心、背水一战的时候。

但是,有一个担忧一直萦绕在他的脑海中:"现有 ERP 系统快到生命周期末期,没有保修、没有备件,这台'老爷车'到底还能跑多久?"

他心里完全没底。如果现有系统用不了两个月就崩溃了,那任何未来的计划都没有意义。他凭直觉判断,要找到船和桥,至少要 3 年时间。他对 A 计划负责人张国斌说:"你们要和时间赛跑,尽可能延长老系统的生命周期。"

2
与时间赛跑

张国斌是一位资深的 IT 专家，2005 年加入华为，之前曾在新加坡负责某国际物流公司的 IT 建设。他的团队要保障 3000 多个 IT 系统的稳定和安全，而 ERP 系统是排在第一位的。他非常了解原厂 ERP 系统的情况，华为将其用到了极致，无论是功能、性能还是容量，系统基本处于满负荷状态，极易触发故障。

"我们是带着荣誉感和使命感来维护这套系统的，把它当作大熊猫一样悉心看护。"维护团队对原厂 ERP 系统有着一种又爱又恨的复杂情感，每一次升级、每一次优化、每一次账务月结，都如履薄冰。

ERP 系统被断供停服之后，大家都很着急，怕系统突然崩溃。公司的要求是：哪怕是挖沟、建土围墙，也要把 ERP 系统先保护起来，不能让 20 多万名员工回到用算盘算账、用鸡毛信传递信息的时代。

除了系统本身可能出现故障，张国斌还有一个担心，就是来自外部的蓄意破坏。系统会不会被人为切断？或被黑客恶意攻破？他知道，从技术角度看，凡事皆有可能，不能有任何侥幸心理，IT 系统维护也遵循墨菲定律：如果事情有变坏的可能，不管这种可能性有多小，它都会发生。

为了防止人为破坏，技术团队第一时间采取了应急措施：断网。即通过软件防护，关闭外网接口；在内网构建页面保护罩，缩小暴露面，保护系统免受攻击。

要让这台没有维修保养的"老爷车"继续跑下去，面临着三大挑战。第一是硬件服务器即将到生命周期末期，无维保、无备件，硬件极易损坏；第二是软件补丁不可获得，也没有专家支持，出现问题难以修复；第三是安全漏洞与黑客攻击风险。

张国斌优先要解决的问题，是组建系统维护团队。原厂专家撤离后，华为除了集中自有维护人员，也紧急在社会上招聘业界专家，第一批就招到多位熟悉原厂 ERP 系统的专家，解了燃眉之急。这个团队全天候监控，主动运维，保障了系统暂时平稳运行。

技术团队联合公司网络安全部门，在很短的时间内构建了一套有五层围栏的保护罩，包括防止用户账号被盗用的"身份围栏"，防止网络渗透的"网络围栏"，防止主机软件漏洞入侵的"主机围栏"，防止 ERP 系统原生漏洞入侵的"应用围栏"，防止数据删除或篡改的"数据围栏"。

他们还建立了同城双活、异地容灾、三重备份等机制，保障了老 ERP 系统的极限生存，即在发生数据删掉、软件包甚至备份库被破坏的情况下，业务数据仍然能够恢复。由于系统存储容量达到极限，为了给"老爷车"减负，团队将一些历史文档和旧数据进行归档，给生产环境留下了更多空间。同时向公司建议，进行合同关闭清理、清除历史数据，力求把系统总容量使用占比控制在 65% 的安全线以下。

经过张国斌团队的努力，A 计划取得了良好的进展。2019 年 11 月的一个夜晚，他向陶景文报告："现有系统的稳定性和安全性都得到了有效防护，我们判断，这台'老爷车'至少可以再跑两年。"

大家都松了一口气。

夜晚的园区灯火通明，后勤部门在办公楼旁边的草坪上搭起了"星光夜市"，他们支起帐篷，摆上户外桌椅，为大家提供免费的夜宵。忙碌了一天的员工三两成群，聚在一起喝咖啡，享用点心和水果。

一旁的步道上，喜欢夜跑的人开始行动了，张国斌也在其中。从他办公的 C 区跑到 A 区，一个来回是两公里，晚上只要有空，他都会坚持跑两个来回。跑步的同事不少，在一些有车辆出入的路口，公司贴上了温馨提示："星光不问赶路人，夜跑同学请留心。"张国斌留意到路边新建了一排充电桩，好多员工的新能源车正在这里充电，听说还是免费的。他戴着蓝牙耳机，听着音乐，穿过园区小树林，心想，这可真是一条"充电"的好路线。

　　张国斌并不是一个特别爱运动的人，他跑得很慢，或者说只是比走路要稍快一点，30 分钟跑完两个来回，已是大汗淋漓。和其他夜跑同事不同的是，他不仅是为了健身而跑，更是为了生存而跑。因为他患有心血管疾病，那段时期越发严重，医生嘱咐他一定要减肥，否则可能会有更坏的情况发生。于是，在给老 ERP 系统减负载的同时，他也给自己制订了目标：每个月必须减重一公斤。最终，他成功减重十多公斤。

　　他说，那段时期，他和公司的目标是完全一致的，就是要活下来。好消息是，两者都达成了目标。

大机切换

　　为了进一步延长现有系统的生命周期，A 计划中还有一个举措：把原厂的硬件服务器换掉。

　　替换硬件服务器的任务由周启涛主导。他是资深 ERP 专家，在读研究生期间就学习 ERP 相关理论，毕业后在业界做了 4 年 ERP 系统实施与维护，之后在华为又做了 10 年维护工作，对原厂 ERP 系统有着深刻的理解。

　　华为 ERP 系统数据量大，对硬件性能要求非常高，只有原厂的软硬件一体的机器才能运转起来。一体机有着炫酷的设计，外表是银灰色的工业化风格，镂空的前柜门上写着一个大大的"X"，机器有 2 米多高，重量接近 3 吨，因为体型庞大，所以俗称"大机"。

　　大机安装在华为的数据中心内，这是一座有着严密防护措施的现代化建筑，确保机器稳定运行和数据安全。包括周启涛在内的所有工作人员或其他来访者要进入机房，都要经过数道门禁认证，签署承诺书。在经过堪比机场安检的程序后，再换上专用反光背心，还要把手机所有摄像头用贴纸封上。踏入机房，首先会踩到一块黏糊糊的胶垫，以粘走鞋底的灰尘。接下来便会看到一排排比普通人高出一头的服务器，64 台一组，排列得整整齐齐，随着指示灯的闪烁和散热风扇的嗡鸣声，这些机器为华为全球的 IT 系统提供着算力与存储空间。

每次进入机房,周启涛都有一种强烈的秩序感,空间的规划、机器的摆放、线束的布置以及温度的控制,一切都井井有条。但这种秩序只是一种肉眼可见的表象,在纳米尺度的器件之中,在由代码构成的虚拟空间里,隐藏着各种看不见的危机,随时都有可能爆发。当时正在使用的这组性能强悍的原厂大机,在 ERP 系统庞大的数据负载之下,也显得非常脆弱。自 2017 年春节投入使用以来,它连续跑了 1000 多天,从未休息过。这些年来,它支撑着 ERP 系统运行,经历过无数次数据洪峰,周启涛团队小心翼翼地照看着它。

由于被制裁,华为无法购买新的大机,现有大机也得不到原厂维保,出现重大故障的概率越来越高。周启涛一直有个大胆的想法,就是用华为自研的服务器替换掉原厂大机。但自研服务器一直是作为备用机运行的,从未正式启用。如果直接替换,服务器 CPU(中央处理器)使用率将达到 100%,系统可能会立刻崩溃。

面对这个瓶颈,从业界招聘来的技术专家李凌云通过性能优化攻关,将原厂大机的数据库负载量降低了 40%,这使得大机切换的设想成为可能。

自研服务器即将"转正",这是一次前所未有的尝试。

2020 年 8 月 8 日,夜暗如水,办公楼灯火通明,现场近 50 人,远程 200 多人,等待大机切换时刻的到来。

深夜 1 点,作为现场总指挥,周启涛一声令下:"启动大机切换!"

会议室里异常安静,只听见敲击键盘的声音,大家的关注点都集中到了切换大屏。

一切都在有序地进行:停应用,停服务,停大机数据库,启动自研服务器。

"服务器启动成功!"

"外围应用连接成功!"

"并发管理启动正常!"

……

工作组成员逐个检查验证任务,外围系统验证也同步启动。

深夜 2 点,正当大家准备松一口气时,不料各个验证组陆续爆发问题,让技术保障团队应接不暇,问题迟迟无法解决,现场气氛顿时紧张起来。

数据库管理员贝承发紧急进行检查，发现有部分服务注册不上，技术人员尝试各种方法后都不奏效。

深夜 2 点 30 分，到了决策点，运维经理请示周启涛："并发管理器和服务不可用，存在高风险，如果分析和恢复时间过长，将会造成大范围的周边系统不可用，导致业务停顿。原因还需定位，但是时间太紧，请决策是否回退。"

维护团队近一年的努力，一幕幕在周启涛眼前闪过，他实在不想就此放弃，还想给技术团队争取一点时间。他看了看表说："还有时间，大家放松些，继续定位问题。"

周启涛的镇定给团队带来了信心。

切换团队开始快速排查各种可能。难道域名解析异常了？但域名、网络都是正常的，该重启的都重启过了。

贝承发突然想到，5 年前他遇到过的一个类似问题：数据库配置与 ERP 应用配置冲突。这是一个很隐蔽的软件缺陷。

随着一串串指令的输入，系统成功接通，办公室里一片欢腾。接下来，团队齐心协力，完成 ERP 系统及所有外部应用的验证，系统运行平稳，无任何异常。

大机切换成功完成！

周启涛看着这个相识多年的伙伴被替代，心中竟然有些不舍。不过，这台机器还不会下岗，它将承担新的使命——作为自研服务器的备用机。而周启涛也有了新的使命：从老 ERP 系统的维护者，变成新 ERP 系统的建设者。在这一刻，人和机器都在重新定义自身的价值。

周启涛抚摸着银灰色的金属机框，自言自语道："这真是一台好机器。"

大机的一排指示灯在闪烁，仿佛在回应他说："你也是一个好人。"

"如果机器拥有意识，你会甘愿做一个'备胎'吗？"

"我的价值，是使用我的人来评价的。"

"那么，老伙计，再见了。"

"再见了，我会站好最后一班岗的。"

经过一年多的努力，"老爷车"换了新底盘，焕发出勃勃生机，还可以持续跑下去。张国斌团队赢得了这场生命与时间的赛跑，为接下来"渡河"行动暂时解除了后顾之忧，提供了 5 年左右的时间窗口。

陶景文心里有底了，终于可以撸起袖子，放手一搏了。

3
大胆的计划

2019年12月20日,深圳,多云转晴。

B计划负责人常栋在公司食堂吃完早餐,正绕着园区中的天鹅湖散步。所谓天鹅湖,其实就是一个浅浅的人工湖,因多年前引进了两只黑天鹅而得名,现在它们已经繁衍好几代了。看着红喙黑羽、优雅美丽的黑天鹅一家在温暖的阳光中悠闲地划着水,常栋很是感慨。黑天鹅是原产于澳大利亚的珍贵品种,17世纪以后才被世人知晓,人们常用"黑天鹅"事件来形容那些不可预测、小概率而又影响巨大的事情。过去半年多来,常栋所负责的IT应用领域发生了太多的"黑天鹅"事件,多家西方公司中断升级、停止设备供应、撤走维护专家,在他20年的工作经历中,从未遇到也没有想到会发生这样的极端情况,这些难以预测、不同寻常的事件,完全打乱了原有的IT工作规划,给公司业务运作带来了致命的威胁。

在他负责的B计划中,面临着多座难以逾越的大山:ERP、PDM(产品数据管理)、服务器、存储、数据库、操作系统等。每一座大山的背后,都站着一个或几个美国IT巨头。华为曾经站在这些IT巨人的肩膀上,快速提升了全球化经营与管理能力。现在,被迫走下巨人的肩膀,如何替换掉这些产品,还充满了迷雾。

今天,会有一个重要的决策会议,他将向华为变革指导委员会汇报ERP替换的立项申请,如果获得通过,一场持续几年的大战即将拉开帷幕。

"概率,概率,ERP替换成功的概率能有多少?"他在内心问自己。

"或许能有 50% 的成功率，值得一搏。"一个声音说。

"这件事情从来没有人干过，成功的概率不会超过 10%。"另一个声音反对道。

理智告诉他，ERP 替换这条路，不管朝哪个方向走，成功都将是一个小概率事件。但凡事皆有可能，现在已经没有退路了，只要有 1% 可能，就要做 100% 的努力。这时，湖中的黑天鹅发出嘎嘎嘎的叫声，似乎在对他说："事在人为，只要下定决心，为什么就不能逆向创造一个'黑天鹅'事件呢？"

决策会议在培训中心召开，这是一处被葱郁的树木和竹林环绕的区域，显得典雅而幽静。与会人员都在认真聆听常栋的每一句话，并不时打断提问。这个决策很重要，它关系到未来几年数亿美元和数千人力的投入，更关系到公司全球业务的连续性。

常栋是一位专家型主管，任何时候都充满干劲。他在华为流程 IT 部门工作了 20 年，负责过架构规划、应用开发与实施等各环节工作，对 ERP 系统有着深入的理解。他提交的立项申请，实际上也就是"强渡大渡河"的实施计划。在这个计划里，他提出了两个关键步骤：第一步"解耦"，把原厂 ERP 系统从几百个业务系统中剥离出来，理顺各种接口关系；第二步"换芯"，开发新的 ERP 系统核心模块，并在全球 200 多家子公司里替换掉原系统。

这两步看起来简单，实施起来却异常复杂。其中最核心的约束条件是：在 ERP 系统的替换过程中，要保证全球业务运作不受影响，保证数以亿计的数据不能出错。这相当于在飞行中换发动机，在业界完全没有先例。计划中需要用到的许多关键技术和能力，现在还很不成熟，甚至还没有被开发出来。

这真是一个大胆的计划！尽管大家还有很多的顾虑，但委员会经过集体表决，最终同意 ERP 替换立项，并明确了总体目标：面向未来打造云化、服务化的泛 ERP 架构，用 3 年时间完成新 ERP 主体建设，5 年完成覆盖。

解开一团乱麻

从规划到实施是一个艰难的过程，第一步"解耦"工作就面临极大挑战。

经过前期摸底，ERP系统和业务系统有着极其复杂的关联，共计有3950个业务连接点，2.7万多个数据进出口，关系盘根错节，犹如一团乱麻，老系统不解开，新系统就无法启动重构。这个难题，让总架构师卢强夜不能寐。

卢强有着20年数字化转型经验，经历了多个变革项目的洗礼，他经验丰富、视野宽广、懂业务、懂技术，是一位儒雅的学术型主管。他一直在思考，如何从一团乱麻中理清ERP系统的边界，能否找到一个简单易懂的模型，让所有人都能够理解、达成共识，并以这个模型为基础进行顶层设计。

一天晚上，在项目例会结束之后，他独自坐在会议室，又陷入了沉思。

这是一间典型的华为会议室，前方是一块大型液晶屏，两侧各有两块智慧屏，各种音频、多媒体、网络和智能化设备一应俱全，能够支持全球上百人开视频会议和进行研讨。在几盏明亮的水晶吊灯下，是一张十多米的长条实木会议桌，正对桌子的墙壁上，挂着一个大石英钟。

"嘀嗒、嘀嗒、嘀嗒"，时间一秒一秒流逝，夜深人静，石英钟的嘀嗒声格外清晰。卢强盯着表盘上的罗马数字和交错的指针，想起了当年在大学物理课堂上，老师讲相对论，说时间本质上是不存在的，时间只是人类的幻觉。是啊，时、分、秒，乃至日、月、年，都是基于地球、月球和太阳之间空间运动关系的转换，是人类定义出来的概念。因为有了精确的钟表，无形的时间才得以直观地呈现给每个人，大规模的社会分工与协作也才成为可能。但与此同时，人们的各种活动也被时间所驱动、所约束，被分割成一个个的碎片。比如说，接到一个电话，你必须在几秒之内进行思考并给予回应；回一个信息，你有几分钟的时间来考虑措辞；开一次会，差不多一两个小时，你可以接收和处理较多的信息；而对于一些重要且复杂的事情，你必须以日、月甚至年为单位来应对。

时间，时间，时间，普通而又神秘的时间，这个由人类创造出来又束缚住人的概念，对人也好，对万事万物也好，都是一个天然的分割模型。与ERP相关的数以百计的系统，是不是同样也可以从时间维度进行分割？有一些系统像秒针一样，实时刷新数据；有一些系统像时针一样，可以较长时间不动；还有一些系统介于二者之间，就像分针一样。

通过一次思想实验，卢强提出了"秒针、分针、时针"的模型，以此来界定 ERP 系统的边界，开展顶层设计工作。

"秒针"指实时交互数据的业务作业系统，包括供应、采购、销售、财经等 200 多个自研 IT 应用，它们与 ERP 系统相互连接，每一单采购合同的履行、每一个产品的完工下线、每一次库存的进出货，都要在 ERP 系统中进行交易结果的记录；"时针"指定期披露的报告系统，这部分数据应对的是月报、季报、年报等财务报告系统，并不需要实时变动，只有在特定时间点需要提取；而介于二者之间的"分针"，就是 ERP 核心系统，负责从交易到核算的处理，存放的是企业经营管理最核心的主干数据，要准确地和"秒针""时针"进行数据交互，以确保业务信息与财务信息的一致。

在老 ERP 系统中，"秒针""分针""时针"是纠缠在一起的，华为要构建新的 ERP 系统，首先要顺着这个线头，把业务系统剥离开，即解耦。解耦过程就像庖丁解牛，庄子笔下的庖丁从刚刚入行时"所见无非牛者"，到游刃有余时"未尝见全牛也"，是因为他已完全洞悉了牛的身体结构。在卢强的脑海中，他已经洞穿了 ERP 系统这条"整牛"内部的经络，接下来的解耦工作也就游刃有余了。

经过项目组几个月的努力，"秒针"系统中，3950 个集成点减少了 70% 以上，同时 490 万行定制代码精简了一半；"时针"系统中，7 组报告用表（每组共 1198 张表）合并为了 1 组。被解耦的部分回归各业务领域，由业务各自管理，ERP 系统成功实现了瘦身。

而 ERP 系统核心部分的"分针"，由于各模块间耦合性很强，专家组在进一步的"换芯"方式上发生了激烈的争论，最终达成一致，决定以法人子公司维度进行"换芯"，并以此为基础设计出新系统上线的切换方案。

一团乱麻终于解开了！20 多年来，华为第一次厘清了 ERP 系统的边界，第一次把这块"欧美砖"抽了出来，这让大家看到了前方的曙光。

"换芯"之路

但是，针对第二步"换芯"的设计，比想象的还要困难。现有项目成员过去都是 ERP 系统的使用者，熟悉原厂 ERP 架构，最容易想到的方案就是参照原厂系统"照葫芦画瓢"。但原厂 ERP 系统使用的是软硬件一体机的设计，其数据库是全球排名第一的产品，性能强悍，单一数据库可支撑 170T 数据量，而华为受到制裁限制，能够获得的开源数据库只能支撑 4T 数据量，与原厂有几十倍的差距，无法按软硬件一体式的方式来进行设计。

也就是说，"原样照搬"这条路走不通。"换芯"方向陷入迷茫。

2020 年除夕前一天，陶景文召集了一次茶话会，专门讨论 ERP 系统"换芯"的方向。

一位资深专家谈起公司过去进行 IT 建设时，过于强调"用欧美砖修长城"，导致对国外产品的严重依赖，而且使流程 IT 部门在软件开发能力上的储备严重不足。

"我们不能用今天的变量来谈论过去的事情，那个时代华为采用软件包驱动是最佳选择，软件包承载了业界最佳实践，即使到今天，如果有合适的可用软件包，公司仍然坚持与伙伴开放合作的态度。"陶景文说，"公司是希望 IT 人员聚焦'修好长城'，而不是聚焦'造砖'。我们需要思考的是，为什么这些砖一块块堆叠混乱，别人拿走一块砖头，整个长城就要倒了？这对未来我们在架构上、技术上有什么启发？"

会议达成了第一个共识：不要抱怨过去，要面向未来。

接下来又有人提议，以当前团队的能力，在 ERP 替换上，应该以"逃生"为主，采取"保守治疗"，慎用新技术和新方案。

陶景文不同意这种看法，他说："ERP 系统不是一个新鲜事物，本质是工业化时代的一种计划管理系统，其精神内核是工业文明。最近 10 年，智能化、数字化转型在全世界已呈燎原之势，但传统的 ERP 系统还没有进行革命性的演进。华为要替换掉工业时代的成熟软件产品，是因为时代环境把我们逼上了梁山，但是站在另外一个角度上看，时代也赋予我们创新和超越的机遇。"

他提议，项目组要在未来 3 年内，站在数字化、智能化时代的前沿，重新定义 ERP，而非照搬西方国家厂家的产品。ERP 项目的愿景，是要面向未来打造一个真正云化、服务化、自主可控的核心商业系统！

原样照搬只能永远落后，有样学样的结果很可能是像邯郸学步一样，最后连自己怎么走路都不会了。重新定义 ERP，是一条激荡人心的路，也可能是唯一可行的路。

"万物皆有裂缝，那是光照进来的地方！"（There is a crack in everything, that's how the light gets in.）莱昂纳德·科恩的这句歌词，就是这一刻的真实写照。常栋看到了 B 计划的曙光。

项目组决定，在基于华为能够获得的软硬件产品基础之上，打破原厂 ERP 架构的思维惯性，大胆应用云原生、元数据多租、实时智能等新技术，通过系统工程创新，用"三流器件"打造一流产品，不仅实现"逃生"的目标，还要在产品性能上超越原厂 ERP 系统。

这是一个宏伟的愿景。项目组给华为未来的 ERP 系统取了一个响亮的名字：MetaERP。这个 ERP 将采用元数据（MetaData）驱动的技术架构，大幅提高用户需求定义和灵活编排的响应效率；同时，"meta"直译为"元"，是初始的、为首的、基础性的意思，也包含超越的含义，这也意味着，MetaERP 将是对传统 ERP 的一次超越。

卢强带领架构师团队开启了顶层设计的探索，比如，采取微服务和分布式云化的整体架构，借鉴"书同文，车同轨"的思想统一数据标准，采取"总体控制"和"业务流"的设计，保障业务与财务数据的一致。顶层设计的每一项策略和原则，很多时候都是在各种困难和限制条件约束之下的无奈选择，也是前人没有做过的选择，但专家团队通过系统性思考，大胆采用新的设计思想，这些被逼无奈的选择往往又被变成最佳选择。

为了验证这些设想的可行性，项目组决定，先以一家规模中等的子公司作为标靶，开发出一个轻量级的 ERP 系统，率先进行"换芯"验证，"强渡"成功后，再逐步扩展到全球其他区域。

4
强渡

华为马来西亚代表处位于马来西亚首都吉隆坡的市中心，这里有高耸入云的地标双子塔，有绿草如茵的独立广场，也有充满烟火气的美食街。这里业务发展迅速，差旅便利，也是华为亚太区总部、账务共享中心的所在地。按照 ERP 项目计划，ERP 替换的首场"强渡"战役将在这里打响。

在马来西亚的首场"强渡"是一项协同作战任务，主要工作大都在网络空间完成，吉隆坡、深圳、成都、西安等地的项目成员将用一年的时间来验证和试点 MetaERP。切换时间定于 2021 年年中。

号角吹响，倒计时开始，项目组开始紧急动员，从全球各地调集人手，组建起一支支攻坚队伍。

紧急动员

侯军是成都账务共享中心的一名会计，他在华为财务的不同岗位已经工作了十多年，先后在深圳、阿根廷工作，如今回到成都，这里的生活节奏让他很是惬意。他以为自己会继续这样下去，在天府之国过着波澜不惊的生活。

深秋的一个午后，主管飞哥和他的一次谈话，打破了这份安逸和宁静。

"机关有个项目需要你出差支持一下。"

"具体做什么呢？多长时间？"

"我也不是很清楚，你去了就知道了。"

"'猴'哥，你这是要去做秘密工作了。"旁边的同事笑嘻嘻地对他说。

从成都飞往深圳的途中天气很好，他透过舷窗看到蜿蜒的河流、连绵的群山以及一条条高速公路交织而成的优美线条，猜想着此行的种种可能，但一直没有头绪。

刚到深圳，侯军就被叫到一个封闭会议室。满满一屋子人，他只和其中一位同事打过照面。双方眼神一交会，立即明白，两人都不知道接下来要干什么。会议一开始，领导就强调保密原则，并给每人发了一份文件，要求大家现场签订保密协议，侯军脑海中立即浮现出电视剧中研发"两弹一星"的场景。

就这样，他开始了神秘的 3 年 ERP 之旅。

像侯军一样，数以万计的华为员工为保障业务连续，已经习惯了被拉进各种紧急项目，一种在无形中弥漫的危机感促使大家不问缘由、不讲条件地努力工作。那段时间，华为内部到处都贴着一张"烂飞机"照片，这是二战中苏军的一架伊尔-2 飞机，被打得像筛子一样仍在安全飞行。这张照片激励着大家努力"补洞"，ERP 系统就是这架"烂飞机"上的一个"大洞"。

陈薇林是一个不甘于现状、喜欢挑战的人。制造项目接口人找他沟通，问他是否愿意加入 ERP 项目，至于参加项目做什么，暂时不能透露。联想到当时的外部环境，他大概猜到了要做什么，义无反顾地加入了团队。

一天下午，终端的王如刚突然接到主管的电话："如刚，有个重要的保密项目需要人牵头，这个项目要求很高，我们评估你最适合，你有没有兴趣？"王如刚二话没说，直接应允下来。到了项目组，他才知道自己要负责所有终端相关的 ERP 系统测试。

姚娇龙加入项目组的第一感受是"华为太疯狂了，太敢了"，她突然觉得自己站在了时代的风口浪尖，内心非常激动。但她很自信："我们这段工作的小浪花，注定要被写入华为公司甚至中国软件产业的发展史之中。"

唐志高是一个在技术上很有追求的 IT 男，他认为，经过多年积累，华为已经具备了足够的能力。他在心里暗暗憋了一股劲儿：我们不比任何人差，要做就做一个超越原有系统的软件。他在办公室里大喊："程序员的春天来了！"

……

一场大规模的集结和动员，就这样悄悄地展开了。

财经、供应链、采购等业务部门都在尽最大努力调配资源，将资源优先投入 ERP 项目，大量经验丰富的业务专家加入了进来。

多家与华为长期合作的咨询公司，在短时间内提供了上千份简历，协助筛选了近 20 名来自世界各地的顶级顾问加入项目组。

在软件上和我们长期合作的伙伴公司，也通过各种渠道挖掘资源，召回有 ERP 项目经验的老员工，将优质资源向 ERP 项目倾斜。

"若有战，召必回。"退休员工闻讯，也纷纷表示愿意贡献力量，十多位退休员工返回公司，以独立顾问身份加入了项目组。

各团队加大了专业人员招聘。流程 IT 人力资源部组建了一支特别招聘队伍，通过各种渠道，累计浏览了 5 万多份简历，联系了 1 万多人，经过面谈交流，前前后后共吸引了 300 多名优秀人才入职。

短短几个月时间，一支上千人的团队集结到位。

这是一次紧急动员，也是一次自发的动员。华为过去很多重要的变革项目，大都需要在公司层面大张旗鼓地宣传动员，项目经理还得拿着"令箭"，请求业务部门投入资源，而 ERP 项目可能是唯一一个不需要动员的变革项目。

危机下的恐惧感和紧迫感，是变革项目最主要的驱动因素。ERP 项目是一个自带危机感的项目，就像华为其他很多业务连续性项目一样，在美国制裁令被签署的那一刻，主要的动员工作其实就已经完成了。尤其当项目目标与个人价值能够无缝匹配时，这种危机感就自动转换为使命感，即使是一群平凡的人，也能迸发出巨大的热情与创造力。

大兵团作战

ERP 项目共设立 12 个子项目组，投入 1800 人，高峰期有 3000 多人，管理体系庞大、运作复杂。由于项目工作具有临时性、跨领域等特点，如何让这个超大团队有序运作、不打乱仗，朝着共同的目标前进呢？

常栋有丰富的变革项目管理经验，作为 ERP 项目一线作战"司令员"，他知道，变革项目是一把手工程，领导力是变革的第一生产力，当务之急是把项目指挥系统建立起来。在华为，一般变革项目组都会单独成立一个领导组，负责重大事项决策。常栋一盘点，发现ERP牵涉面太广，基本涵盖了公司各大领域，这个领导组不好组建。

"那你干脆不要搞领导组了，就把ESC（变革指导委员会）作为项目领导组，我们来给你站台。"ESC主任对他说，"这是ESC管IFS（集成财经服务）最重要的项目，如果说未来几年我们只做一个变革项目，那就是ERP替换。"

有了领导层的坚定支持，常栋和ERP项目经理张晓燕设计了大兵团作战的三层指挥系统：第一层是ESC会议层，负责项目方向和重大事项决策，并构建ERP项目领导力，凝聚共识；第二层是项目经理会议层，负责方案、范围及资源投入决策，推动项目关键问题解决及风险决策；第三层是项目交付例会层，负责管理项目落地执行，通过纵向产品管理和横向业务流管理，做好"整车"拼装。

这是一个高效的扁平化指挥系统，实现了项目从战略到战术的执行贯通，保障了项目团队令行禁止、使命必达。

随着深入项目，遭遇各种难题，项目组成员最初的热情开始消退，信心不足的问题开始浮现。上千人的组织运作，如何让上下形成共识，统一思想，凝聚团队力量？常栋认识到，各模块产品经理是团队执行力的关键，把这一层骨干的思想做通，消除他们的畏难情绪，相应队伍的执行力就会大幅提升。他决定要不断地给这一层主管强化项目愿景。项目组开展了20多场次的研讨会、动员会，不断凝聚共识，强化信心。

2020年年底，首场"强渡"的各项准备工作正在紧锣密鼓地推进，一场大规模的"ERP项目启航大会"召开了。会场设在培训中心主楼，在能容纳200多人的阶梯教室里，红底白字的大幅标语格外醒目——"不相信有完成不了的任务，不相信有克服不了的困难"。这次动员会有一个宣誓环节，因此，这些平日里不修边幅的IT人都穿上了西装，打上了领带，显得格外精神。有人在座位上不停地转动脖颈，拉扯衬衣，显然，他们还没有习惯穿正装。

"ERP替换项目的来源是为了活下去，但我们绝不仅仅是为了活下去，而是要面向未来，打造全球最具竞争力的云原生企业管理平台。"常栋的讲话很有鼓动性，"最理解华为ERP 20年建设历程与发展脉络的就是我们这群人，ERP项目相当于华为的'两弹一星'项目，我们不能把这个大难题留给下一代华为 IT 人，而是要让他们从一开始就能够甩开桎梏，昂首阔步向前走。"

"ERP 替换不是逃生，而是新生！"这句掷地有声的话，获得了全场与会者的热烈掌声。大家起立宣誓："作为 ERP 变革项目组的成员，我们深刻理解项目的愿景和使命，我们承诺，保证在 2021 年完成马来西亚子公司的切换验证。除了胜利，我们无路可走，请项目组全体人员监督。"

最后是全体大合唱："团结就是力量，团结就是力量，这力量是铁，这力量是钢……"

每一次会议都像是一次"充电"，鼓舞人心的演讲、热烈的讨论，激情与热忱在会场中弥漫，团队成员的畏难情绪逐渐消散。

在大兵团的集结中，每个人都是变革的践行者，都在积蓄变革的力量。他们争执着不完美的方案，精细打磨着每一段代码；他们参加一个个深夜项目紧急会议，讨论着项目关键节点；他们分工不同，却从不计较是台前还是幕后。会议室的灯光深夜熄灭后，空气中还留存着刚刚激烈讨论的余温。

不完美的方案

马来西亚子公司 MetaERP 涉及数十个产品模块的开发，各团队通过对老 ERP 系统的解耦，吃透原理，开始构建新产品。承担产品开发任务的是一支支年轻的初创队伍，他们没有丰富的开发经验，却无所畏惧。他们通过开发产品和各种测试，在极短的时间内构建出了新系统的雏形。

就在各产品模块开发同步推进时，2021 年 1 月，财经应付模块却传来了坏消息——上线测试遭遇失败，有可能拖延整体进度。产品团队迎来了至暗时刻。

造成测试失败的原因是方案设计存在缺陷，要修复这个缺陷，项目周期可能需要额外增加 3 个月甚至更长的时间。

压力很快传递到了两位女将身上。一位是 ERP 财经领域负责人刘润玲，另一位是 ERP 项目经理张晓燕。

刘润玲曾做过多个 IT 产品的架构师，拥有丰富的理论与实践经验，也是一位追求完美的方案设计师。她之所以加入华为，就是因为心中有一个铸造殿堂级产品的架构之梦。在她的领导下，财经 IT 团队总是能够从用户角度出发，用相对完美的方案，实现业务与 IT 的共赢。

但是，这一次她遇到了挑战。

应付模块涉及资金安全，本着谨慎为上的原则，过去 10 年都没有做架构调整，很多新需求是通过不断打补丁来解决的，因此财经领域希望借此次机会，进行一次大的架构调整，一次性解决历史问题。刘润玲也支持这个完美架构，但由于时间紧迫，方案设计存在严重缺陷，无法通过测试。

现在，有两种选择：一是继续修改完美方案，代价是延长 MetaERP 整体上线时间；二是采取基于原有架构的妥协方案，先保障 MetaERP 在马来西亚子公司上线，以后再解决历史问题。

刘润玲站在业务角度，坚持完美方案。她初步判断，妥协方案不足以支持系统上线。

张晓燕是一位理性主义者，作为 ERP 项目经理，她的压力来自项目整体进度和风险管控。她认为，保障切换时间是第一要务，有多种方法可以使 IT 系统跑起来，哪怕这是一个不完美的方案。

两位女将各执一词，谁也说服不了谁。于是，她们决定各自寻求同盟军。刘润玲找到总体组专家沟通，他们也认同新的架构方案，站在了她的一边。张晓燕去找财经领域主管沟通，优先保障项目按时上线，也得到了对方的理解。

最后的决策时刻到了。

刘润玲再次提出她的完美方案，张晓燕再次反对："大家不要把产品架构和功能实现的权重看得过高，ERP 是一个系统工程，产品建设只占三分之一，数据割接和验证同样重要。我们要综合考虑项目进度。"

决策会开了将近三个小时，刘润玲三次哭着走出会议室，哭完了再回来争论。最终，她妥协了："为了项目的整体进展，我服从集体决策，但是我保留自己的专业判断。"

刘润玲哭红的眼睛里带着委屈，但语气坚定。在集体利益和个人判断之间，她画了一条线，接受妥协方案的同时，保留了内心的完美追求。

刘润玲是一位职业经理人，知道自己必须尽快转换角色，保证项目成功。应付模块的七八十名开发人员在武汉办公，有些还是合作伙伴员工，上线测试失败后，大家都觉得拖了项目后腿，无形的压力笼罩着团队。刘润玲变成了妥协方案的布道者，不仅给开发团队宣讲方案，还要做大家的思想工作。

为了给团队打气，刘润玲和常栋一起到武汉和大家沟通。晚上聚餐，到了19点半，饭桌上的大部分人都戴上耳机，开始开例会，盘点当天的测试问题单。常栋站起来说："弟兄们，大家能不能先停一分钟，先一起敬杯酒。实在脱不开身的，就赶紧吃饱回去加班吧。"

回到深圳，刘润玲就大病一场。

应付模块的测试投入了160多人，使用了5万多个测试用例，大家都在争分夺秒，要把耽误的时间赶回来。

4月14日，第一封用户验收测试日报显示，测试通过率仅19%。

5月23日，用户验收测试待IT解决问题数超过300个。

团队承受着巨大的压力和矛盾的心理。一方面为了质量达标，希望做更多更细致的测试，另一方面是每天都在增长的遗留问题数。

"大家跟我走，一起去武汉现场，将问题攻关清零。绝不能拖项目后腿！"刚接管应付模块开发的产品经理梁立平带队前往中国光谷[①]支援，每天奋战到凌晨两三点。光谷位置比较偏，有人家养鸡，大家常常是在鸡鸣声中进入梦乡。

刘润玲每天都在关注高水位的问题数量，她把自己的办公位搬到了应付项目组，与团队一起熬夜测试。她没有责怪团队，反而组织部门活动，强制大家休息调整，让大家紧绷的神经得到放松，舒缓了长久以来的疲惫。

张晓燕也搬过来帮忙，她专门组建了一个测试团队，与刘润玲并肩作战，帮她协调周边资源，缓解应付团队的压力。

大家拼尽全力，6月底，待解决的问题数终于降到了20个以内。8月20日，问题清零！

应付产品终于度过了至暗时刻，在最后关头追赶上了大部队。这个不完美的方案，经过失败与重生的重重磨砺，终于站了起来。

没有完美的方案，也没有完美的英雄。

后来，在MetaERP于马来西亚成功上线后的第二天，刘润玲找到常栋沟

---

① 中国光谷指武汉东湖新技术开发区，也简称为光谷。——编者注

通,还没开口,她的眼泪就掉了下来。这时常栋才知道,在项目攻关的关键阶段,刘润玲的母亲身患重病,她挤不出时间照顾母亲,觉得很愧疚。现在,项目有了阶段性进展,她申请退休,回家照顾母亲。

在大家眼中,刘润玲是一位广受尊敬和喜爱的同事。员工们都亲切地称呼她为润玲姐,认为她是最好、最美的领导。即便在团队有200多人的时候,她仍然记得住每位员工的名字;即使常常忙碌到深夜,她也要挤出就餐时间与团队成员交流。她的退休决定让所有人都觉得惋惜……

人拉肩扛

而对张晓燕来说,她即将迎来一次大考——MetaERP 在马来西亚子公司上线。几千人没日没夜的努力,几千项任务的协同管理,无数缺陷、问题与风险处置,都要在这一刻得到验证。而马来西亚子公司的这场首战,也和真实战场上的遭遇战一样,是在没有准备好的情况下就打响了。张晓燕心里清楚,在华为,任何困难都不是借口,目标是不能动摇的,人拉肩扛,也要把这个山头拿下来。

上线前的几个月是关键的测试联调期。各产品模块基本就绪,就像是一个个零部件已经运到了总装厂,要拼装成一台可以交付给客户的整车。作为"装配厂厂长",张晓燕清楚地知道,现在的"总装线"还处于手工作业阶段,只能靠人海战术进行测试,拼出 MetaERP 的第一个版本。

何能志是从采购到付款业务流的运营经理,经过亲身实践,他设计出了一个测试程序:在一楼看完采购测试人员完成下单及验收,立即跑到三楼,跟进财经测试人员完成发票匹配及付款,如果出现故障,就地赶紧解决。另外,他每天早上9点召开晨会,讨论每个场景的测试进展;17点开晚会,讨论产品遗留问题,雷打不动。何能志苦中作乐,把这套运作方式命名为"人肉测试线"。像何能志这样的"人肉测试线"还有几十条,供应、采购、工程、行政……涉及公司各部门,还有跨区域的线上接力,每个环节都要跑通。

2021年7月至8月,项目组完成了三轮上线演练。每次演练的夜晚都是一个不眠之夜,近500人投入业务验证中,全要素反复验证和演练,确保所有场景都准确无误。

9月10日14点，MetaERP在马来西亚子公司上线。张晓燕发布动员令："从MetaERP项目立项至今，我们一共走过了630天，一共有1700人参与，这次上线一共有4000个任务项。MetaERP项目是一场大会战，我们每个人都为之骄傲与自豪，希望大家共同努力，为首战画上圆满的句号！"

接下来，项目组成员在"夺取首战胜利，决胜马来疆场"的标语上签名，现场团队合影、齐声宣誓。

当天18点，指挥中心宣布切换正式启动。

半小时后，完成作业系统冻结。

23点，老ERP系统成功关账。

次日16点，完成34亿行数据的数据迁移及验证，启动业务小批量验证。

马来西亚账务中心的张磊特意留了自己出差的报销单，作为在新系统中的首单作业：填单、审批、发票审核、支付。"成功了，这是MetaERP付款中心的第一单！"大家欢呼雀跃。张磊说："这单报销是我一辈子的记忆和骄傲。"

"首渡"能否成功，最后一锤要看数据湖的切换是否顺利。数据湖是业务分析、财务报告的数据源，数据切换如果出错，业务分析就会中断，财务报告也将无法出具，这将直接导致ERP切换失败。

9月11日至12日，数据湖要完成300亿行数据的初始化，这是一场耗时30小时的持久战。

11日15点，收到总体组通告，交易侧已完成初始化，数据湖的切换正式开始。但是，在初始化环节，一个个小问题就不停地出现，一次次敲打着每个人的心弦：

"源系统切换数据库，数据湖初始化程序报错。"

"源系统的账号改了密码，数据湖初始化程序报错。"

"源系统有表需要重新初始化，数据湖也需要重新初始化。"

……

张晓燕来到数据湖切换的作战室，与大家一起审视问题，协同专家解决。好在之前经过多轮演练，大部分问题都有成熟预案，得以逐一解决。

"数据抽取又出状况了。"12日凌晨4点，在数据整合层的初始化启动后，切换遇到了大表性能问题。

上午 10 点，张晓燕打电话给项目负责人，询问数据抽取的预计完成时间，得到的答复是 14 点。14 点再次询问，却说要到 16 点，实际上 18 点都没完成。

延迟时间在不断拉长，2 小时、4 小时、6 小时……张晓燕着急了，把专家们一个个"吼"到了数据湖项目组。30 多人的团队集中在一起，沿着数据链路逐项排查。深夜，万籁俱寂，ERP 作战室依旧灯火通明，人声鼎沸，问题排查工作依旧胶着。随着上亿行数据的反复验证和执行策略的艰难决策，数据一个一个出来，最后一个数据验证终于在 22 点完成，财经月报比对正式启动。

深夜 2 点，张晓燕已经连续奋战了 36 个小时，安排好后续工作后，她才拖着疲惫的身体来到了公司附近的酒店。

惊险两小时

才睡了不到 3 个小时，张晓燕就被一通电话吵醒，迷迷糊糊抓起手机。

"你说什么？我听不清，能大点儿声吗？出了什么问题？哪里错了？"

好一阵子，她都没听清来电在说什么，只是觉得声音好小。后来才发现，自己把手机听筒拿反了。

这次终于听清楚了——"情况是这样的，从新系统抓取数据出错，新老订单系统的数据无法整合，虽然只涉及 38 行订单，但是财务报告容不得半点差异，系统可能面临回退！"

她当时有点蒙，心里快速盘算着，系统是不可能回退的，交易已经放开了，回退就意味着上线失败。她脸都没顾得上洗一把，就一路小跑回到了切换现场。她环顾了一下四周，看着一张张疲惫的面庞，坚定地对大家说："没有退路，只能向前，相信我们一定还有办法挽救。"

在她的快速统筹下，供应、财经、数据湖领域的专家们迅速集结到位。大家都是头一回遇到这个问题，多少有些不知所措。张晓燕结合自己丰富的项目经验提出：数据问题本质上是数据溯源的问题，只要我们能够追溯到源头，就能找到线头，逻辑自然就能理顺了。

在她的启发下，供应订单专家快速理清思路，用数据推导的方式快速还原了数据血缘关系，希望瞬间燃起。早上 7 点，项目组关键领导全部到达切换现场，成立了临时"指挥所"。在华为，"指挥所"永远设置在最前线。

问题处置方案迅速形成了两派。项目组领导建议保险起见，先临时解决问题，上线成功后再择机彻底解决；财经领导认为，此举可能会留下更大的隐患，还是要一次性解决问题。双方一度僵持不下。张晓燕见状立即提议，成立两个攻坚队，给大家两个小时的时间。其中一队主导方案优化，一次性把钉子拔掉，彻底解决；另一队分析临时方案的可行性，在不影响切换的情况下绕过这个障碍。

作战室顿时忙碌和热闹起来，喊话声、电话铃声、键盘敲击声，此起彼伏。随着时间一分一秒过去，方案逐步清晰，攻坚队员也从最初的焦虑、紧张，逐步恢复了自信。领导们的心情也伴随着现场气氛起起伏伏，他们抑制住想要了解方案详情的急迫心情，没有去打扰攻坚队队员，生怕会打断队员们的思路。

两小时很快就要结束了。张晓燕恨不得这两个小时有两天那么长，这样就可以给兄弟们更多的时间去思考，让方案更加稳妥；她又恨不得这两个小时像两分钟那么短，这样切换就可以更快一些。30 多位专家聚集，让这个大作战室变得非常拥挤，临时攻坚队队长灌了一口功能饮料，开始了推演汇报。张晓燕认真聆听了两个团队的方案推演，并参考现场专家的建议，决定选用临时方案，该方案充分推演了 8 种典型场景，最终警报得以解除。

经过一天的平稳运行，15 日 16 点，项目组审视业务验证情况，一切正常，于是宣布：马来西亚 MetaERP 上线成功！

经过无数的不眠之夜，历经孕育期的惶恐、不适和分娩前的阵痛，在所有人的期待和手忙脚乱中，MetaERP 这个新生命终于诞生了。

在后来的表彰会上，张晓燕带领大家朗诵了一首集体创作的诗歌，一年多来所有的压力、焦虑与委屈，在这一刻都得到了完全的释放。

　　　　从没想过
　　　　像我这样平凡的人
　　　　也能书写一段酣畅淋漓的故事

2019 年 5 月 16 日　阴
合作多年的驻场顾问全部离开
我们面面相觑

2019 年 12 月 20 日　阴
ERP 项目立项
沉甸甸的责任

2020 年 8 月 1 日凌晨 3 点　大雨
完成一体机切换
保障了又一次财务月结
喝下又一杯咖啡

2020 年 9 月 16 日　多云
产品迭代开发的第一个版本顺利上线
今天也是我的生日
我们聊着聊着，哭了又笑了

2021 年 8 月 13 日　晴
终于将手上最后一个测试案例测试完毕
3 万多个测试用例，100 多个核心用户
合上电脑的那一刻，犹如宝剑入鞘

2021 年 9 月 11 日　晴
经历了上线切换的头一个 24 小时
十二点半项目组班车上
身旁的大哥在鼾声中张大了嘴

2021 年 10 月 2 日　晴

马来西亚顺利出账
下班回到家已然熟睡的孩子
电话那头没时间联系的父母
偶尔抱怨却默默支持的爱人
感谢你们的理解与包容

我们是父母、子女、妻子、丈夫
我们更是华为 ERP 人
我们扛住了狂风骤雨

雄心在路上！

5
架桥

MetaERP 在马来西亚上线成功，给全体项目成员和公司上上下下都带来了极大的信心。但是，马来西亚子公司的业务只占华为整体业务的不到 1%，这个系统还非常脆弱，无法支撑 200 多家子公司的业务量。就像中央红军抢占了安顺场渡口，但只找到一条小木船一样，这样是无法支撑主力部队快速渡河的。红军必须抢夺泸定桥，才能让大部队安全、快速地通过。

MetaERP 的"泸定桥"在哪里？

常栋的设想是由易到难："等在马来西亚上线后，我们总结沉淀经验，先把 100 多家销服型子公司全面覆盖，然后辐射到全球 4 个供应中心，最后来啃中国区这块硬骨头……"

但当时华为正遭受新一波的制裁，形势越发紧张，在 ESC 会议上，领导说："我们现在的形势越来越严峻了，工具软件也被禁用，照这个形势下去，ERP 系统的切换时间可能比我们原先设想的更紧迫，我们可能要找到整个链条上最关键的那个根节点，优先替换。大家都说说，对于下一步项目计划的看法。"

这是一个艰难的抉择，业界在实施 ERP 软件新版本时，首先要进行试点，而且保险起见，为了催熟产品，新版本最好能经过一到两年的业务运营试用。也就是说，公司如果直接完成中国区切换，就要冒巨大的风险。

中国地区部销售主管打破了沉默："从销售侧看，现在海外战场收缩，中国区市场快速增长，整体规模已占到全球近 70%。"

大家感受到了 70% 业务量所带来的压迫感，这更是一次对公司业务而言生死攸关的决策，财经、供应体系主管也各自补充了信息。

"中国区现在是我们连接全球各个节点的关联交易中心，也是我们的全球账务中心。"

"全球生产物料的采购、关键零部件的生产全部集中在这里，如果老 ERP 系统不能用了，无法保障买得到、造得出、供得上，公司就会真的停摆。"

"那就切中国区！"一个声音打破了沉闷。安静了几秒后，领导组成员纷纷表示支持，ESC 主任拍板，"下一阶段我们就上中国区，没有退路！"

中国区的这场硬仗，让常栋想起当年的飞夺泸定桥战役。现在，马来西亚子公司成功上线 MetaERP，一支小部队已经渡到了河的"左岸"，但大部队还在"右岸"。接下来，团队要架起一座"铁索桥"，即通过技术攻关，提升 MetaERP 系统的性能、容量与稳定性，使之具备支持全球业务的能力。

新的基因

第一项技术攻关，是元数据多租的技术架构。

所谓元数据，是指描述系统基本属性的数据。如果把 ERP 系统比作一张桌子，元数据就是长、宽、高等基本属性。在传统 ERP 系统中，这些属性的可调整空间是非常有限的。华为老 ERP 系统也因此构建了 490 多万行的定制代码，衍生出 300 多个外部应用，变得越来越庞大，架构难以治理。

而在元数据多租的架构中，具有共性的元数据被标准化，桌子的长、宽、高是基本属性，但用户可以增加颜色、材质等扩展属性，差异化需求可以做到灵活扩展、个性配置，这样就把 ERP 系统变成了一个开放、可扩展的系统。

元数据多租架构在 ERP 领域还没有先例，如果华为能够成功应用，这将是一个创举。

但在讨论过程中，也有不少担忧的声音。有人担心，现在进度本来就很紧了，元数据多租和当前任务冲突严重，项目能顺利完成吗？还有人说，以团队现在的能力和软硬件限制，能把 ERP 系统搞出来并上线，就已经非常了不起了，为什么还要增加难度，引进没有经过验证的新技术，搞砸了怎么办？

为了消除大家的疑虑，在一次研讨会上，常栋提出了"打造通用产品的七大原则"，统一了元数据多租整改的标准与方向。他说："各位主管和产品经理在思想和意识上一定要统一，我们要抓住历史机遇，基于元数据打造业界领先的企业数字化平台产品，不断提升产品竞争力，支撑公司未来30年的发展。"

为了确保产品质量，项目组决定紧急刹车，将现有开发任务暂停3个月，由于距上线时间仅剩6个月的时间，所有产品团队必须在3个月内完成元数据多租整改。

熊彼特说过，创新就是一个创造性破坏的过程。项目组勇于打破思维惯性的约束，敢于中断本来就捉襟见肘的开发进程，这真是一个疯狂的决定！认准了就勇往直前，所有人奋笔疾书，签下了任务书，开始了覆盖全产品的元数据多租整改。

经过紧张的整改工作，项目团队成功完成了 32 个业务对象、505 个实体、1482 个应用服务、544 个页面等元数据的构建及发布，元数据就此全面诞生，为 MetaERP 产品注入了面向未来的基因，让它不再只是一个冷冰冰的软件程序，而是拥有了可以自我分裂和扩展的生命力。

新的底座

第二项攻关，是云原生技术。所谓云原生，是指在云计算环境中构建、部署和管理应用程序的软件方法。原厂 ERP 系统由一组大机来承载，云原生则意味着 ERP 系统的数据底座将不再是固定的物理硬件，而是调用云平台的强大计算能力和资源弹性能力，来实现各种场景下的系统功能。

2021 年 11 月的一个晚上。夜已深，ERP 研发作战办公区内依旧灯火通明。突然，啪的一声打破了夜晚的宁静，顿时众人的目光不约而同地聚焦在一处。

"算不准，还是算不准，这可怎么办？微服务解耦后数据太碎了，一张多维度科目余额报表，花了4小时计算，结果还有误差。"交易核算团队的技术负责人几近崩溃地拍打着桌子。

"以前老ERP系统在大单体结构下，数据都集中在关键的几张表中，现在七零八落，要从十几张表中汇集，这不光影响数据库的性能，数据的准确性还一直在80%左右徘徊，怎么办？怎么解决业务数据100%一致的问题？"

"MetaERP是分布式系统，按照布鲁尔定理，保证可用性、容错性的情况下，分布式系统的数据一致性是不可能达到100%的。这可是一道世界难题啊！"一位经验丰富的技术人员低声嘀咕，说出了会议室里每一位技术专家的心声。

刘振羽是MetaERP的首席技术架构师，看到大家忧心忡忡，他一时间也想不到好的办法。他想出去抽支烟提提神，于是起身走出办公楼。在经过车库的时候，他看到一辆辆电动汽车在车位上充电，突然有一种茅塞顿开的感觉。他知道，每台电动汽车都有一个集中的电源管理系统，这个系统负责数千颗锂电池的充电、放电、散热和生命周期管理，非常强大。受此启发，他创造性地提出了ERP"总体控制"的设想，即在各个微服务之上，专门构建一个应用，自动监控数据不一致的现象，一旦发现系统或数据差异，立刻报警，并及时进行干预，这样无限逼近布鲁尔定理的极限，使数据一致性等同于100%。

一致性问题找到了解决思路，但是，还有个性能问题横在大家面前。

随着研发会战不断深入，华为云的技术攻关也在不断告捷。云的容器起弹速度从最初的每分钟1000个容器，提升到每分钟3000个，团队提前达成目标，士气高涨。但在接下来的采购订单大单处理的性能测试中，结果却全部没有通过。大家十分着急，加班加点进行攻关，想了很多方法，比如加计算资源、数据库扩容、代码优化，但是收效有限，阻塞情况仍未改善。

连续几天的攻关，使采购模块技术架构师徐华非常疲惫，他坐在公司班车上，看着窗外飘着的绵绵细雨和拥堵的车流，喃喃自语道："今天估计要迟到了。"

大巴车仿佛读懂了他的心思，竟一路畅行，通过了拥堵路段。

"噢，对啊，虽然其他车道很堵，但公交车道是畅通的。"

公交车道——这几个字闪现在徐华的脑海里。

"对，就是这个公交车道。如果为不同类型的采购订单划定不同的车道，比如大订单跑慢车道，高优先级的跑快车道，最后再设计一条紧急车道，处理加急订单，同时再结合华为云的容器弹性能力，这样不就最大限度缓解拥堵了吗？"

到达公司后，徐华立即与团队制订了进一步的实施方案，启动代码优化。经过 3 个月攻关，采购订单的处理终于不堵了。业务端到端的性能指标也从个位数一路攀升到 1000，最终实现了 10 倍业务最大流量下性能不降的目标。自信的笑容又重新回到团队成员的脸上。

随着联合攻关中一个个技术难题被解决，MetaERP 上华为云的所有技术障碍都被扫除了。经过项目组周密部署，2022 年 5 月，51 个应用、100 多个数据库全部正确部署到贵安华为云，未出现一例错误和遗漏。

贵安华为云数据中心有一个接地气的名字：云上屯。这是一片五彩斑斓的欧式建筑群，依山势而建，远远望去，俨然一个童话小镇。数据中心是耗能大户，而云上屯充分运用当地自然环境，将绿色和智能技术融入整体设计中，使用瀑布和人工湖水自然冷却，实现了业界领先的能效比。现在，"生于云，长于云"的 MetaERP 系统就运行在这山水间的虚拟空间之中，成为一朵无迹可寻却又无时不在的云彩。

新的数据库

第三项攻关，是数据库根技术的突破。数据库被誉为"软件皇冠上的明珠"，是 ERP 系统存储和管理数据的核心，其性能和稳定性对系统运行至关重要。华为在数据上有多年积累，也有自研的高斯数据库产品，但 MetaERP 在数据库的替换上经历了一波三折，最终通过集中攻关，才取得成功。

早在 2002 年，华为就开始研发嵌入式内存数据库。2011 年，为解决"卡脖子"问题，华为成立高斯部，开始打造完整的数据库产品。高斯是世界上最伟大的数学家之一，享有"数学王子"的美誉，他的成就非常多，单以"高斯"命名的研究成果就达 110 多项。华为成立高斯部，自然也希望在数据库领域能取得世界级的研究成果。随后几年，高斯部推出数据库产品，并有银行客户开始商用。

但多年以来,高斯数据库的定位是做"备胎",主要进行技术储备,公司使用的主流产品仍是国际厂家的数据库。2019 年,外部环境发生巨变,保障业务连续性成为头等大事,数据库产品的替代方案也要考虑。已经坐了 8 年冷板凳的高斯数据库,终于迎来了"转正"的机会。

在 ERP 替换项目启动后,项目组对高斯数据库进行了测试,结论是"无法满足 ERP 要求",所以最终决策选用开源数据库产品。

2021 年 9 月,项目组在规划中国区切换方案时,认为现有的开源数据库单库容量小,难以支撑中国区庞大的数据量,于是决定转向使用高斯数据库,但提出了极高的性能要求。

公司成立了数据库联合攻关组,由数据库领域的负责人苏光牛和李玉章牵头,带领近 200 名研发人员,签下了军令状,要在 8 个月内达成目标。

李玉章调集高斯部精干力量,组建了"博士军团"进行攻关。有长期在 MetaERP 深耕的架构师杨迪博士,有在存储引擎技术上打造核心竞争力的任阳博士,有攻克全密态数据库技术难关的郭亮博士,有突破高可用技术瓶颈的王磊博士,有解决数据优化器和执行器、实现系统 10 倍压力下不崩溃的刘梦醒博士……

其中,任阳博士的突破经历颇具传奇色彩。他小时候家庭条件不好,在上高中时,家里出现变故,父母希望他接班去工厂做一名工人,但他坚持上学,并发奋读书,考上了重点大学,又继续读了硕士、博士。他做的是偏理论和底层技术的研究,由于担心毕业以后找不到合适的工作,他的内心常常充满焦虑。跨出校门之后,他下定决心要向数据领域发展,并最终如愿应聘进入华为高斯部。但他对数据库完全是个门外汉,入职后面临完全陌生的领域。依靠自己在博士阶段积累的学习能力,他开始梳理并阅读数据库技术文献,一年内学习了上千篇文献,并与内外部不断进行交流碰撞,刷新知识结构,终于踏入了数据库技术的殿堂。任阳博士潜心钻研,花费 5 年时间主导了新一代 Ustore 存储引擎的开发,这是高斯数据库的核心技术之一,是华为与银行客户联合创新的成果,结合了华为在分布式架构上的优势,也是国内首个媲美业界最先进数据库的技术突破。

经过联合研发攻关,高斯数据库在不到一年的时间内,各项技术指标大幅提升，全面甚至超额完成目标：单体数据库容量提升6倍，从4T到24T；可用性从99.99%提升到了99.999%；在系统韧性上，做到了5倍压力下性能不下降，10倍压力下不崩溃；逻辑复制速度提升了6倍，达到每秒300MB[①]……

在新技术和客户需求的双轮驱动之下，高斯部通过这一场硬仗，为MetaERP提供了一个高性能、高可靠的数据仓库。在技术攻关过程中，团队成员也证明了自己的能力与价值，捍卫了"高斯"这个名字的荣誉。

为系统注入灵魂

项目组通过一年的技术攻坚，完善了MetaERP"身体"的各项机能，在架构层面重新定义了系统，在根技术层面实现了性能提升和自主可控。

但MetaERP并不是一个单一的技术系统，技术并不能带来智慧。要让MetaERP这个"大脑"变得聪明，就必须不断地把知识和经验赋予它——将华为积累的流程制度与管理经验和技术能力相结合，把场景抽象成规则，把规则变成可配的系统功能，再把功能用算法和代码来实现，从而形成成熟且灵活可配的产品，支撑全球业务的运作。如果说核心技术的攻关是强健其体魄，企业管理规则的沉淀就是丰富其灵魂。

袁国林是财经领域业务侧的项目经理。他在华为财经系统工作了20多年，担任过会计、审计师、子公司财务总监等多项职务。他带领着一支由56位资深专家组成的专职业务团队，这些专家大都在华为工作了10年以上，具有丰富的业务管理和项目变革经验。他们调动数千兼职业务人员，负责对财经业务规则进行梳理和验证。

在财务管理上，华为面临着极为复杂的场景和业务规则。公司在170多个国家和地区开展业务，要适应国际会计准则和各国的差异化准则，满足海关、税务、贸易合规等外部遵从要求，这些对ERP系统都提出了极高的需求。

固定资产的折旧计算，是ERP资产模块的一个重要功能。华为折旧计算

---

① MB指兆字节，计算机存储容量单位。——编者注

比较复杂，对同一项资产的折旧计算可能同时要满足多个外部要求：集团会计准则政策、本地会计准则政策、本地税务政策。折旧计算的方式都不一样。袁国林对项目组提出了需求，在折旧计算时，能够同时按3套规则进行运算。根据这个需求，IT开发团队设计了新的资产折旧引擎，将多种场景抽象成可配置的折旧规则，新引擎不仅实现了全自动化处理，还能快速响应各国会计政策、税法的变化，实现多折旧规则下的集成与法人口径的折旧计算。

成本模块支撑着华为上千亿元的存货交易计价，涉及多产业和200多家子公司的复杂交易处理。在存货计价规则上，集团成本与子公司成本的计算方式也不一样，袁国林团队也把这些规则输出给IT团队，IT团队新开发了满足多计价方法、多成本口径的成本计算引擎。

与此类似，用于记账的会计引擎模块沉淀了华为在全球100多个国家和地区会计遵从的实践经验，以及内部各大差异化产业的精细化核算规则，形成了一套完善的会计实务方法，并构建了应对多会计准则的能力，运行以来，实现了核算规则运行零差错，年结日均3000万行分录平稳处理，结账没有延迟一秒钟，也没有算错一分钱。

在供应领域、采购领域、服务交付领域，另有一群"袁国林"，带着各自领域的业务专家团队干着相同的事业，他们梳理场景、抽象规则，共同铸就MetaERP的灵魂。

6
主力过河

华为南方工厂位于东莞松山湖高新技术产业开发区，是公司全球供应、采购、制造的主要基地，MetaERP 中国区切换所涉及的核心业务，就在这座工厂。这里有十多栋整齐划一的超级厂房，内部有各类先进的自动化生产与物流设备，偌大的生产线上几乎见不到人影；在巨大的屋顶上，布满了太阳能光伏发电面板，为工厂提供源源不断的绿色能源；而在厂房之外，有着蜿蜒的中央湖景、精致的小瀑布，以及安静的休闲漫步区。第一次来访的人常常感到恍惚，这到底是花园还是工厂？经过技术攻关和业务规则梳理，现在，中国区 MetaERP 切换的"铁索桥"已经在这里准备就绪，但主力部队如何过桥，仍然面临两难选择。

大型企业在升级或切换 ERP 系统时主要有两种方法：一是全量切换法，好处是数据完整、能平滑支持业务，但切换难度大、时间长，往往需要两周以上，对企业运营影响较大；二是余额切换法，即只切换余额和未结业务数据，历史数据保持在老系统中，通常可在几天内完成，对业务影响较小，但切换后数据不完整，影响业务效率。

两种方式各有利弊，如何做好这道选择题，落到了单进的肩上。

飞行中换发动机

单进是华为资深的 ERP 专家，严谨务实且富于思辨精神，历经海外 ERP

系统推行、IFS等变革项目，对ERP系统有着深刻的理解，并多次参加华为过去的ERP系统升级，对各个环节熟稔于心。ERP项目成立后，单进被任命为首席解决方案架构师，他的一项重要任务，就是牵头准备系统切换方案。

"这次中国区切换，能给我们多长时间？"单进问道。

"最多只有7天。"常栋给他透了底。ERP系统每停机一天，供应链上亿的设备无法发运，上亿的款项无法收付，7天是公司能够容忍的最长停机时间。

"没问题，保证完成任务。"单进并不紧张，毕竟按照以往经验，7天时间足够了。

ERP系统切换一般包含两部分，即系统部署和历史数据迁移，前者是在应用系统上做配置，并与周边系统打通集成，后者则是把业务数据搬迁到新数据库中，让业务能跑下去。单进的初步想法是把原先串行化的系统部署和数据迁移并行，而两者之中数据迁移尤为关键，中国区的业务量是马来西亚子公司的100倍。为此他满怀希望地求助于技术专家刘振羽，希望通过增强硬软件的方式压缩迁移周期。

然而，刘振羽当场就给他泼了一盆冷水："基于现有的硬软件水平，在极致优化的情况下，迁移中国区的历史数据至少要两周。"

单进并不气馁。数据迁移仍然是主要矛盾，既然软硬件层面暂不能突破，那么就想办法压缩迁移数据量。按照以往的经验，通过余额切换法，可以大幅压缩迁移数据量，这次是否可以采用这种方式呢？

但常栋给他浇了第二盆冷水："华为历史上变革项目的系统切换做过太多不平滑的事，新业务数据在新系统处理，旧业务数据在原系统中查询，给业务带来极大不便，按余额切换法，可能会让我们的业务数字化水平倒退5年。这个项目是ERP连续性项目，绝不能再做业务'不连续'的方案，我们要挑战无感平滑切换，探索通过新方式实现数据全量迁移，把困难留给自己，把方便留给业务。"

常栋提的这个目标，本质上是要发挥两种切换方式的优势，同时要克服各自的弊端。既要全量切换保持业务完整，又要快速切换保持业务连续，这相当于给在飞行中的飞机换发动机，业界没有先例。

单进在心里嘀咕："完了，领导吹的牛能实现吗？"

经过一番苦思冥想，单进创造性地提出了一个"全量+增量"的数据切换方案。即提前两周启动所有历史数据的迁移，在 MetaERP 正式上线时，用一天时间把这两周新增的数据量迁移到新系统中，这样，最后切换的时间将大大减少，对业务的影响也可以降到最低。

这个极具创意的假设，一下子激发出大家的灵感。

刘振羽立刻补充道："是否可以用'一次全量+多次增量'的方式迁移数据，将每日的增量数据都迁移到新系统中，进一步减少正式切换时的数据迁移量。"

话音刚落，中国区切换的总体负责人张长汝抢过话筒："这就是 ERP 版本的《生死时速》，电影中满载乘客且安装了炸弹的大巴是旧系统，另一辆大巴是新系统，乘客就是业务数据，通过两辆车的平行逼近和等速行驶，把乘客逐步迁移过来。"

但有专家质疑：这种迁移方案是好，但如何保证数据不重不漏？

张晓燕回复道："只要每天都做好新旧系统数据校验，查缺补漏，就能分散风险，保障最终数据一致，我们可以找个产品打样论证。"

库存模块是数据迁移量最大的产品模块之一，通过周密的可行性分析，"一次全量+多次增量"的方案在库存模块上通过了验证。随即财经、采购、供应领域的技术人员都调动了起来，通过不断的代码调优和测试验证，最终实现在 MetaERP 正式上线时，仅需 4 小时就可以完成最后一次增量切换，把"生死时速"方案变成了现实。

这时，历经几周冥思苦想、几近殚精竭虑的单进，终于松了一口气。他充满了自信，对常栋说："7 天切换期限太长了，对业务影响太大，我要在两天内拿下。"

常栋笑了："先别着急吹牛，还有问题没解决呢。"

数据迁移慢的主要矛盾解决之后，系统部署慢又成为新的矛盾。旧系统与几百个外围系统之间存在着几千个集成点，这些集成点在切换时需要转接，会消耗大量时间。在研讨中，单进提出了做一个"防腐层"的设想，即提前把几百个外围系统和新、旧 ERP 系统连接起来，由统一的"红绿灯"控制业务数据流向，这样在切换当天，就可以批量完成系统部署。

陶景文听到这个想法后深有共鸣，他回忆起 20 世纪 90 年代做交换机切换的场景："华为做通信设备割接时，业务无感知是一个重要标准。在交换机时代，客户要求厂商在一天内切换百万门交换机，其中最困难的是打线，要在 24 小时内打 100 万根线，这是根本不可能完成的任务。为了解决这个难题，华为发明了智能配线架的工程方法，并且在海口首次实施了无感割接。你们要把这个方案模块化，通过工程复用降低成本，提升切换效率。"

单进综合了大家的想法，在架构设计上专门规划了一个独立模块，称为"ERP 伴侣"，由技术专家盛俊带领团队完成实施落地。这是一项重大的工程创新，后来在中国区切换过程中大放异彩，在一个普通周末，不足 48 小时，几百个外围系统从老 ERP 系统到新 ERP 系统的集成切换就顺利完成了。

切换的那个周末，单进在现场值班，平静的夜晚随着一条条顺利进展的通告而流逝，迎着天边微微泛白的曙光，他内心无比感慨：幸不辱使命，曾经吹过的牛，算是超额实现了。

前拉后移

2022 年 1 月，供应体系召集 MetaERP 切换部署会议。作为中国区切换的总体负责人，张长汝比任何人都更清楚 ERP 系统对于供应体系的意义。20 年前，刚入职 3 天的他就加入了全球 ERP 推行项目组，全程参与实施过程。20 年后，ERP 切换的重担再一次落在了他的身上，他要把自己当年参与实施的系统给换下来。可以说，他在华为 20 年的职业生涯，干的就是一件事：上 ERP，再上 ERP。

但这次和过往不一样。不切换，老系统说不定哪天就崩溃了；切换失败，生产、供应就会直接停摆。张长汝环顾了一圈会场，从公司首席供应官到供应、采购、制造各部门的业务主管，每个人都表情凝重。

"各位业务主管，这次中国区的切换，复杂度要比马来西亚的切换高出几十甚至上百倍。涉及全球 170 多个国家和地区、数万客户与供应商，以及上百家工厂。系统切换期间，相关业务不能作业，我们得想清楚以什么口径跟外部沟通，这种情况会不会引起业界恐慌，让人觉得华为公司内部出了大乱子，以及怎么能不影响对客户的海量交货。"

制造部主管说："这么多年来，以客户为中心一直是华为坚持的基本准则，哪怕是最难的'5·16'[①]期间，我们也都挺过去了。制造部每年 6 月底之后的

---

① 2019 年 5 月 16 日，华为被美国商务部列入实体清单，被实施制裁。——编者注

第一周会做年中盘点，有没有可能把年中盘点和这次切换结合起来，利用这个时间窗，再延长一两天，对外沟通的口径就还是盘点？"

"大家有没有考虑过，盘点也就是3天的时间，万一ERP切换出问题，就不是一两天不能用，可能得按照一两周不可用的假设来做预案。"供应部主管抛出了一个棘手的问题。

"那不行，按正常的业务量，每天有上亿元的发货，一两周不可用，影响至少20多个亿啊。"

"如果只是把这个切换时间点错开，把客户的急单提前到6月生产，不紧急的订单推后到系统切换完之后呢？"人群中不知道谁提了一句。

"对，前拉后移，错开这个时间窗！"

前拉后移，简简单单四个字，张长汝心里却禁不住咯噔了一下。但凡做供应业务的人都知道，供应链讲的就是均衡生产，一旦生产计划要变，相应的计划、采购、仓库库存管理就都得跟着调整，其中的难度不敢想象。

"这次切换涉及400多家国内外供应商，难度肯定是有的。不过，这些供应商都是我们的长期战略合作伙伴，这几年也一直陪着我们挺过了最难的那段日子，相信这次一定也会支持。我现在就派人先去和供应商摸个底……"采购部总裁拿起手机就往外走。

3天后，张长汝接到了他的电话："长汝，告诉你一个好消息，首批关键器件的30多家供应商摸底信息已拿到，无一例外，都愿意配合支持我们。我们初步判断，前拉后移这条路，行得通。上次咱们在会上讲这次切换有难度、有决心，这次我们可以再加上一个——有信心。"

挂完电话，张长汝心里有底了。内部有一支敢打敢拼的队伍，外部有产业链伙伴的支持，在这个不太平静的冬天里，团队的力量犹如一股暖流，温暖着每个团队成员。

特殊的集结

2022年的夏天格外炎热，中国区的ERP切换也如火如荼，从业务方案、IT产品实施测试到业务准备，一切都在有条不紊地进行着。不知从哪一天起，

ERP 项目组各作战区悄然出现了倒计时电子牌，红色的"100 天"是那么醒目。看着数字从 100 跳到 99、98、97……大家意识到，那一天马上就要到来了，所有人都有些紧张，也有些渴望，三年磨一剑，几千人的付出，将在这一天迎来真正的考验。

在距离切换只有一个月的时间时，传来了一个不好的消息：部分专家有可能会被隔离在深圳，届时将无法参与切换。

工作组进行了紧急讨论，并很快决策：将专家提前集结在东莞市松山湖。当晚，不少人连夜从深圳赶往东莞，对于女士，则由男同事先打车接上，再一起到松山湖。出于保密考虑，专家跟家属也不能说是 ERP 切换，只是说临时有急事，必须赶到公司。担心家属有情绪，人力资源部给这些专家的家属一个个地打电话进行安抚，有些家属不理解，劈头盖脸就是一顿骂。

人力资源部好不容易想办法安抚好家属，这边张长汝又开始发愁了：多达 300 人的切换团队，提前几周开始集中办公，去哪里找这么大的地方呢？这个地方既要有足够的空间协同指挥，还要有各自的研讨空间。关键的一点，万一出现极端状况，这个办公地点必须能支持所有人员的工作与生活的自循环。

"咱们不是正在建设 D7——供应运营指挥中心大楼吗？那里非常独立，既有大决策指挥中心，又有小的作战室……"供应子项目的项目经理范美华突然灵机一动。

"哦，好像是条路子。"还没等范美华说完，张长汝就兴奋地抬起头。透过 D5 大楼办公区窗户往前望去，对面 D7 大楼的主体建筑已经高高耸立。远远看去，像极了一座小型的体育馆，但仔细一看，底层的脚手架尚未拆除，偌大的窗户上还有未撕掉的白色保护纸。D7 主体建筑是建设得差不多了，但软装部分还在陆续进场，连桌子、椅子都还没完全到位呢。

"D7 的负一楼不是用来做食堂的嘛，我们昨天去看了下，已经到了一部分桌椅，可以把这些桌椅搬到楼上作战室用。"范美华补充道。

"食堂桌椅都空了，那吃饭怎么办？"张长汝还是有顾虑。

"吃饭可以站着吃，办公不能站着办，对吧？大家一起端着碗站着吃，才有意思呢。"

一时间，张长汝被她逗笑了。就这样，这个建议迅速得到业务主管的采纳，食堂的桌椅很快被腾挪一空，布场、网络、空调调测……新建中的松山湖南方工厂 D7 大楼就这么摇身一变，成为供应体系切换保障总指挥中心。

2022 年 6 月 1 日，后勤保障组在这里举办项目开工会，围绕医、食、住、行四个要素，以及平时保障、应急应对、正式切换 24 小时保障三类典型场景，做了详细的保障部署。从场地选定、临时布场、准备就绪到最终入驻，仅仅历时 6 天。

6 月 7 日，切换动员会在 D7 大楼召开，团队共同宣誓：

我们团结一致，全力以赴，没有退路就是胜利之路；
我们深谋远虑，死磕细节，万事俱备方能雷厉风行；
我们稳扎稳打，坚韧不拔，供应铁军切换步步为赢；
积小胜成大胜，众志成城，坚决夺取 ERP 作战胜利。

波澜不惊

有了集中办公场所，最后的工作推进颇为顺利，离正式切换的日子越来越近了，自信洋溢在每个人脸上，一切都显得势在必得。

7 月 1 日，切换组召开切换前的最后一次周例会。审视完所有议题，供应体系主管说："会议结束前，我提最后一个要求。负责供应链、制造、采购的三位总裁，在切换前后三天，不允许到切换指挥中心现场。"

三位主管一时间有点蒙，这么重要的场合，作为责任主管，不应该在现场和大家一起并肩作战吗？

"我也不去。因为我们去现场也干不了什么活，反而会给切换团队增加心理压力。这三个周末，项目组已经连续做了三轮演练，每一轮演练都是模拟真实场景来做的，准备得很充分，我们要充分相信他们。"

转过身，他又对张长汝、范美华说道："你们按计划步骤执行切换就行，我们几个呢，就静待你们切换成功的喜讯。"

7 月 8 日晚，中国区切换启动。聚集 300 人的 D7 大楼指挥中心，安安静静，若不是正前方大屏上不断跳动的进度，没人知道这里正在进行一场关键的决战。

24 点，MetaERP 系统正式开始切换，要完成老 ERP 系统关账、系统设置和数据切换等一系列工作。

10日8点30分,MetaERP软件系统上线,业务正式启动小批量试运行。

15点10分,从计划到制造业务流当天率先完成。

16点05分,全部业务流切换完成。

原本安排现场值班的十多位业务专家,一个业务问题都没收到。大家感慨,这是供应链多年来系统切换最平静的一次,简直有点不敢相信。

MetaERP上线后,供应团队为了验证新系统,花600元在系统里下单购买了一个电源模块,试跑第一单。跑通之后,这个富有纪念意义的电源模块被装进了一个精美的纪念品礼盒中,上面刻着"华为ERP首单发货",作为历史的见证。

切换成功,整个团队都沉浸在欢庆的气氛中,大家一起尽情释放着这份喜悦。范美华对张长汝说:"对了,差点忘了,不是还有几位领导在家里等消息吗,咱们是不是得给他们发个消息同步一下?"两人哈哈大笑,赶紧拿起手机,发出"切换成功"四个字。

在这个欢乐的现场,一位名叫董香咀的女生看上去却有点落寞。

董香咀是一位熟悉供应业务的架构师,负责回退方案的设计。一旦新系统切换失败,就要通过她的方案回退到老系统,以最大限度减少对业务的影响。这最后一道防线,她要保证万无一失。同时,她又希望自己的方案永远都用不上。

在系统切换的前一天晚上,董香咀独自一人在办公室里加班,检查着回退方案的每一个细节。在MetaERP系统顺利切换后,她也很欣喜,她知道这是最好的结果。可是,和团队一个多月的努力付出,那个属于她和她团队的时刻并没有到来,多少让人有一点失落。

看出了董香咀的落寞,范美华走上前来,用《孤勇者》的歌词安慰她:"谁说只有站在光里的才算英雄。"

董香咀就是那个在黑暗中为团队点亮灯火的人,她是团队里最没有存在感的人,但同时也是最有成就感的人。

在这个夏日的黄昏,透过办公区的落地玻璃窗,她看到D7大楼前的人工湖平静如镜,波澜不惊。晚餐后绕着湖边散步的人群,三三两两,有说有笑。园区外的公路上,已经开始例行拥堵,鲜红的汽车尾灯连成了一条长龙。一切都像往常一样,仿佛什么都没有发生过。

7
胜利会师

在中国区切换完成后，MetaERP 又经受了月结、年结的考验，日趋成熟。紧接着，面向全球 200 多个子公司的收官之战就要打响了。

虽然海外子公司业务类型相对简单，但切换同样充满风险，收官之战也不能掉以轻心。华为在海外推行 ERP 系统曾经有过惨痛的教训，那是在 2010 年前后的巴西，因当地税务规则复杂，ERP 系统经历了三上三下，到第四次上线才算勉强成功。如何吸取过去的教训，避免再次"踩坑"，成为机关切换组和一线实施同事都在思考的问题。

经过激烈讨论，项目组达成共识：先找地区部典型子公司试点，构建全球批量切换能力，后续再分两批，第一批于 2023 年 5 月一次切换 88 家子公司，最后一批切换剩下的 129 家。

一次切换 88 家子公司，这真是一个疯狂的计划！88 家子公司涵盖 5 个地区部，跨越 75 个国家，这是一场全球联合作战，组织、沟通和动员工作都是巨大的挑战。

常栋要求全球覆盖不能再使用"人海战术"，而是要高效、高质量，让业务无感知。切换组总结了前期经验教训，把方案设计、配置、测试、切换等主要环节全部实现了 IT 自动化。有了强有力的工具平台之后，接下来一线团队能否积极投入，就成为全球切换成败的关键。

吴跃璨是全球切换实施经理，他要组织动员全球的业务人员，确保区域资源投入。站在摊开的世界地图前，吴跃璨画了一条长长的跨越五大洲的路线。他下定决心，要深入一线战场，开展实地动员，打通全球切换的指挥与协作系统。

动员十万里

第一站是中东中亚地区部。

夜已深，9000米高空上，吴跃璨望着飞机窗外漆黑的夜空，只有机翼上的灯光在闪烁。

"各地区是否已经充分投入准备？业务主官是否足够重视？当地业务差异是否识别完整？"吴跃璨感觉肩上的担子很重，对此次动员之行心怀忐忑。

"第一站就是迪拜，希望一切顺利，也必须一切顺利。"吴跃璨下意识地握紧拳头。

踏上迪拜的土地，他的第一印象就是"热"，这是一片热土，真的很热！

他步入地区部办公区，醒目的标语张贴四方——"中东中亚地区部，MetaERP切换必胜！""客户因我们而卓越，我们因客户而成长"。地区部和代表处骨干成员都已就位，正在紧张地忙着各自的准备工作。

"巴基斯坦存在分省计税的场景，与全球其他区域不同，请机关专家重点审视；我们会重点跟进差异方案落实和测试，确保平滑切换，业务无感。"巴基斯坦税务经理Joanne Ang直面应对地区部关键的差异点，信心满满地说道。

"MetaERP是我们业务运作的基础，地区部每个责任部门的主管都要对自己的业务方案和测试验证质量负责，都要签字画押。"地区部总裁特别强调。

"巴基斯坦今年发了大洪水，把骨干网冲断了，虽然运营商已经抢修了，但还是不太稳定，国内也有动乱。中东这边的主战场就在巴基斯坦了，到时候我会前往现场。"地区部CFO（首席财务官）李壮实点头应道。

"喂……"这时，有电话呼入，李壮实走出会议室接电话。

"不好意思，刚才接了领导电话，数字能源那边叫我赶紧回机关报到！"

"怎么？换岗了？"吴跃璨皱着眉头，临阵换将可不是好现象。

"嗯，我的下一站是担任数字能源的CFO，但我跟领导说，中东的ERP系统切换工作是我从头到尾负责的，我一定要在岗位上，把这件事办妥了再走。"

在CFO的带领下，中东本地同事自发奋斗的热情，和中东的热土一样，沸腾了整个项目组，也感染了吴跃璨。

第二站是欧洲。

在杜塞尔多夫，莱茵河畔已是绿草青青，外观古朴、内部现代的建筑旁边，高大的杨柳随风飘摇，显得恬淡安逸。

欧洲地区部涵盖整个欧洲区域，各国业务差异大，如法国特殊的会计准则、意大利的复杂税制等，且各子公司的业务类型复杂，有制造公司，有研究所，批量切换面临巨大挑战。发动所有相关业务人员积极投入、验证充分，是切换成功的关键。

地区部测试动员暨"金种子"（接受新系统培训的首批用户）证书颁发大会，在杜塞尔多夫会议室举行。"有使命、有定力、有担当、有信念"——大红色的横幅挂在会议室中央雪白墙壁的顶部，激励着现场的每个同事，也通过会议将奋斗精神传递到每个欧洲华为人的眼中和心中。

"中国区切换，是在我手上完成的。中国区的经验是：一把手高度重视，要保证当期成功切换及长期稳定运营；地区部CFO重点抓好账、税方案适配，确保财报准确、内部流程遵从、外部合规；要与各代表处CEO（首席执行官）沟通，保障资源投入。"刚从中国区任上调过来的地区部总裁要求管理团队高度重视，做到上下同欲。

"我们除了组织了'金种子'的赋能活动，还扩大了赋能范围，要求涉及的业务人员都加入进来，提前赋能，确保测试验证，上线后平稳运营。值得赞扬的是，我们所有的'金种子'都通过了考试。"地区部IT主管王辉自豪地说。

在激昂的进行曲中，所有"金种子"都被授予了证书。

"我很荣幸通过了MetaERP的认证！一路走来，我从原来只懂局部业务的业务骨干，成长为整条业务流都能道出个所以然的专家。感谢项目组给我这个机会，我也为能参与这次伟大的变革感到骄傲。请组织放心，我们一定不辱使命！"其中一位"金种子"Rigalatu Su激动地说道。

清晨慢跑在莱茵河边，空气清新，随着路过的跑友一声"Good Morning"，吴跃璨感受着多元文化，心情也暂时放松了下来。

第三站来到了北部非洲。

非洲区域是首次参与MetaERP切换，要一次就切换完，国家多、任务重、经验少且工作条件艰苦。

吴跃璨来到摩洛哥，步入位于海边的办公大楼，热烈的气氛迎面而来。

"我们是沙漠里的胡杨，奋斗在非洲，虽然外部环境艰苦，但我们的热情超过全球任何其他地方。干就是了，有我北非在，必拿第一。"地区部实施经理周斌坚定地说道。

"我是华为阿尔及利亚一名普通的开票专员，我第一次被拉上来是在地区部的项目开工会上，当时觉得项目和我每天做的事好像关系不大。在项目中，我了解到了原来ERP系统对我们这么重要，几乎跟所有的业务有关。兄弟代表处都你追我赶地提拉测试进度，我们阿尔及利亚代表处必须保持领先。"本地税务经理BENGAYOU Djaouida激动地说道。

"老吴，请你跟地区部的兄弟们商量一下，我们已经加快处理了北非的问题单，让他们不要催得那么急，早上催，中午催，半夜还在催。"吴跃璨接到了机关支持组的电话，有些哭笑不得。

"北非的兄弟姐妹们，请大家控制一下节奏，我们已经请机关优先处理北部非洲的场景和问题单，但是也请大家注重质量，不求快。"在例会上，吴跃璨第一次因为地区部进度太快、跟进太紧而不得不提醒道。

"放心，在质量上，我们加了两道堤坝，除了每一个测试用例要出报告，还要抽查、审视测试质量，确保验证不漏、不错、不重！"周斌回应道。

奋斗北非，果然名不虚传。坐上飞往阿根廷的航班，吴跃璨脸上泛起微笑。

踏上拉美的土地，吴跃璨难掩内心的激动。这是一片物产丰富的土地，孕育了灿烂的古文明。这里是距离祖国最远，也是时差最大的一个地区部。而在这里奋斗的同事们常挂嘴边的却是"阳光拉美，心有所爱"。

"拉美的税则在之前都是有特殊的补丁包的，这次，我们联合区域和机关专家，按业务场景梳理了所有的税则，同时IT也在系统功能上做了分析。当前，我们把拉美涉及的税则都已经梳理清楚了。"Natalia对解决拉美的业务差异非常有信心，说："考虑到拉美地区内部都有4个小时时差，我们便把所有的税务经理都集中到阿根廷，对方案适配和测试验证集中攻关，确保上线无差错。"

"我们特别强调发挥本地员工的重要作用，完成了所有材料的英文化，同时，由我负责所有本地员工的赋能和系统支持。"Emmanuel 展示了关于本地员工组织和赋能的相关工作。

"考虑到与机关的时差，我们这边还安排好了后勤保障措施，包括医疗、车辆和膳食。期待在切换当天，我们吃着阿根廷牛肉、喝着智利红酒庆祝成功。"行政后勤人员曾雄伟举手道。

"阳光山海，心有所爱，奔赴山海。拉美地区部与阿根廷共享中心已经做好准备，全力以赴，一定会夺取 MetaERP 切换的胜利。"这一刻，大家的手紧握在一起，必胜的信念萦绕心间。

亚太地区部是最后一站。

马来西亚既是 MetaERP 的首发地，也是华为亚太地区部总部所在地，这里锻造了一个敢打敢拼的团队。

一踏入人头攒动的切换指挥室，吴跃璨就看到了切换现场总指挥刘玥。

历练过多次切换的刘玥显得格外镇定："老吴，欢迎坐镇亚太指挥，这次亚太剩余的 10 个代表处，也将在今晚全部完成切换，请总体组放心。"

"很感谢项目组把这个艰巨而光荣的任务交到我们手上，从马来西亚首战开始，这是第三次切换，我们已经是熟练工了，但还是会认真细致，把每次切换都当成第一次，坚决完成任务。"马来西亚账务共享中心的 Leow Wooi Chin 在已经准备就绪的作战室里进行着动员。

"亚太地区部和共享中心人员在马来西亚主作战室已经就位。"亚太地区部的 Lee Lin Yuan 完成了地区部指挥中心和各代表处分作战室连线。

"这里是菲律宾代表处，参与切换人员已经到位！"

"这里是印度尼西亚代表处……"

"这里是日本代表处……"

回望十万里的动员之路，中东热土将官坚守，多元欧洲全员备战，奋斗非洲勇争第一，阳光拉美扎根本地，亚太铁军坚如磐石。

斗志满满，马蹄声声，催人奋进。

这一幕幕，深深地感动着吴跃璨。

争抢首单

2023年5月13日，是全球88家子公司正式切换的日子。

此次切换总指挥，就是之前负责老ERP系统维护、主持过大机切换的周启涛。一大早，他就来到了指挥中心。这是一间剧院式的大厅，可以容纳300多人同时在现场办公，两侧还设有多个小型作战室。大厅的正前方是一面高10米、宽30米的巨型显示屏，实时显示着各地MetaERP切换准备的进展，各项子任务的进度条、数据迁移状态密密麻麻，而对每一条信息，他都了然于胸。

"连线各战区作战室，检查会议质量。"5个地区部，6个共享中心，35个作战室，开始做最后的连线检查。15分钟之内，参与切换的88家子公司，共计1000多人集结完毕。

此时大屏上呈现出全球35个作战室的实时画面，因为时差，罗马尼亚、毛里求斯、阿根廷的共享中心的窗外还是漆黑一片，而室内却热火朝天。

事后，阿根廷共享中心总监惋惜地说道："我以为这次集结，我们能够抢个第一，没想到还是没抢过毛里求斯。我这里是晚上，你们那里可是凌晨。"

"不好意思，第一还得是我们的，这么激动的时刻，反正也睡不着，所以干脆没回去。"毛里求斯那边调侃道。

北京时间9点，5月批次全球切换正式启动。

六大账务共享中心的会计们立即在老ERP系统里面开始关账作业，涉及上百个操作步骤，这要在平时月结关账，要花费两天才能完成，但是这次只预留了5个半小时，他们不能浪费一秒钟，不能做错一个步骤。

北京时间13:13，罗马尼亚率先报告完成关账。其他共享中心也紧随其后，陆续传来了顺利关账的好消息。

只用了4个半小时，切换组就完成了88个子公司的业务处理、过账、对账、关闭会计期等关账作业，切换的第一个阶段所用时间比预期的提前了一个小时，大家紧张而兴奋。

"接下来接力棒交给IT团队，开始数据迁移和应用系统部署。"周启涛心中有数，关账比预想的顺利。

一行行数据如流水般从老ERP系统流向MetaERP，历经4个小时，88家子公司的263亿项数据完成迁移，业务完成了所有科目余额验证，一条不漏，一条不错。

各地区部、代表处参加业务上线首单验证的工作人员已经提前半个小时完成集结。

周启涛宣布："5个地区部，请开始业务首单验证部署！"

"中东地区部已经备好能量补给，请同事们补充能量，我们争取第一个完成首单验证。"

"拉美地区部已经就绪，首单必中。"

"欧洲的将士们，一举拿下欧洲高地。"

亚太地区部连线菲律宾、印度尼西亚、日本等15个国家，高喊"每战用我，用我必胜"。

指挥中心大屏上，各地区部验证进度条不断攀升。

13分钟后，大屏上"已完成数量"从0跳到了1。随即传来一条消息："报告总指挥，拉美地区部完成首单验证！"

"祝贺拉美地区部率先完成首单验证，请大家继续加油，确保验证质量。"周启涛回应道。

随后，各地不断传来业务验证进展。

"意大利100%验证完成。"

"南部非洲地区部100%验证完成。"

……

各地区部全部完成业务验证，天涯共此时，五湖四海都洋溢着胜利的喜悦。

5月24日零点，经过15小时紧张有序的切换，周启涛宣布："MetaERP 5月批次88家子公司业务正式上线！"顿时，全球35个作战室掌声雷动，欢呼声此起彼伏，不绝于耳。

这是一场跨五洲、越四洋的大型协作任务，犹如一场华丽的交响乐，宏大而精致，磅礴而平顺丝滑。

3个月后，一场规模更大的批量切换启动了，仅仅用了13个小时，全球129家子公司就顺利切换到MetaERP系统。

至此，华为主要业务领域和区域的"换芯"行动告一段落，200多家子公司突破封锁，胜利会师，创造了"强渡大渡河"的奇迹。

全球切换完成后，周启涛去了一次机房。这时，原厂大机成了"备胎"，被移出了机房，静静地躺在仓库的一个角落。周启涛拍了拍结实的机柜，和这个老伙计做了最后的道别。

平凡的英雄

MetaERP 是华为全球员工团结奋斗的结果。让我们穿越时空，回顾在世界各地华为人的奋斗故事。

在巴基斯坦，代表处的三名本地员工 Ammad Hassan、Aamir Iqbal Siddique 和 Usman Safdar 是地区部培训的 MetaERP 本地"金种子"，负责订单、收入触发和 PO（采购订单）等业务的验证。切换的当天晚上，正值巴基斯坦爆发抗议行动，首都伊斯兰堡边境附近经常被封锁，交通中断。三位同事为了不耽误工作，提前两个小时，骑着摩托车从位于边境小镇的家中出发，及时赶到了切换作战室。

作战室里已经有十多位同事正在紧急地准备着，墙上贴着"共作战、守连续、促经营，确保中东 ERP 切换成功"的中英文标语。这三位本地员工承担了重要的验证任务，大家都在急切地等着他们，看到他们顺利抵达，会议室内响起了热烈的掌声。

随着总体组小批量验证的指令下达，三位"金种子"有条不紊地开展业务验证，在切换后 5 分钟内就完成了收入确认，半小时内完成了所有场景的验证通过。待到切换结束时已经是 24 点，由于边境封锁，三位同事无法回家，好在办公室早就备好了各种生活物资，于是他们就地过夜。

早上 7 点，他们在办公区洗漱完毕，享用了代表处厨师准备的热乎乎的早餐，这时，传来好消息，边境封锁解除。于是三位摩托骑士一路肆意驰骋，顺利返回家中。自此，"摩托三兄弟"的名声传遍了整个区域，赢得了大家的赞扬。

在毛里求斯，核算会计 Bhavish 在切换期间组织了十多次培训，带领 25 个本地同事，对新系统提出了 20 多个更新点，优化了 26 个核算工具。他骄傲地说:"毛里求斯 MetaERP 模块的切换,已经从我这个小小的种子,蜕变成本地团队的一片森林。"

Djaouidaj 是阿尔及利亚代表处唯一的本地测试员工,就在测试前夕,他的腿部意外受伤,医生建议他在家里休息。但他不想因为自己而拖了项目后腿,毅然决定拄着拐杖返回办公室。项目开工会后第一天晚上,当夜幕降临,Djaouida 拄着拐杖,一步步走向座位,开始了代表处从订单到回款业务流的测试。每一个步骤,每一个细节,他都全神贯注,一丝不苟,保证测试顺利进行。他的坚韧精神和专业能力,赢得了所有同事的尊敬和赞扬。

在尼泊尔,该国使用的历法不是世界通用的公元纪年,而是诞生于公元 5 世纪的"超日王历",比公历早 57 年,其新年在公历 4 月 13 日至 16 日。面对这个特殊场景,卜珂、Leong Yee Leng、Toh Suk ying 等进行了详细测试和场景验证,制订风险预案,保障了"超日王历"这一特殊场景下的顺利切换。

时空转换到距离深圳 2 万公里的拉美区域。8 月 12 日破晓时分,正值秘鲁代表处切换的关键时刻,却被一个意想不到的突发状况打断了。凌晨 5 点 20 分,突如其来的停电使整个办公楼陷入了黑暗,办公室和电梯都无法使用。面对突发情况,后勤服务人员迅速做出反应,首先将项目组成员紧急转移到公司餐厅,确保安全。同时与大楼物业管理团队紧急沟通,催促尽快恢复供电。5 点 41 分,办公楼供电得以恢复,尽管这场意外让他们的计划推迟了,但整个验证工作进行得仍然很顺利。清晨 6 点,伴随着初晨朝阳,系统成功上线,现场每个人的内心都洋溢着快乐。

……

尽管面临各种突发状况和特殊场景,但全球数千员工还是顶着风雨前行,用汗水和智慧保障目标达成。一群平凡的人创造了历史!在他们的心中,MetaERP 系统全球覆盖不仅是一项工作任务,也是一场完美的团队合作,更是一段珍贵的人生记忆。

8
星火燎原

华为溪流背坡村位于东莞松山湖高新技术产业开发区，这是由 12 个欧式风格小镇所组成的大型研发与办公园区。牛津、温德尔都、布鲁日、博洛尼亚、勃艮第……一个个经典建筑样式，共同组成面积达 1900 多亩的花园式研发基地，将理性的科技创新与旖旎的自然风光融为一体。低密度的办公楼依地势而建，为研发人员提供了舒适的办公环境；园区内有专用轻轨连接，帮助员工在各办公区之间穿梭；各种风味的咖啡厅散落其间，为员工提供开放交流的氛围。

这座园区的诞生，本身就是一个国际化开放融合的故事。其设计师来自日本，他在美国上大学、读硕士、读博士。他从经典的欧洲小镇建筑中得到灵感，由此创造设计出园区原型，最终在松山湖这个天然湖泊旁得到了实现，园区被冠以"溪流背坡村"这个具有中国乡土风情的名字。在松山湖游客的眼中，这里是华为的"欧洲小镇"；而在华为员工口中，这里被简称为"溪村"。

2023 年 4 月 20 日，MetaERP 表彰暨誓师大会在溪村举行。大会为数千名关键贡献者颁发了奖牌，其中有一个为合作伙伴颁奖的特别环节，陶景文在发言中说："特别感谢我们的伙伴，你们是'强渡大渡河'的同路人。"

华为为这些英雄颁发的精美奖牌由巴黎造币厂设计制作，正面雕刻"萨莫色雷斯的胜利女神"像，她身披战裙，身姿勇美，栩栩如生的双翼迎风展开，以一种无畏的胜利姿态，屹立在乘风破浪的船头。

一枚枚奖牌，见证了 ERP 项目组、合作伙伴团结合作、风雨同舟的奋斗成果。

MetaERP 的成功，不是因为哪几位领导或技术天才的伟大，而是群体决策、群体奋斗的结果。在群星的光亮照耀之下，团队胜利地走完了这段艰难的征程。在生死存亡的关头，一支队伍的命运取决于组织动员能力和集体行动能力，而造就这种组织能力的因素主要有两个：一是团队文化精神，二是领导力。华为能够突破封锁，在制裁中活下来，也正是因为 30 多年来在文化精神和领导力上的持续建设。

MetaERP 的成功，不只是华为一家企业的胜利，也是软件产业的共同胜利。在不断创造奇迹的历程中，我们见证了无数英雄的诞生，他们为华为突破技术封锁做出了重要的贡献。

在 MetaERP 替换的全过程中，合作伙伴全力调动资源，与华为项目组成员一道攻坚技术难题，把华为 30 多年管理实践落到这套系统中，一起构建了先进的工程方法和丰富的业务应用。

在 MetaERP 周边重要的 IT 系统连续性工作中，合作伙伴与华为一起打造了企业核心商业软件系统，在 ERP、人力资源管理、产品数据管理等领域实现了替换。

工业软件是先进工业发展的催化剂，打造领先的工业软件，要坚持长期主义，持续投入，也有赖于生态环境的协同。一个封闭的体系无法产出世界级工业软件。工业软件的研发和应用不仅需要底层技术的支持，如操作系统、数据库、网络基础设施，也需要与上下游企业紧密配合，不断迭代和优化。

在这个复杂的生态系统中，每个企业都有其独特的优势和站位。

华为希望与合作伙伴一起构建软件生态，让更多的企业在这片"黑土地"上发展壮大，打造覆盖千行百业的丰富应用，实现根深叶茂。

风雨同舟，星火燎原。

三年前，公司给流程 IT 部门特批了 300 个招聘名额，现在，项目组输出了 300 名管理者和骨干。经过 MetaERP 的磨砺与洗礼，他们将成为华为软件领域崛起的中坚力量。

MetaERP 创造了奇迹，但这只是第一步。

9
新的征程

"我们亲手砍下了 20 多年前种的树，又栽下了新树苗。"

"我们做了一件别人想都不敢想的事情。如果没有制裁，我们也不敢想。"

"中国有了自己的高端 ERP 系统，我们再也不用跟在国外厂家后面'吃土'了。"

"MetaERP 彻底打破了封锁，实现了 IT 系统和数据的自由。"

这些都是项目亲历者的真实感受。MetaERP 的成功，不仅帮助华为保障了业务连续，鼓舞了中国软件产业的信心，也是对世界的一个有力证明：技术都是人干出来的，封锁是封不住的。让技术造福全人类，才是技术最好的归宿。

对很多参与者来说，这段经历也是一次自我超越。因为经历了 MetaERP 从萌芽到成长，他们的人生也收获了不一样的意义。他们都是普通人，既是公司的骨干员工，也是家里的顶梁柱，在 4 年时间内，他们有喜怒哀乐，可能要面对职业生涯上的瓶颈，也可能会遇见自己的另一半，迎接新生命的诞生，见证孩子的成长，或是要面对亲人的永远离去。

老张在公司负责了多个重大 IT 项目，自己感觉在这个领域已经做到顶了，对职业发展十分迷茫，正准备申请退休时，听到了 ERP 替换的消息，他顿时打起了精神。MetaERP 所带来的前所未有的挑战，让他有了新的追求，充满了前进的动力。

小罗交了女朋友，但为了工作，好几个月都没能见上面。在所有测试案例跑通时，他喜极而泣。同事问他："你和女朋友关系还稳定吗？"他说："我们的感情就像 MetaERP 一样稳定！"

在系统切换前的一段时间内，测试工作非常紧张，每天都有固定的测试目标，当天必须完成所有关键步骤的验证。阿瑞是某产品测试组的组长，每天都带领着"金种子"，加班加点努力追求目标，提前完成各项关键任务，以预留时间做好数据兜底。在发现系统功能问题时，她当天就提交电子流，及时将问题升级，给 IT 预留充分的时间解决。她同时也是一位妻子和母亲，那段时间，照看孩子的重任落到了她老公的肩上。在她老公生日的那天晚上，她也没有放下工作，而是选择留在公司，继续与队友并肩作战。第二天上班，有同事问她："昨天晚上你老公有没有生气？"她说："没有啊，我老公赶在晚上 11:59 许愿吹蜡烛，然后我们开开心心吃蛋糕。他说，这可能是他这辈子印象最深刻的一次生日。"

大翔负责计税模块相关产品的开发，他勤于思考，对所有细节都悉心打磨。大家经常开玩笑说产品就是他的"干儿子"。而他真正的孩子，也在产品打造的过程中降临人间，他收获了双重的欣喜。

老徐是一位长年从事变革项目管理的老员工，眼里满是架构、设计、问题、方案，恍惚间，昨天还是小学生的儿子，如今已经高考完毕。妻子说："老徐，孩子的高考志愿你必须得关心一下了，再不关心，他就飞远了。"在切换的封闭期间，他回到酒店，远程和家人研究高校录取攻略。MetaERP 切换初战告捷，老徐的儿子也被心仪的大学顺利录取，接连的胜利让他喜不自禁。

在项目攻坚时期，晓玲的母亲身患重病，项目上线后，她才得以陪伴照顾母亲。一段时间后母亲离世，她很悲伤，也充满了愧疚和自责。

……

这些平凡的英雄，就像一颗颗星星，每个人只散发出一点点微弱的星光，却汇聚成了星河，照亮了团队前行的征程。现在，除了少数人继续 MetaERP 的开发维护，大多数人都已回归自己原来的岗位，或是进入新的业务领域，开启了各自职业生涯中新的征程。

华为坂田基地 F 区有一幢 19 层高的办公楼，顶层是一间员工餐厅，环境简洁典雅，提供可口的粤式菜肴和茶点，项目组几位同事正相约在这里聚餐。

这里也是整个园区的制高点，站在餐厅的大落地窗前俯瞰环视，中式、欧式等各种风格的办公楼依次映入眼帘，林荫大道、天鹅湖、莫奈花园、园区森林、咖啡屋等尽收眼底,这个能够容纳几万名科技人员的超大花园,在明媚的阳光下显得格外美丽。往远眺望,繁忙的公路、穿梭的高铁、鳞次栉比的摩天大楼,无不显示着深圳这座年轻城市的现代化力量和面向未来的勃勃生机。再往远,在目光所及之外,是波澜不惊的深圳湾,连接着碧波万顷的伶仃洋、中国南海,通向广袤无垠的太平洋……

"华为公司最重要的基础就是质量。
我们要从以产品、工程为中心的质量管理，
扩展到涵盖公司各个方面的大质量管理体系。"

ISBN 978-7-5217-6429-1

定价：68.00元

扫码免费领取
中信知识好礼

本手册为赠品